跨界搜寻对组织双元能力的
影响机理研究
——基于创新能力结构视角

肖丁丁　朱桂龙　著

　　本书是国家自然科学基金重点项目"我国产学研合作理论与政策研究"（71233003）、国家自然科学基金青年科学基金项目"创新能力结构视角下跨界搜寻对组织双元能力的影响机理研究"（71403153）的阶段性研究成果。

科学出版社
北　京

内 容 简 介

为促进企业有效地搜寻、整合外部创新资源，实现不同层次技术能力的协同提升，本书围绕"跨界搜寻是否以及如何影响组织双元能力"这一核心问题，运用文献研究、理论推演与多案例研究方法，构建创新能力结构视角下跨界搜寻影响组织双元能力的理论框架。重新界定中国情境下跨界搜寻维度与内容，检验其对组织双元能力的影响效果；分析跨界搜寻对双元能力结构的协调效果，以及对创新和财务绩效的提升路径；构建双元能力成长的潜变量混合增长模型，刻画不同亚类模式的成长趋势、典型特征与关键因素。相关结论丰富并拓展组织搜寻、双元能力以及动态能力等基础理论，并为我国企业有效实施跨界搜寻策略、优化技术能力结构提供理论指导。

本书可供高校师生、科研机构、政府相关部门的研究者和管理者参考，也适合寻求技术与组织创新的企业管理人士阅读。

图书在版编目(CIP)数据

跨界搜寻对组织双元能力的影响机理研究——基于创新能力结构视角/肖丁丁，朱桂龙著. —北京：科学出版社，2019.6

ISBN 978-7-03-056208-1

Ⅰ. ①跨… Ⅱ. ①肖… ②朱… Ⅲ. ①企业创新–研究–中国 Ⅳ. ①F279.23

中国版本图书馆 CIP 数据核字（2018）第 323129 号

责任编辑：郝　悦 / 责任校对：贾娜娜
责任印制：张　伟 / 封面设计：无极书装

科学出版社 出版
北京东黄城根北街 16 号
邮政编码：100717
http://www.sciencep.com

北京盛通商印快线网络科技有限公司 印刷
科学出版社发行　各地新华书店经销

*

2019 年 6 月第 一 版　开本：720×1000　1/16
2019 年 6 月第一次印刷　印张：13 3/4
字数：272 000

定价：112.00 元
（如有印装质量问题，我社负责调换）

目 录

第1章 绪论 ·· 1
   1.1 开放式创新背景下技术供求体系现状 ·················· 1
   1.2 破解技术供求困境的理论支撑 ························· 3
   1.3 跨界搜寻协调双元能力结构的关键问题 ··············· 6
   1.4 本书的基本框架与主要内容 ····························· 8

第2章 跨界搜寻与双元能力的理论基础 ···················· 12
   2.1 跨界搜寻与双元能力的基本理论 ······················· 12
   2.2 跨界搜寻的边界与策略 ··································· 18
   2.3 组织双元能力的协调机制 ································ 36
   2.4 本章小结 ·· 54

第3章 跨界搜寻影响组织双元能力的作用机制：探索性案例研究 ··· 55
   3.1 理论预设与研究构思 ······································ 55
   3.2 多案例对比的研究设计 ··································· 57
   3.3 典型案例企业的基本情况 ································ 60
   3.4 案例内分析：搜寻维度界定与关键概念辨析 ········ 65
   3.5 案例间对比分析：研究框架凝练与假设命题提出 ··· 80
   3.6 本章小结 ·· 85

第4章 跨界搜寻对组织双元能力影响的实证研究 ·········· 86
   4.1 跨界搜寻：提升组织双元能力的"外取"路径 ········ 86
   4.2 中国情境下解构跨界搜寻行为的新视角——创新能力结构 ··· 87
   4.3 跨界搜寻影响双元能力的概念模型与理论假设 ···· 88
   4.4 变量设计、样本采集与量表质量 ······················ 96
   4.5 跨界搜寻影响双元能力的实证分析与结果讨论 ···· 116
   4.6 本章小结 ·· 125

第5章 跨界搜寻、双元能力结构与绩效的关系研究 ······· 127
   5.1 组织双元能力的成长困境与结构协调 ················ 127
   5.2 跨界搜寻影响双元能力结构的理论模型与假设推演 ··· 128
   5.3 变量设计、量表的信度与效度 ························ 136
   5.4 跨界搜寻、双元能力结构与绩效关系的实证分析 ··· 142

5.5 本章小结 ······ 151
第6章 组织双元能力动态成长的潜变量混合增长模型 ······ 154
6.1 组织双元能力的动态成长模式 ······ 154
6.2 开放式创新体系下组织双元能力的成长过程与关键因素 ······ 155
6.3 研究方法、变量设计与观测样本 ······ 163
6.4 组织双元能力动态成长模型的实证分析 ······ 167
6.5 本章小结 ······ 175
第7章 开放式创新体系下企业跨界搜寻的政策启示 ······ 178
7.1 政策框架 ······ 178
7.2 技术需求方：强化企业自主创新意识，提升共性技术研发能力 ······ 179
7.3 技术供给方：着力推动"双一流"建设，倡导应用导向基础研究 ······ 182
7.4 创造多元化、适宜性搜寻渠道，提高搜寻策略与目标知识耦合度 ······ 187
7.5 优化组织内外部资源配置机制，以构建双元性促进能力结构优化 ······ 190
7.6 本章小结 ······ 193
参考文献 ······ 194
附录 ······ 211

第1章 绪 论

1.1 开放式创新背景下技术供求体系现状

开放式创新背景下，外部创新资源的遴选与配置已成为企业界广泛关注的焦点问题（Chesbrough，2003；Chen et al.，2011）。尤其对后发国家而言，有效利用外部科技资源将是企业弥补自身能力弱势、构建持续竞争优势的路径之一。其中，组织搜寻是实现外部知识内部化过程的逻辑起点，要全面把握"组织搜寻—技术能力—企业绩效"的整体提升过程，需针对技术供给主体能力结构、企业自身技术需求等现实情境及其隐含的理论问题进行深入剖析。

1.1.1 逆向产业发展路径导致中国企业长期陷入"低技术均衡"困境

随着资源、环境与竞争压力的不断加剧，中国的经济增长方式逐渐由要素驱动型转变为创新驱动型，发展趋势的深刻变革与现实国情下的技术供求体系与科技资源配置格局提出了新的挑战。从技术供求体系的演变来看，中国的产业发展并未遵循"技术创新（突破性创新）——新兴产业形成——提升制造能力（渐进性创新）——产业成熟"的典型发展路径，而是通过"以市场换技术"的引进方式开始，将劳动力禀赋充裕的比较优势转化为相对的国际竞争力。这种逆向产业发展路径导致中国企业陷入"低技术均衡"的困境，即企业制造能力突出而研发能力相对薄弱，现有技术能力主要体现在检测与维修环节，较少涉及实质性的研发行为（朱桂龙，2012）。

以汽车产业为例，中国汽车工业前三十年是在计划体制和封闭条件下运行的，中国第一汽车集团有限公司仅仅作为引进和转移苏联技术的"中转站"，几乎没有系统性研发相关技术。改革开放以后，中国走向了"以市场换技术"的合资之路，国家对于汽车产业"高起点、大批量、专业化"的引导政策倾向于产品技术的引进，却始终没有强调中国企业的自主产品开发（路风，2006）。截止到 2011 年，中国汽车产量约占全球总产量的 23%[①]，以 1850 万辆的产量成为世界最大的汽车生产国，但是，奇瑞、东风、吉利等自主品牌出口比例较小，受各项技术标准限

---

① 资料来源：《中国汽车工业年鉴 2011》。

制多以东南亚、拉丁美洲等地区为目标市场。尽管本土企业通过合资、并购等方式获得了国外知名企业的知识产权、品牌与市场，却无法在发动机、变速器、底盘技术等核心环节取得重大突破（谢伟，2006），从而难以在类似支柱产业破解"低技术均衡"的尴尬局面。因此，中国汽车产业核心技术外部依赖性强的现实，进一步突显出中国企业、产业发展中组织搜寻战略与内容的重要性。

1.1.2 与学研机构技术势差较大，企业外部技术依赖性不断增加

为实现由"中国制造"向"中国创造"的根本转变，自20世纪90年代起，产学研合作创新逐渐成为国内企业弥补技术势差、提升自主创新能力的重要途径。从"星期日工程师"到"产学研联合开发工程"，再到广东"三部两院一省"产学研合作创新战略格局，逐步实现了政府引导下外部科技资源有序植入区域产业创新系统的进程，形成了创新资源跨界配置与产业技术需求的有效融合。但是，从当前合作主体技术能力供求结构与层次来看，双方仍然存在较大的技术能力势差，具体表现为：企业自身研发与吸收能力偏弱，不能实现对学研机构所提供技术的有效转化，因而将合作目标定位于产品技术的获取，而忽略了基础技术、共性技术等平台技术的研发工作；而学研机构则无力承担共性技术的产业化重任，为了迎合企业对产品技术的需求，则不断将研究活动推向技术供给链的下游环节，使得双方合作研发关系异化为企业全过程的委托开发（朱桂龙，2012）。这种目标差异一方面阻碍了产学研合作动力机制与长效合作机制的有效形成，另一方面进一步加剧了企业与学研机构的技术能力差距，最终形成对其技术研发的全面依赖局面。

从广东省产学研实践来看，省部、省院产学研合作首次打破了科技资源布局的区域分割性，形成了跨区域配置优势科技资源的常态化机制。截止到2010年，全国200多所高校、300多家科研院所与广东近万家企业、专业镇和高科技园区开展了全面合作，共同组建了35家产学研创新联盟、104个创新平台和200多个产学研结合示范基地，初步形成优势创新资源的多元化、嵌入式布局。但是，从2011年广东省经济和信息化委员会对121家具备省级技术中心资质企业的调研来看，企业在产品检测、产品设计和共性技术研发三者布局的比例为85∶10∶5，相当一部分企业几乎没有共性技术研发能力，企业自主创新能力弱的现状没有根本转变（朱桂龙，2012）。这种反差的根本成因在于企业技术能力薄弱，无力实现区域内优势创新资源的有效利用和内化过程，只能尽量依靠高校、科研院所等外部资源开展研发活动，以致失去了对动态技术环境的敏感性与适应性，从而在较长时期内难以摆脱"能力陷阱"的束缚（Chesbrough，2003）。

1.1.3 行业科研院所改制导致共性技术供给缺位，学研机构成为衔接技术供给链的关键枢纽

计划经济时期，我国众多行业科研机构担负着提供产业共性技术的职责。但是，由于该阶段我国企业技术创新能力普遍较低，即使行业科研机构实现了共性技术突破，企业也很难将其转化为新产品，实现突破性创新，从而造成我国科技与经济"两层皮"的困境（刘民义，2009）。相继而来的行业科研院所"一刀切"向企业化转制，导致共性技术真正意义上处于"空心化"供给缺位状态。与此同时，伴随着高校系统"211工程"、"985工程"、中国科学院"知识创新工程"的实施，我国高校、科研机构逐渐成长为供给产业共性技术的重要力量，为解决企业所需的应用性共性技术提供了有益支持（朱桂龙，2012），但就其对共性技术解决方式与程度而言，还无法满足企业技术能力发展的需求结构，也不能为战略性新兴产业发展提供基础技术支撑，因此，合理选择外部知识的搜寻结构与方式，正是破解企业技术能力不足难题、弥合技术供给体系缺位的出发点。

以装备制造业为例，改革开放以来，国产装备的产量、技术水平、关键技术的掌握和创新以及产业集中度、技术改革后的装备水平、管理水平、国际竞争力都获得了长足进步，截止到2011年，装备制造业产业规模居世界首位。但是，在高端装备制造等关键领域，控制系统、伺服系统等核心环节占据高档数控机床20%的技术领域，我国仍然未能突破关键共性技术，从而将80%的利润拱手让给发达国家。（原毅军和汪之明，2011）。同时，以产学研合作创新为主体解决装备制造业共性技术却面临供给总量不足和转化效率偏低的困境，究其原因在于，高校、科研机构侧重于研发成果的理论先进性，缺乏对中试和产业化环节的有效投入，导致共性技术的供给组织与需求主体产生脱节（李纪珍，2006）；以中国台湾工业技术研究院为蓝本建设的产业技术研究院，虽然在功能定位、建设模式方面取得了一定突破，但是缺乏有效的制度与运行机制设计，其运行效果不尽如人意，在短时间内无法承担起共性技术的供给重任。

1.2 破解技术供求困境的理论支撑

面对企业技术能力薄弱与产业结构升级的双重压力，国内外学者尝试通过解决产业技术供给问题来破解科技与经济"两层皮"的难题，而跨界搜寻则成为现实情境下获取外部创新资源、解构创新能力结构的逻辑起点。同时，跨界搜寻涉及组织管理、知识管理、创新管理以及战略管理等多个研究领域，在开放式创新体系下进一步探索"利用外部科技资源提升企业技术能力结构"这一关键问题，

成为继内部研发和外部并购之后第三条提高组织竞争优势的重要途径（Katila and Ahuja，2002），因此，跨界搜寻及其相关问题成为理论界和实践界广泛关注的研究热点。

目前，跨界搜寻及其相关领域的研究主要集中在以下三个方面。

（1）跨界搜寻的内涵辨析，即跨界搜寻"是什么"的问题，如跨界搜寻的维度、特征、策略、模式、时机、测量等（Nelson and Winter，1982；Laursen and Salter，2004；Grimpe and Sofka，2009；Chen et al.，2011；魏江和冯军政，2009）。

（2）跨界搜寻的前因研究，即"为什么"进行跨界搜寻，如跨界搜寻的动因、外部环境、内部特征、情境因素等（Teece，2007；Benner and Tushman，2002；Jansen et al.，2012；邬爱其和李生校，2011）。

（3）跨界搜寻的后果研究，即跨界搜寻对组织技术能力、组织绩效、研发战略等因素的影响（Rosenkopf and Nerkar，2001；He and Wong，2004；Sidhu et al.，2007；李忆和司有和，2008；朱朝晖和陈劲，2007）。本书重点讨论跨界搜寻的内容、维度及其对企业技术能力结构的影响。

1.2.1　开放式创新下的组织搜寻模式——跨界搜寻

跨界搜寻即搜寻来自不同边界的知识对企业技术能力及其结构产生的差异化影响。从现有研究来看，学者大多以时间、空间、组织、内容属性等作为边界来界定组织搜寻行为（Sidhu et al.，2007；Li et al.，2008；熊伟等，2011）。基于时间边界，Nerkar（2003）将跨界搜寻区分为新、旧知识的探索与利用两个维度，Kline（1986）则用该维度区分企业的产品创新与工艺创新；基于空间边界，Katila 和 Ahuja（2002）将跨界搜寻分为本地搜寻与远程搜寻，并发现远程搜寻在推动突破性创新方面的关键作用；基于搜寻特征边界，Laursen 和 Salter（2006）将跨界搜寻划分为搜寻深度与搜寻宽度，Chen 等（2011）在此基础上拓展为搜寻深度、搜寻宽度和搜寻导向三个方面，后续研究对搜寻深度和搜寻宽度之间的张力、解决机制做了进一步研究；基于资源异质性边界，Ahuja 和 Katila（2004）将跨界搜寻分为科学搜寻与地理搜寻，组织通过这两种搜寻行为获取异质性的技术与知识资源；基于供应链边界，Sidhu 等（2007）从供给、需求和市场三个维度细分跨界搜寻，并且搜寻内容涉及供应商、客户和竞争对手三方知识来源。综合上述分类，Li 等（2008）将跨界搜寻边界归纳为两类：第一类与价值链上的职能环节相关，如科学、技术或产品市场；第二类根据知识搜寻是否跨越知识域的认知、时间或空间维度来区分本地搜寻或远程搜寻（熊伟等，2011）。上述划分标准均对中国现实情境下跨界搜寻的维度划分提供了理论依据。

基于上述划分维度，国内外学者对跨界搜寻的战略做了进一步探讨，以此来确定其组织搜寻的外部知识源以及搜寻顺序（陈君达和邬爱其，2011）。根据搜寻特征，Laursen 和 Salter（2006）结合搜寻深度与搜寻宽度来确定最佳搜寻战略，Köhler 等（2009）则根据搜寻导向将搜寻战略划分为市场驱动型、科研驱动型和供应商驱动型三个维度，后续实证研究多以上述两种划分标准为基础，进一步检验跨界搜寻与企业绩效的关系；根据搜寻方式，Rosenkopf 和 Nerkar（2001）联合组织与技术边界，将跨界搜寻划分为内部搜寻、跨内部边界搜寻、跨外部边界搜寻和激进搜寻四种类别，Grimpe 和 Sofka（2009）从产业类别角度定义跨界搜寻战略，发现中、低技术产业搜寻方式分为以竞争对手为焦点、以客户为焦点以及二者平衡三种战略，而高技术产业则分为以大学为焦点、以供应商为焦点和大学规避型；根据搜寻时机，Katila 和 Chen（2008）将组织搜寻行为比作学习竞赛，并将其分为领先、追赶和同步三种类别，在竞争对手之前或者之后进行创新搜寻，都有可能开发创新性的产品，但与竞争对手同步搜寻将徒劳无功。跨界搜寻战略研究的不断深化，将为搜寻模式、时机以及内容的拓展研究提供基础理论支撑。

1.2.2 动态能力演化的结构变迁——组织双元能力

学者从理论层面提出动态能力可以帮助企业构建双元型组织，通过持续变革提升组织在成熟市场中的竞争力，并通过创造性破坏在新市场中获得竞争优势（March，1991；Teece，2007；焦豪，2011），即构建组织双元能力：探索与开发（Danneels，2008；Benner and Tushman，2003；张玉利和李乾文，2009）。探索与开发的概念最早由 March（1991）在组织学习领域提出，一方面强调对现有市场和客户的深入开发，另一方面将拓展新兴市场与新客户作为目标。在此基础上，Benner 和 Tushman（2003）将知识/技术成长路径与当前客户/市场细分偏离程度作为二者的界定标准，并指出它们是两种完全不同的创新方式，张玉利和李乾文（2009）将这对概念引入创业研究领域，从能力视角定义了机会探索与开发能力，建立了组织学习、创新与能力之间的纽带。从上述组织与创新领域的研究发现，组织动态能力根植于同时进行探索与开发的双元能力之间，其中，开发能力构建了组织的一阶能力，而探索能力是建立在一阶能力基础上的能力，即二阶能力，组织通过跨越自身组织、技术和认知边界进行探索性搜寻，从而克服知识获取的路径依赖与能力陷阱，以实现双元能力的构建与协调过程（Danneels，2008；熊伟等，2011）。综上研究，基于动态能力的研究为界定双元能力提供了理论基础，交叉领域的理论推演与应用实现了双元能力由组织学习视角向技术能力视角的合理演化，也为本书概念拓展提供了潜在方向。

1.2.3 知识基础视角的能力拓展——创新能力结构

开放式创新打破了封闭式创新体系，为组织获取外部异质性资源提供了理论依据（Chesbrough，2003），资源基础观为优势创新资源的内化机制奠定了理论基础（Wernerfelt，1984），相对于以上两种理论，知识基础观从一个更为开放和动态的视角解释企业的本质，认为其目的是通过获取、整合、扩散和创新有价值的新知识，以此来取得持续竞争优势（Grant，1996）。

具体到产业层面，Smith（2000）基于产业-技术-学科的知识基础观提出了产业知识基础的概念，在认同知识公共属性的同时，更强调不同学科之间的知识属性差异，其分类更具实践指导意义（牛盼强等，2011）。与横向知识分类相对应，Tassey（1991）基于技术供给链视角将技术划分为基础技术（basic technology）、共性技术（generic technology）和专有技术（proprietary technology）三个类别，且这种分类标准与Bush（1945）在《科学：永无止境的前沿》一文中对科学研究的划分相对应，最终形成了现阶段技术供求主体间的创新能力结构。其中，大学的主要职能是基础研究，即只为增加人类对自然的认识、不带任何应用目的，对应于Stokes（1997）中的玻尔象限，为企业发展提供基础知识；企业主要从事应用研究，负责新产品的开发与商业化，即为了解决实际中的问题开展科学研究，对应于Stokes中的爱迪生象限，为自身发展进行产品技术研发与转化；与当前产学研合作相对应的是巴斯德象限，属于连接纯基础研究和纯应用研究的纽带，该类研究是激发基础研究的应用研究。该分类标准不仅界定了不同类别科研活动的重点，更明确了不同类别知识与技术的供给主体，从而形成了基于知识基础视角的创新能力结构，为完善技术供给体系、协调企业能力结构提供了有价值的理论借鉴。

1.3 跨界搜寻协调双元能力结构的关键问题

开放式创新的本质在于打破了非此地发明和非此地销售的思维定式，强调最大化利用外部优势创新资源与商业化路径（Chesbrough，2003）。通过跨越不同维度的组织搜寻行为，获取多元化的联盟伙伴和异质性的知识基础弥补内部创新资源的匮乏，从而促进组织二次创新。本书关注的是中国情境下的跨界搜寻问题，基于创新能力结构视角对产学研合作与组织双元能力关系进行剖析，从而寻找解决企业自主创新能力偏低、技术供给体系缺位的现实问题。

在理论层面，组织搜寻理论和动态能力理论尚且存在诸多未解决问题，尤其是维度界定和能力结构演化等理论体系有待于进一步完善（Chesbrough，2003；

Jansen et al.，2009）。现有研究大多针对西方发达国家企业与产业发展现状，少数针对发展中国家的实证研究也忽略了情境理论化的前提假设，更谈不上对当前发展实践的反馈与指导意义。以跨界搜寻的维度界定为例，学者主要针对搜寻广度和深度进行理论探索与实证研究（Laursen and Salter，2004；Wu and Shanley，2009；邬爱其和李生校，2011），却忽视了对搜寻对象属性和职能的嵌入研究，从而仅仅得到搜寻广度、深度与组织绩效的直接关系，未能对解决企业技术能力结构问题做出实质性贡献。其原因在于缺乏对中国企业现实情境的系统剖析，未能区分不同创新主体所供给知识基础的异质性，从而无法推断其提升企业技术能力的路径与效果。综上，从理论上论证跨界搜寻与企业技术能力结构的机理问题，还需结合现实情境对创新主体能力结构进行重新界定，即实现情境理论化。

在实践层面，产学研合作已成为适合中国企业发展的外部资源利用方式，但仍然存在定位不清晰、目标不明确、机制不完善等诸多发展困境（朱桂龙，2012）。其突出问题便是合作目标与主体目标差异引致的技术供给缺位，并进一步影响合作动力机制与长效机制的构建，因而，基于不同主体、不同技术属性的跨界搜寻行为与效果分析，对于完善各主体在技术供给体系中的定位问题意义重大。以技术属性维度为例，共性技术与产品技术分别对应技术发展的不同阶段，其公共属性、供给主体、功能定位、扩散方式等特征存在显著差别（Tassey，1991；李纪珍，2006），与之对应，两种技术对于企业技术能力提升的范围与程度存在巨大差异，其供给主体的选择与职能定位也具有鲜明的情境特征。尤其是在技术供给体系不完善的前提下，忽略二者的属性差异而盲目选择高校、科研院所作为共同供给主体，将不利于企业自主创新能力提升，扰乱产学研合作主体间的动力与合作机制，终将破坏有序的技术能力供给体系。

与此同时，技术能力提升与结构协调成为现阶段企业内部面临的首要问题。经过 30 多年的实践，外部技术的探寻、引进与吸收提升了企业或部分产业的竞争优势，但是企业自身的技术创新能力依旧处于相对薄弱的状态，尤其是在发展战略性新兴产业的趋势下，企业外部知识搜寻与内部技术发展模式的匹配问题将经受巨大的考验。针对上述困境，企业界与学术界均主张通过扩大搜寻边界、加深搜寻深度的方式获取更多的知识资源，以弥补企业自身知识体系与质量不完善的缺陷。但是在企业研发战略方面却出现了分歧：一种观点是走"开发式创新"之路，即依靠既有知识提升企业的设计、技能和渠道，其目标在于满足现有顾客与市场需求。该观点基于中国企业技术能力偏弱的现实，主张遵循技术发展的 S 形曲线，循序渐进地提升本土企业的创新能力，逐步体现新兴市场中企业的后发优势。另一种观点是走"探索式创新"之路，即通过探索新知识实现拓展市场或营销渠道的目标，旨在应对新兴市场与潜在顾客需求。该观点强调通过跨越式发展缩小与发达国家之间的技术差距,并与中国特有的资源、劳动力等禀赋优势相结合,真正实现由"中国制造"向"中国创造"的跨越。但是,这两种发展思路之间明显存在一种张力:因为两种创新活动存在组织架构、思维方式以及组织文化的差异,且企业创新资源的稀缺性要求其必须在两者之间进行取舍(March,1991),所以为了避免陷入过度开发或者探索的能力陷阱,企业必须面对探索与开发双元能力的协调问题。

基于上述现实与理论背景,本书针对现实情境下的实践需求与理论缺口,聚焦于"企业如何利用外部创新资源协调技术能力、提升组织绩效"这一现实问题,基于跨界搜寻视角,以"产学研合作对企业技术能力结构协调的影响机制"为科学问题展开研究,并尝试回答以下四个子问题。

(1)中国现实情境下,基于创新能力结构视角的跨界搜寻维度如何界定与拓展?

(2)跨界搜寻是否有助于提升企业探索与开发能力?

(3)跨界搜寻是否能够协调双元能力结构关系,并有效改善企业绩效?

(4)在外部资源作用下,组织双元能力是否存在不同趋势与特征的亚类增长模式?

中国现实情境下产业发展趋势的变革与企业技术发展模式的拓展为本书提供了丰富的研究背景,其突出的现实矛盾也彰显了该问题研究的必要性。对上述现实与理论问题的系统解答,不仅有利于区域创新体系内各方主体在机械耦合的基础上进行深入互动,明确了高校和科研机构在产业技术供给体系中的功能定位,同时为政府制定相关政策提供了可靠依据,这也是本书的基本出发点和立足点。

1.4 本书的基本框架与主要内容

开放式创新背景下,企业如何有效利用外部异质性创新资源,以实现技术能力提升、能力结构优化的根本目标?这是一个具有重要理论意义和实践意义的问题。尤其对后发国家而言,有侧重、有目标地搜寻策略获取所需的互补性、异质性知识,是企业实现技术追赶甚至技术跨越的逻辑起点。对跨越组织、技术等边界知识的整合过程,促进了企业内部不同层次技术能力的根本性增长,同时推动了组织技术能力结构的优化进程,并最终实现企业绩效与竞争力的共同提升目标。在此过程中,一定水平的吸收能力是企业识别、转化与应用外部知识的关键要素,并能够有效协调不同搜寻策略与技术能力成长之间的关系。因此,对外部创新资源作用下企业技术能力成长机理的深刻剖析,将对企业技术能力提升、产业结构优化、区域资源配置产生重要的积极影响。

基于上述背景与关键问题，本书以广东、山东与浙江部分企业为研究对象，以开放式创新理论、组织搜寻理论、知识基础观、动态能力理论等理论为基础，构建了从案例分析到实证研究、从直接影响到结构关系、从静态影响到动态成长的研究框架（图1.1），并综合运用理论演绎、案例研究、问卷调查、二手数据等实证研究方法，对所提出的理论模型与相关假设进行了统计检验。首先，结合开放式创新、组织搜寻、动态能力等理论，系统归纳跨界搜寻与组织双元能力的研究进展，识别出中国情境下的理论缺口与实践需求，指出本书的具体研究方向；其次，以嘉宝莉化工集团股份有限公司等企业为典型案例，基于演化经济学理论、吸收能力理论深入分析跨界搜寻与组织双元能力之间的作用机制，并归纳组织双元能力及其结构的演化路径，提出预设的三个研究命题；再次，通过三个子研究对上述命题进行实证，依次解决跨界搜寻与组织双元能力的影响关系、跨界搜寻对双元能力结构与企业绩效的影响、吸收能力对跨界搜寻与企业技术能力成长关系的影响三个中心问题；最后，基于上述案例和实证研究，提出开放式创新体系下企业跨界搜寻的政策体系。

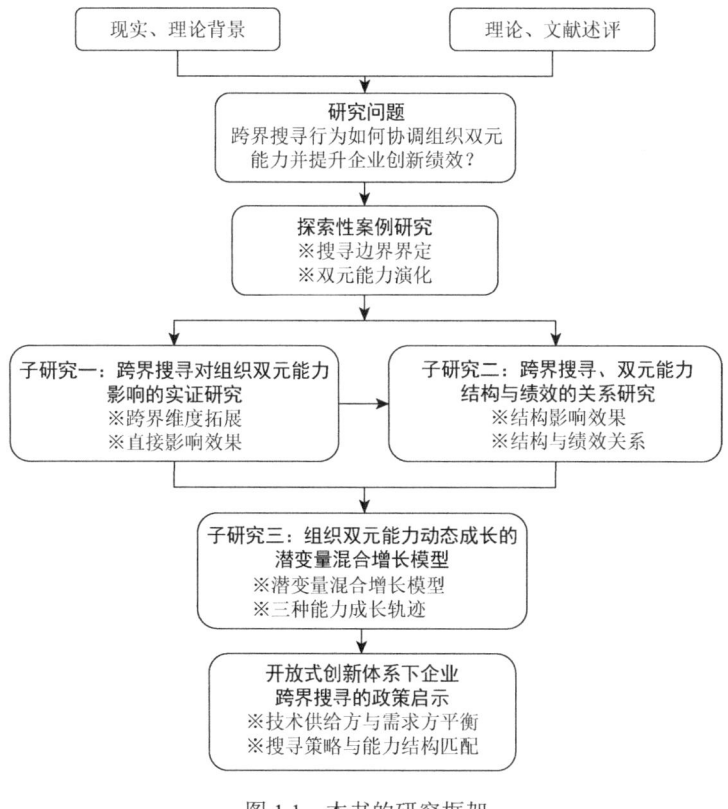

图1.1 本书的研究框架

在继承前人研究成果的基础上，本书在以下三个方面进行了理论拓展与深化。

（1）基于创新能力结构视角，从组织、技术维度解构了现实情境下中国企业的跨界搜寻行为，从理论层面论证了跨界搜寻与组织双元能力之间的逻辑关系，并实证分析了跨界搜寻行为对组织双元能力的影响效果，拓展了组织搜寻理论的研究视角与维度内涵，丰富了组织双元性领域的实证研究成果。

（2）基于理论与案例研究，构建了跨界搜寻、双元能力结构与企业绩效关系的分析框架，从理论层面阐明了跨界搜寻协调组织双元能力结构的内在机理，实证检验了双元能力平衡、互动关系对企业绩效的影响效果，并分析了双元能力结构在跨界搜寻与企业绩效关系中的中介效应，识别出不同维度搜寻行为影响双元能力结构与绩效的作用路径，拓展了双元能力结构领域的理论与实证研究。

（3）通过构建潜变量混合增长模型，识别出外部资源作用下组织双元能力动态成长的亚类模式，刻画了不同层次能力的成长趋势与特征，揭示了不同模式下搜寻广度与深度、吸收能力及其交叉项对双元能力成长的影响机理，从研究视角与方法方面丰富了组织双元能力的实证研究。

与此同时，相关研究结论也为我国科技政策制定、企业创新管理提供了可借鉴的实践启示，具体体现在以下三个方面。

（1）开放式创新体系内蕴含了丰富的创新资源，企业应根据自身能力水平与发展定位，提升搜寻、整合与转化外部知识的技术能力，尤其注重不同类型搜寻对象、目标知识与能力层次的匹配性。对于后发国家企业而言，利用外部资源提升创新能力是其构建核心竞争力的必由路径。提升探索能力需要企业利用科研机构的前沿知识弥补自身技术势差，该类知识多为技术供给链上游的基础技术或共性技术；而提升开发能力则需注重对市场驱动型主体的知识搜寻，及时掌握供应商、顾客等环节的产品需求信息，以促进设计、制造、研发等环节的渐进性改进。

（2）开放式创新是企业协调双元张力悖论的重要途径，不同维度搜寻行为作用于双元能力结构的效果与路径存在差异，兼顾组织双元能力难以实现提升创新与财务绩效的"双赢"局面。资源有限性是探索与开发之间持续存在张力的根本原因，这种资源与能力缺陷在我国企业发展中尤为明显。协调双元能力结构并不是一定会带来企业绩效的显著提升，其中仍然存在"最优平衡点"的临界问题，这为协调双元型组织中各职能部门关系、内外部合作关系、长短期目标关系提供了重要参考。

（3）外部资源作用下，企业技术能力并未完全遵循生命周期理论，而是表现为不同趋势与特征的亚类成长模式，尤其对于后发国家企业，在无法兼顾双元能力的情况下,更需慎重选择搜寻策略、合理协调能力结构。同时,处于能力成长阶段的企业难免陷入过度搜寻的失衡状态,而强化自身吸收能力是缓解过度搜寻压力的有效方式,也有利于提升双元能力的成长速度,因此,企业借助产学研、技术联盟、并购等方式获取异质性知识的同时,还需加强内部研发体系的系统建设,从而保证外部知识获取、内部技术转化过程的协同。

第 2 章 跨界搜寻与双元能力的理论基础

2.1 跨界搜寻与双元能力的基本理论

2.1.1 开放式创新理论

开放式创新（open innovation）概念是由 Chesbrough 在其著作《开放式创新：进行技术创新并从中赢利的新规则》中提出的，其内涵是企业通过知识的流入与流出加速企业内部创新流程，并利用外部创新来拓展市场资源（图 2.1）。开放式创新从根本上打破了传统封闭式创新中的企业边界局限，将外部知识源提升到与内部技术源、市场渠道同等重要的地位（Chesbrough，2003；陈劲和吴波，2012）。从其定义来看，开放式创新包括技术外源化和外部市场化两个部分，技术外源化方面，Chesbrough（2003）认为企业可以同时从内部和外部获取所需技术，并根据自身技术水平选择技术的类别，以此为基础，后续学者从外部技术搜寻（Rosenkopf and Nerkar，2001；熊伟等，2011）、技术学习（Kim，1998；谢伟，2006）、技术获取（Cohen and Levinthal，1990）、技术评价（Leonard-Barton，1992）、技术转移等视角对外部知识内化过程进行了研究，还有一些学者进一步关注了如何平衡企业内外部知识源的问题（Chen et al.，2011），提出了双元情境下的企业研发网络结构；外部市场化方面，Chesbrough（2003）认为部分企业存在技术库存的现象，即企业出于研发战略考虑未将部分研发成果进行商业化，从而使企业在短时间内占据了大量的研发成本。针对该现象，Chesbrough（2003）提出外部市场化思想，通过三种基本途径实现该类技术的价值增值：①应用于现有业务单元；②转让给其他企业；③应用于开展新业务领域的子公司。通过以上两方面，企业成为开放式创新体系下技术与知识流动的枢纽，为确定其在技术创新系统中的主体地位奠定了基础。

开放式创新范式丰富了企业创新活动的技术来源，对外部知识源的跨界搜寻成为知识内化过程的逻辑起点（Nelson and Winter，1982）。von Hippel（1986）认为创新来源存在多样性，创新过程分布于供应商、制造商、顾客以及其他来源之中，针对不同类型创新源的技术搜寻战略存在巨大差异，从而导致其对企业绩效的影响效果迥异。基于资源基础观分析发现，搜寻跨国公司、科研机构等外部知识源将有利于资源互补、风险共担，甚至产生技术突破，但是也存在难以获取核心技术和动态能力等局限；另一部分学者则认为对外部技术依赖将不利于构建企业核心能力，并承担较大的技术泄露风险（Laursen and Salter，2006），相比而言，企业内部技术源则具有组织成本低、提升企业吸收能力（Cohen and Levinthal，1990）等比较优势，因此，开放式创新范式下企业研发活动将面临"最佳开放点"的难题（陈钰芬和陈劲，2008），从而协调"无边界化"条件下企业内外部知识搜寻与获取的平衡问题。

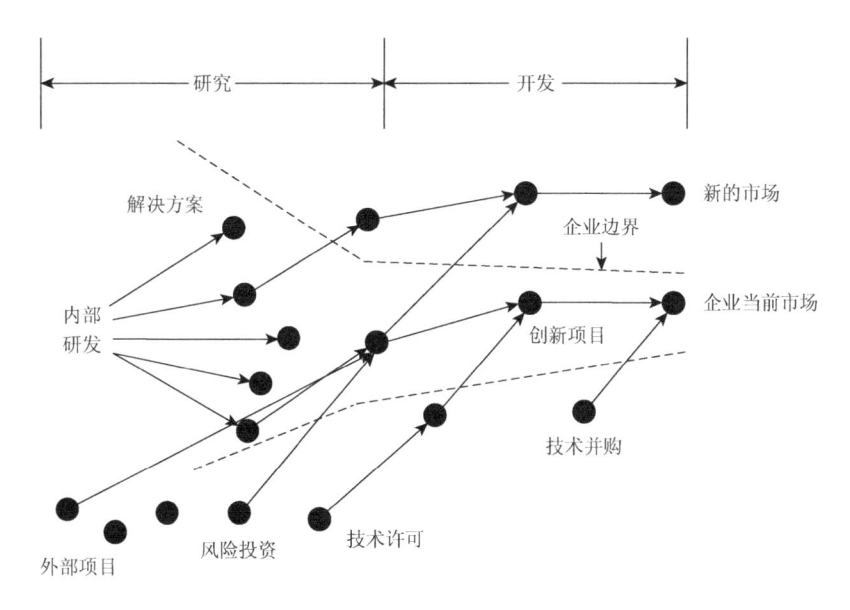

图 2.1　开放式创新原理

具体到中国情境，大部分企业处于"基于技术的创新"（technology-based innovation）阶段，不具备"基于科学的创新"（science-based innovation）的能力结构与水平，这极大地限制了企业外部搜寻的范围与策略，从而使得中国情境下企业的开放式创新具有选择性和约束性。这就意味着，企业在外部知识选择方面更倾向于产品技术或者趋于成熟的共性技术，从而催生了当前产学研合作中的"交钥匙"合作研发模式，寄希望于学研机构在短期内为其提供可商业化的产品技术；而在合作伙伴选择方面，则根据不同的发展时期不断调整开放对象，如基础研究阶段侧重于大学以及相关的科研院所，应用开发和改进阶段便转向同行业的相关企业以及用户，国际化阶段则加强与政府的合作。这一特殊情境为研究跨界搜寻行为带来了挑战，同时为本书的研究提供了丰富的理论基础与实践素材。

2.1.2 组织搜寻理论

组织搜寻的概念可追溯至 Cyert 和 March 合著的《企业行为理论》一书，Nelson 和 Winter（1982）将其定义为：在不确定环境中，组织为了解决问题或发现机会而进行的信息搜集过程。从其定义来看，组织搜寻是一种解决问题的活动，也体现为一个组织学习过程（Huber，1991），类似的概念还包括产品搜寻、创新搜寻等，其本质都包含了搜寻活动的不可逆性、不确定性以及偶然性特征（Nelson and Winter，1982）。经过持续的理论与实践探索，组织搜寻已经成为组织科学、行为科学、演化经济学等诸多研究领域的核心概念，并逐渐成为继内部研发和外部并购之后第三条提升组织竞争优势的有效路径（Katila and Ahuja，2002；熊伟等，2011）。但是，组织搜寻具有较强的路径依赖性，企业往往在一定的空间或技术边界内重复性寻找与现有知识基础类似的新知识，从而逐步陷入半封闭创新模式下的能力陷阱。此时，跨越某一或多个边界搜寻所需的异质性知识，成为组织克服自身资源与能力束缚的重要方式（March，1991；Rosenkopf and Nerkar，2001；魏江和冯军政，2009）。

"跨界"一词最早出现在组织理论文献中，Rosenkopf 和 Nerkar（2001）将其引入战略管理领域，并将跨界搜寻定义为：在复杂动态的环境中，企业跨越现有组织和知识边界进行搜寻，以获取异质性知识的过程。与本地搜寻相对，跨界搜寻打破了路径依赖和自身经验的局限，尝试跨越组织、技术、时间、认知等多种边界获取异质性较大的知识基础，如图 2.2 所示，重新构建动态竞争下的环境敏感性与适应性（Leonard-Barton，1992）。同时，Danneels（2008）认为本地搜寻有利于培养组织的二阶能力，而跨界搜寻行为则有利于构建组织的二阶能力，即构建一阶能力的能力，从而克服组织设计与能力结构带来的核心刚性。国内外学者针对化工、半导体、生物科技等行业的实证研究发现，跨界搜寻是通过动态能力构建组织竞争优势的重要前提（Benner and Tushman，2003；焦豪，2011），对于提升企业技术能力与绩效具有显著的影响效果（Sofka and Grimpe，2010；马如飞，2009）。

产学研合作是中国情境下企业组织搜寻行为的典型模式，不仅包括组织内部知识的搜寻与整合过程，还包括跨组织、技术边界的外部知识与伙伴的搜寻，逐渐成为中国企业技术能力成长的重要源泉。与国外组织搜寻的前提假设不同，中国企业在搜寻目标和内容方面存在特殊性，这主要归因于自身薄弱的研发能力与吸收能力，基本无法实现由一阶能力向二阶能力的过渡，从而严重依赖学研机构研发共性技术，甚至产品技术，无从顾及"基于科学的创新"研发活动，从而根本上导致自主创新能力持续不足。中国企业特殊能力结构与所处情境，为本书跨界搜寻的维度界定与内涵拓展准备了实践基础,也为组织搜寻的理论创新提供了可能性。

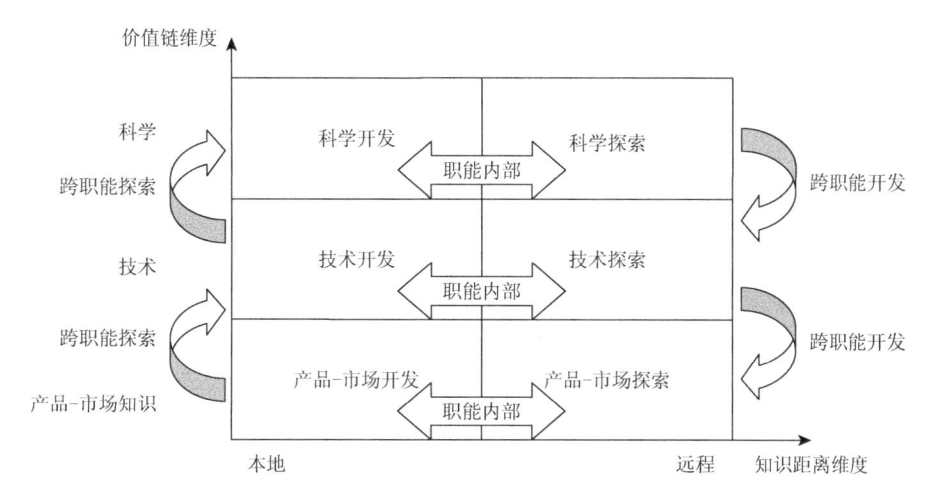

图 2.2　Li 等（2008）对跨界搜寻边界的划分维度

2.1.3　知识基础观

知识基础观（knowledge-based view）是资源基础观（resource-based view）理论框架的拓展与延伸（Barney，1991），将企业定义为"异质性知识的独特集合体"，其竞争优势来源于对该类知识的创造、整合与应用（Grant，1996）。知识基础观继承了资源基础观的基本假设，摒弃了新古典经济学中企业资源同质性的前提，而将稀缺、不可替代、难以模仿的异质性知识看作企业内生增长的基础资源。其基本假设包括：①知识是一种极为重要的生产性资源；②知识可分为显性知识（explicit knowledge）和隐性知识（tacit knowledge）两类；③个体是知识的主要创造者，尤其是隐性知识的关键储存节点，生产活动往往需要多种类型知识；④绝大多数知识具有范围、规模经济性，导致其模仿、应用的边际成本较低。基于此，Grant（1996）认为企业的主要职能在于整合知识与应用而非知识创造，而 Nonaka（1991）等认为日本企业成功的关键就在于其能够进行知识转化与创造，尤其是将隐性知识嵌入企业运营管理的内部环节，从而实现知识创造、整合与应用的完整过程。这种观点不仅拓展了企业知识活动的内部边界与协调机制，同时将企业看作知识创新系统的重要环节，为企业确立技术创新主体地位奠定了基础。

不同类别知识对企业技术能力的影响效果存在差异，其获取路径、整合方式与扩散条件也存在较大差别。由于具有黏滞、不可编码、难以模仿等特点，隐性知识的学习与扩散一直是学者关注的焦点，Kogut 和 Zander（1992）认为意会知识是难以表达的，只能在应用过程中被观察、被学习获得，因此人员作为隐形知识的重要载体，在知识流动过程中具有不可替代的作用，Hamel（1991）则指出隐性知识深深隐藏在员工的社会关系中，隐性知识的学习和分享需要正式与非正式沟通方式的紧密结合，企业内部社会资本能有效地提高隐性知识的扩散效率；同时，知识获取范围与深度对内部整合过程存在差异影响，Kogut 和 Zander（1992）认为知识是企业技术创新的基本要素，较宽范围的知识整合更有利于企业产品与工艺的改进，但会提升内部整合成本、降低整合效率，Smith（2000）等认为搜寻范围越大意味着获取的新知识越多，对原有内部知识架构的冲击越大，但是对不同类别知识整合所形成的能力是竞争者难以复制的，而这种"重构"也是企业核心能力重建的重要环节；具体到产业层面，不同类别知识基础将影响企业创新的过程和本质。牛盼强和谢富纪（2011）引入了产业知识基础的概念，认为产业知识基础是联系产业与知识创造的，在产业中相同类型知识创造组织之间可以共享、共用的基础性信息或知识，其中，综合型知识基础是通过既有知识的应用或重新组合而得到创新的，而解析型知识基础则是通过科学研究产生的新知识而得到创新的，显然，两种知识基础对企业技术能力结构的影响存在本质差异，并且其获取对象与路径也有较大差别，而这种差异性正是中国情境下企业技术搜寻战略的分类基础。

不同类别知识基础在表现形式、扩散渠道等方面存在属性差异，其对应的研究活动和创造主体也处于创新体系的不同环节。与上述技术分类不同，Tassey（1997）将产业技术分为基础技术、共性技术和专有技术三大类，分别对应于企业技术创新活动的各个阶段，其中，基础技术对应于基础研究，其参与主体主要是高校与科研院所；专有技术带有明显私有属性，主要靠企业内部研发供给；而共性技术则兼具公共和私有属性，隶属于竞争前技术，其供给主体和应用领域具有模糊性（李纪珍，2006），因此，我国企业长期面临共性技术创新主体缺失、供给能力不足、政府作用定位不清等问题，严重制约了企业自主创新能力的根本提升（朱桂龙，2012）。基于此，探讨不同知识基础的拓展与分类，对明确各阶段技术供给主体、提升企业技术能力具有重要意义。

2.1.4 动态能力理论

动态能力（dynamic capabilities）是企业对内部和外部的竞争能力进行整合、构建或者重置以适应动态环境的能力（Teece et al.，1997），其理论基础来源于对资源基础观理论和核心能力理论的反复推演过程，前者认为企业竞争优势来源于其掌握的有价值、稀缺、无可替代和难以模仿的异质性资源（Wernerfelt，1984），后者则认为持续竞争优势来源于组织内部价值链各环节集体学习而培养出的核心能力（Prahalad and Hamel，1990），但由于资源本身的黏滞性与核心能力的路径依赖性（Teece et al.，1997），两种优势在动态环境中往往表现为核心刚性（Leonard-Barton，1992），从而无法指导企业保持持续的竞争优势。在此背景下，众多学者开始关注企业资源与能力的动态变化过程，与企业生存的零阶能力相比，动态能力定义为扩展、改变或创造常规能力的高阶能力，后续研究根据企业创新所需能力结构不同，扩展出一阶能力和二阶能力的概念，其本质仍然是解决组织能力与外界环境匹配的核心问题。

围绕 Teece 等（1997）的定义，后续学者对动态能力的研究大致包括两个方面：①环境动态特征；②资源、能力的获取与重构。基于技术视角，学者认为动态能力表现为一种"技术集成能力"，指通过企业定位于目标知识，并将其与现有知识结构进行整合与转化的能力，其核心组成部分是组织学习能力；基于战略视角，动态能力与组织过程紧密相关，是组织整合、构建及重构核心竞争力的关键环节（Teece，2007），也是避免核心刚性的基础要素；基于演化视角，动态能力与组织惯性联系密切，其本质是构建企业对非惯例性问题处理方法的持续性部署和战略性探索。此外，Eisenhardt 和 Martin（2000）认为动态能力包括整合、重构、获取和释放四个组成部分，从而完整描述新产品或知识创造的动态过程，Wang 和 Ahmed（2007）则认为动态能力包含适应、吸收和创新三类能力，分别聚焦于外部环境变化、内部知识整合、创新能力提升三个环节，强调组织内部价值链各环节的协调运作，从而克服路径依赖导致的组织惯性行为。以上研究拓展了动态能力的含义与内容，将其应用于战略管理、创新管理、知识管理等领域，可以帮助企业适应复杂多变的动态环境。

基于组织层面的研究认为，提升企业现有能力，以及构建适应新市场的动态能力，不断整合、重构组织资源，可以适应组织双元情境（Teece，2007）。具体而言，机会识别能力促进企业获取外部知识网络中的有效信息，推动其在企业内部知识体系内的流动与内化，其中包含显性知识再编码和隐性知识内部分享过程；整合重构能力有利于企业进行外部获取知识的嵌入，一方面对组织内外部新旧、零散知识进行整合，丰富企业内部现有知识体系，另一方面提升组织的知识运用与创造能力，促进企业探索式创新活动的顺利开展；同时，技术和组织柔性能力分别通过技术模块化及组织结构扁平化支撑企业内部的探索与开发活动，不断改善适应不可预见外部环境的能力，最终通过动态资源配置提升现有资源的利用效率（Eisenhardt and Martin，2000）。因此，动态能力理论为组织双元情境提供了能力保障，其各阶段能力与企业探索、开发双元能力成长形成有序关联。

2.2 跨界搜寻的边界与策略

2.2.1 跨界搜寻的内涵辨析

组织搜寻理论涉及组织科学、行为科学、组织学习和演化经济学等诸多领域，其概念可追溯到 Cyert 和 March 合著的《企业行为理论》，指通过搜寻不同的知识基础或利用外部知识获取新的创意与知识，以促进组织创新（Cyert and March，1963）。Nelson 和 Winter（1982）指出，组织搜寻是通过付出一定代价来解决问题和发现机会的可行过程，Huber（1991）认为搜寻是组织学习过程中的一个环节，其本质是组织学习。同时，学者对组织搜寻的概念进行了拓展，衍生出了产品搜寻（Katila and Ahuja，2002）、创新搜寻（Laursen and Salter，2006）等相关概念，但其本质都包括组织搜寻的四个特征：①一种解决问题的方式（Nelson and Winter，1982）；②周围环境的不确定性（March and Olsen，1975）；③需要付出一定成本（Cyert and March，1963）；④搜寻过程可惯例化（Nelson and Winter，1982）。

与本地搜寻相比，跨界搜寻（boundary-spanning search）能够克服路径依赖性、能力陷阱等束缚，在外部资源选择方面更具开放性。"跨界"一词最早出现在组织理论的文献中，其边界也仅仅界定为组织边界，后续研究逐渐将其引入组织学习（March，1991）、战略管理（Rosenkopf and Nerkar，2001）、创新管理（Katila and Ahuja，2002）等领域。Rosenkopf 和 Nerkar（2001）认为，跨界搜寻的核心内涵在于跨越组织边界或者超越既有知识结构的搜寻行为，以校-企合作为代表的外部知识获取过程本身就是一种典型的跨界搜寻行为；Benner 和 Tushman（2002）基于技术搜寻活动定义跨界搜寻，认为本地搜寻是利用，而跨界搜寻是探索；Nerkar（2003）认为时间近的搜寻是本地搜寻，时间远的搜寻是跨界搜寻；Atuahene-Gima 和 Murray（2007）认为跨界搜寻是将资源投资于获得全新的知识、技能和流程；Jansen 等（2006）将本地搜寻和跨界搜寻定义为在顾客/市场方面对现有的或新的知识的搜寻；Lavie（2006）认为跨界搜寻是指从结构、功能和属性维度与新合作伙伴建立联盟，Lin 等（2007）同样认同伙伴选择维度的定义方式，Lavie（2007）则基于该维度界定进一步研究了联盟中不同伙伴类型的组合问题。

借鉴上述研究成果，本书将跨界搜寻定义为：组织跨越组织、技术、认知等边界，通过程序化的、可操作的搜寻活动，以获取异质性知识基础、开发潜在市场、找寻新合作伙伴，从而提升自身竞争优势的行为过程。这种界定方式一方面系统概括了产学研合作背景下企业跨界搜寻的维度与内容，另一方面肯定了搜寻本质是利用新知识、新伙伴、新市场提升自身竞争力的过程。

企业演化理论认为，组织搜寻是一种解决问题的途径，也是一个组织学习的过程（Nelson and Winter，1982）。由于搜寻边界、知识源等差异，国内外学者将其划分为冗余搜寻（slack search）、地理搜寻（geography search）、科学搜寻（science search）、制度搜寻（institutional search）等多个维度，并且不同边界的搜寻策略在内容、侧重点以及测量方式上存在明显差异，但搜寻行为的目标始终是异质性的知识或合作伙伴，以克服组织内部资源与能力的结构缺失现状（Cyert and March，1963）。

1. 本地搜寻与跨界搜寻

本地搜寻与跨界搜寻是组织搜寻中最基本的搜寻方式，前者是对组织现有知识基础，以及本区域附近的新知识进行搜寻，而后者则强调跨越现有组织、技术等边界进行搜寻，以获得更具新颖性、差异化的知识源（Rosenkopf and Nerkar，2001）。从搜寻范围来看，本地搜寻强化了本地知识与合作关系网络，从而有利于提升外部隐性知识向企业内部的转移效率（Gautam and Riittta，2004）；而跨界搜寻突破了本地制度、文化、产业集聚等特色元素的束缚，拓展了企业开展突破性创新所需的异质性知识基础，增加了不同类别知识元素的重构机会，从而更有利于企业适应动态的科技与经济环境。基于此，国内外学者对两种搜寻行为的特征、策略、局限进行了深入探讨，并延伸出以时间、认知、知识属性等为边界的跨界搜寻行为研究。

与跨界搜寻相比，本地搜寻在知识获取、内化、应用方面具有明显的成本优势，社会网络领域研究者也实证检验了组织间地理临近、知识结构相似对创新绩效的正向影响。但是，本地搜寻也存在固有缺陷：一方面将组织限定在封闭、稳定的情境中，依靠惯例性搜寻行为获取同质性知识，从而导致组织陷入能力陷阱（Cyert and March，1963）；另一方面则导致企业逐步丧失应对动态环境的敏感性与适应性，从根本上削弱了构建二阶能力的动态能力（Danneels，2008）。其中，组织内部搜寻是本地搜寻的特殊形式之一。Sofka 和 Grimpe（2010）将仅仅搜寻组织内或产业内知识视为"短视"行为，将导致组织短时间内失去动态环境下的竞争优势，Sorenson 和 Stuart（2000）进一步验证了技术环境变化条件下组织内部搜寻的负面效果，认为跨越组织边界的搜寻行为是组织适应动态环境的必要途径。

与本地搜寻相反，跨界搜寻需要组织付出更多的时间与人力成本，同时也提高了搜寻过程中的偶然性风险（Rosenkopf and Nerkar，2001）。但是，从组织外部搜寻知识以弥补现有知识结构，成为组织克服"非此地发明"和"非此地销售"思维定式的重要途径（熊伟等，2011）。Rosenkopf 和 Nerkar（2001）针对光盘领域研究发现，与内部知识搜寻相比，跨组织边界搜寻对产业内后续技术进化影响更大，并且对产业外相关技术的发展也具有一定的推动作用，Lorenzoni 和 Lipparini

（1999）对制药、食品、造纸等行业包装机生产过程的研究也得到了同样的结论，并提出组织整合内外部知识的能力是企业核心竞争力的表现之一。同时，跨越时间、技术等边界的搜寻行为是组织摆脱路径依赖、实现技术跨越的重要因素，成为继内部研发和外部收购之后的第三条提高组织竞争优势的途径。

2. 跨界搜寻的知识来源

根据熊彼特的早期定义，创新活动只是企业家的个人行为，所需创新资源自然来自企业内部，企业家个人的学习经历、知识结构、创新意愿成为驱动企业创新的内在动力。随着科技与经济的发展，越来越多的学者和企业家认识到创新涉及多方主体，并且需要经过反复试验、尝试商业化、反馈改进等流程，因此，与企业产品开发关系密切的供应商、中介机构、主要顾客等主体逐步参与到企业研发活动中，为企业产品或服务的改进提供丰富的技术与市场信息，企业所需知识源也从组织内部拓展到组织外部。

开放式创新背景下，企业意识到仅依靠内部研发无法适应技术变革的节奏，通过外部搜寻、研发外包、合作研发等形式能够更快地应对市场需求（Chesbrough，2003）。许多创新能力较强的企业率先搜寻和应用外部创新资源，部分大学和科研机构成为新技术研发、孵化的主要场所，围绕大学而建的科技园区也逐渐成为创新密度最高的地区（王毅等，2011）。同时，不同创新主体所提供的知识结构不同，而潜在创新者对技术商业化利润预期差异加大了创新源的多元化，而处于同一创新链上的供应商、大学和主导客户是企业最关键的外部知识源（von Hippel，1986）。Laursen 和 Salter（2004）将企业外部知识源划分为市场型、机构型、专业型和其他四类（表 2.1），其中，市场型知识源包括供应商、客户、竞争对手、咨询机构、商业实验室等；机构型知识源包括高等院校、公共或私人研究机构、政府研究机构；专业型知识源包括技术标准、健康和安全法规、环保标准；其他知识源包括专业会议、商会、行业刊物、数据库、展销会等。Rothaermel 和 Alexandre（2009）进一步对知识源类别及其提供的知识属性进行了描述，比如，高等院校和商业实验室侧重基础性和应用性研发，供应商或客户等纵向价值链环节侧重市场知识，通过联盟和并购等形式与竞争对手合作。Grimpe 和 Sofka（2009）认为外部知识源主要包括供应商、客户、竞争对手、大学、研究机构、专业会议（研讨会、展销会）、专业期刊等，Sofka 和 Grimpe（2010）进一步将其分为科技驱动型（高校和科研院所）、市场驱动型（顾客和竞争对手）和供应商驱动型（供应商、专业会议和展销会）三类。

综上，国内外学者对跨界搜寻的外部知识来源进行了系统研究，并根据其职能差异细分为不同类别。但是，现有研究忽视了不同知识源所提供知识结构的差异，即不同属性主体所提供知识的类别、公共属性、应用范围、可商业化程度存

表 2.1 企业外部知识源的类别划分

类型	市场型	机构型	专业型	其他
组成	供应商 客户 竞争对手 咨询机构 商业实验室	高等院校 私人研究机构 政府研究机构	技术标准 健康和安全法规 环保标准	专业会议 商会 行业刊物 数据库 展销会

资料来源：根据 Laursen 和 Salter（2004）的研究整理所得

在巨大差异，以至于不同知识的搜寻方式、获取手段、转化成本等明显不同，其对企业研发、营销、运营等环节的影响效果也需进一步细分，因此，考虑知识源职能与所提供知识的相关属性对于定位跨界搜寻维度具有重要意义。

2.2.2 搜寻维度与组合模式

1. 搜寻维度

边界明晰是跨界搜寻的研究基础，也是不同搜寻维度划分的重要标准。经过长期探索，国外学者对跨界搜寻的边界与维度做了多层次的定义，从而拓展出多个目标导向的搜寻行为，如表 2.2 所示。主要包括以下几个方面。

表 2.2 跨界搜寻的边界与维度

边界	维度分类	代表性研究
组织边界	● 组织内搜寻和组织外搜寻 ● 本地搜寻和远程搜寻 ● 搜寻广度、搜寻深度与搜寻导向	Rosenkopf 和 Nerkar（2001）、Katila（2002）、Ahuja 和 Katila（2004）、Nerkar（2003）、Laursen 和 Salter（2006）、Phene 等（2006）、Geiger 和 Makri（2006）、Li 等（2007）、魏江和冯军政（2009）、Chen 等（2011）、张文红等（2011）、邬爱其和李生校（2012）、张峰和刘侠（2014）、Liu 等（2013）、Wu 等（2014）、Terjesen 和 Patel（2015）、Xu（2015）、Ferreras-Méndez 等（2016）、Stanko 和 Henard（2017）
技术边界	● 产业内技术搜寻和产业间技术搜寻 ● 技术知识和市场知识 ● 相关型搜寻和交易型搜寻	Rosenkopf 和 Nerkar（2001）、Phene 等（2006）、Li 等（2008）、Grimpe 和 Sofka（2016）、马如飞（2009）、魏江和冯军政（2009）、张文红等（2011）、郭利娜（2011）
时间边界	● 新知识和旧知识	Katila（2002）、魏江和冯军政（2009）
空间边界	● 情境搜寻、相似搜寻、复杂搜寻与科学搜寻	Ahuja 和 Katila（2004）、Lopez-Vega 等（2016）
知识边界	● 主动搜寻、集中搜寻、分散搜寻、消极搜寻	Xie 等（2016）
认知边界	● 科学搜寻和地理搜寻 ● 互动搜寻和非互动搜寻	马如飞（2009）、张文红等（2011）、Wu 和 Wei（2013）、Roper 等（2017）
属性边界	● 问题搜寻、冗余搜寻和制度搜寻	Greve（2007）、Desai（2010）、Corradini 和 Propris（2016）
供应链边界	● 供给方、需求方和市场	Sidhu 等（2004）、Sidhu 等（2007）、Sofka 和 Grimpe（2010）、Ozer 和 Zhang（2015）
其他边界	● 联盟边界搜寻	Lavie（2006，2007）

资料来源：根据相关参考文献整理所得

1）组织边界

跨组织边界的搜寻行为一直是国内外学者关注的焦点，并根据知识基特征、资源异质性、空间距离等进一步划分搜寻的结构维度（Katila，2002；Laursen and Salter，2006；魏江和冯军政，2009；Chen et al.，2011）。基于组织边界，Sorensen 和 Stuart（2000）将跨界搜寻行为划分为组织内搜寻与组织外搜寻两个维度，发现大多数成熟企业偏向于组织内搜寻，通过内部知识重构与开发的方式促进组织创新，但在应对外部技术环境剧变方面远远落后于新兴企业，Miller 等（2006）针对多元化企业的实证研究也得到了同样的结论；基于知识基特征，Rosenkopf 和 Nerkar（2001）将跨界搜寻分为搜寻广度与搜寻深度两个维度，其中，广度是组织搜寻的范围，考量搜寻行为所涉及外部知识源与渠道的数量；深度是组织深入外部知识源的程度，考量组织对外部知识源与渠道的利用程度，由于组织能力结构与文化等因素的影响，搜寻广度与搜寻深度之间存在一定的张力（张文红等，2011）。在此基础上，Chen 等（2011）增加了搜寻导向维度，用来表征搜寻行为的目标导向，并进一步分析了 STI（Science，Technology and Innovation）和 DUI（Doing，Using and Interacting）两种创新模式下企业的外部知识搜寻战略，发现搜寻导向显著影响企业合作创新伙伴的类别。众多研究验证了提高搜寻广度和搜寻深度对组织创新活动的正向影响，但也认识到二者均存在"临界点"的问题，对一个维度的过度搜寻行为将会加大企业内部知识的整合难度（Kim and Inkpen，2005；Laursen and Salter，2006）。

2）技术边界

科学交叉是催生重大原始创新、新增长点以及新学科的重要力量，跨技术边界搜寻行为有利于优化内部知识结构、促进组织变革与创新。Rosenkopf 和 Nerkar（2001）基于光盘产业专利数据的研究发现，跨越组织边界的技术搜寻对产业技术发展具有重要的推动作用，其中，行业外知识的技术贡献要远大于对行业内知识利用的贡献程度，并且跨技术边界的搜寻行为更有利于行业间知识渗透，从而促进交叉行业的技术革新；马如飞（2009）基于知识类型将搜寻边界划分为技术知识与市场知识，跨越地理和认知边界的知识搜寻行为对企业创新绩效具有显著的正向影响，其中，跨越技术知识边界的搜寻行为有利于技术创新，而跨越市场知识边界的搜寻行为更有利于商业模式创新。在诸多边界研究基础上，Li 等（2008）将组织搜寻的边界归纳为两类：第一类是价值链上的纵向职能环节，如科学、技术与产品市场，根据组织学习方式、搜寻目标定位判断搜寻边界；第二类是价值链横截面上的时间、空间和认知边界，结合搜寻方式与程度判定跨界搜寻的连续程度。上述研究强调了跨技术边界搜寻的重要性，但在边界划分与搜寻内容方面仍然存在较大模糊性，而不同技术边界搜寻行为对企业技术能力的差异化影响也有待于进一步探讨（熊伟等，2011）。

3）供应链边界

随着外部资源广泛参与企业创新活动，处于供应链各环节的合作伙伴逐步成为企业外部信息获取的重要来源（Bierly et al.，2009）。Sidhu 等（2007）基于供应链视角将搜寻维度分为供给方、需求方和市场三个方面，分别涉及供应商知识、客户知识和竞争对手知识等搜寻内容，并检验了单一维度和交叉维度下搜寻活动对创新活动的影响作用，结果发现，动态环境下跨供给边界的搜寻行为对企业创新效率有显著的正向影响，而跨需求和空间边界的搜寻在低动态环境中的作用更加突出；Sofka 和 Grimpe（2010）利用欧洲社会创新调查（community innovation survey，CIS）数据，将企业搜寻行为划分为科学驱动、市场驱动和供应商驱动三个类别，分别包括高校和研究机构、顾客与竞争者、供应商和商会等信息来源，验证了通过三个维度进行开放式知识搜寻对企业创新活动的积极影响，企业自主创新对市场驱动搜寻行为与创新绩效关系具有显著的调节效应，而技术环境动态性则需要企业重点关注科学驱动搜寻行为，以完善企业科技驱动型创新（science-based innovation）所需要的知识结构。供应链视角的相关研究发现，处于供应链或价值链不同节点的知识源分别支撑着企业不同类型的创新活动，并以此作为企业构建不同结构技术能力的重要基础，是企业制定合作研发战略的重要依据（陈劲，2009）。

4）其他边界

除上述边界外，国内外学者基于时间、所参与组织类型等要素进行了搜寻维度划分，并对不同类型搜寻行为的影响因素、情境变量以及效果等进行了深入研究。

基于时间边界，Nerkar（2003）将组织搜寻分为新知识和旧知识两个维度，通过对美国生物制药产业专利的分析发现，两类知识对企业创新活动的影响差异较大，新知识搜寻有利于企业更新知识结构，促进突破性知识创造，而对旧知识的利用程度与企业创新绩效存在倒 U 形关系，并且旧知识对企业技术改造、工艺流程创新的作用更加显著，Heeley 和 Jacobson（2008）也发现前沿技术能够带给公司更高的市场回报，而相对成熟技术的回报率明显低于市场平均水平，从而导致新兴企业对前沿技术的搜寻与跟踪热潮。

基于资源异质性边界，Ahuja 和 Katila（2004）将跨界搜寻分为科学搜寻（science search）与地理搜寻（geography search）两个维度，前者强调组织为了防止知识结构僵化、突破现有技术瓶颈而对基础知识进行的搜寻活动，其根本目标是促进企业基于科学基础的创新活动；后者则侧重于突破空间边界、路径依赖等因素限制，为拓展自身既有知识基础而进行的跨地域、跨市场的技术搜寻活动，其根本目标是促进企业基于技术或市场信息的创新活动。从其定位来看，两类行为分别对应不同知识类别的搜寻内容，其搜寻结果对企业创新过程的影响也具有明显差异。

基于联盟边界，Lavie（2007）以美国软件产业为研究对象，分析了不同联盟成员结构下企业搜寻行为对创新绩效的影响，研究发现，联盟网络通过分享互补性资源来获得价值增值，联盟成员的议价能力限制了焦点企业的市场与创新绩效提升，这种效应在同构联盟中表现更为突出，而联盟成员的研发强度对焦点企业的信息搜寻具有正向影响，为联盟整体发展提供了多元化的信息基础。在此基础上，Lavie等（2011）进一步从功能、结构和属性视角定义了探索—开发联盟的职能，基于功能视角可分为知识探索联盟与知识开发联盟，前者采用探索式搜寻策略，而后者采用开发式搜寻策略；基于结构视角则分为新伙伴联盟和旧伙伴联盟，分别强调联盟探索与开发两种不同的创新活动，并且，同构联盟知识搜寻将会降低企业创新绩效，而异构联盟知识搜寻则会提升企业以及联盟整体的创新绩效。总体来看，跨联盟边界搜寻的目的是通过联盟获得异质性资源，或者寻找合适的合作伙伴。

此外，Desai（2010）基于演化视角将搜寻动机和组织管理变革联系在一起，将跨界搜寻分为问题搜寻（problematic search）、冗余搜寻（slack search）和制度搜寻（institutional search）三个维度，问题搜寻针对组织现有问题解决，冗余搜寻针对组织冗余资源重构，而制度搜寻则是组织所形成的标准化搜寻活动，三种搜寻行为分别对应组织特定的资源与战略情境，在组织发展不同环节扮演差异化但互补的角色（Greve，2007）。

2. 搜寻模式

根据上述搜寻边界划分，学者逐步刻画出某一个或多个边界的组织搜寻模式。搜寻模式不仅关系到搜寻边界、目标知识类型、知识获取方式，而且与企业能力机构和创新绩效提升联系密切（魏江和冯军政，2009；邬爱其和方仙成，2012）。研究初期，搜寻模式的界定多以单一边界为标准，探索简单二分法维度下搜寻行为对组织创新的影响效果，包括基于时间、地理、组织和内容属性等边界的搜寻模式，用以获取新知识与旧知识、本地知识与远程知识、技术知识与市场知识等不同维度的知识类别，并对其前因、情境和结果变量进行系统分析。随着研究深入，学者逐渐认识到了搜寻行为简单二分法所带来的维度间张力问题，即如何协调新知识与旧知识、本地搜寻与远程搜寻等搜寻行为之间的平衡关系，在此背景下，基于多边界的组织搜寻模式研究便成为跨界搜寻的关键问题。

1）基于时间-组织边界的跨界搜寻模式

基于时间边界的跨界搜寻研究表明，新（旧）知识与创新绩效之间并非简单的线性关系，并且不同知识类别影响企业技术能力结构的侧重点存在差异

(Nerkar，2003)，同时，组织内和组织外知识的获取方式、整合成本也存在较大区别。基于此，Katila（2002）将时间和组织边界组合在一起，将组织边界分为组织内部、产业内竞争者和产业外竞争者三部分，探索其组成的二维边界搜寻行为对企业新产品开发的影响效果（图2.3），研究表明，组织内知识搜寻与新产品开发存在倒U形关系；搜寻产业内竞争者的旧知识不利于企业创新活动，只能长期扮演技术追赶的角色，与之相反，搜寻产业外竞争者的旧知识将可能促进新产品研发，学科交叉起到了根本性推动作用；而组织外知识多样化与新产品开发之间呈现非线性关系。

新知识	产业内新知识	产业内竞争者新知识	产业外新知识
旧知识	产业内旧知识	产业内竞争者旧知识	产业外旧知识
	组织内部	产业内竞争者	产业外

图2.3 基于时间-组织边界的跨界搜寻模式（Katila，2002）

2）基于技术-组织边界的跨界搜寻模式

基于技术边界的跨界搜寻表明，不同属性知识将影响企业技术能力构建的不同环节，并在组织搜寻策略、知识获取方式、创造主体方面具有明显差异，技术-组织边界组合的组织搜寻研究有利于验证两种搜寻行为的互补效果。Rosenkopf和Nerkar（2001）在针对光盘产业的研究中综合考虑了技术与组织边界的搜寻效果，将跨界搜寻分为本地搜寻、内部边界搜寻、外部边界搜寻和激进式搜寻四种模式，从而考察不同类型搜寻模式对产业内（间）技术发展的影响效果，基于专利数据的分析发现，内部知识搜寻对组织技术能力、光盘产业技术演变的作用不大，而组织外相近技术对本企业的技术进步具有重要的推动效果，外部探索式知识搜寻所获得的产业外技术对光盘产业的激进式创新影响显著，总体而言突出了跨边界搜寻行为对组织技术革新的重要影响。基于技术-组织边界的跨界搜寻模式如图2.4所示。

相近技术	本地搜寻	外部边界搜寻
非相近技术	内部边界搜寻	激进式搜寻
	组织内部	组织外部

图2.4 基于技术-组织边界的跨界搜寻模式（Rosenkop and Nerkar，2001）

3) 基于技术-地理边界的跨界搜寻模式

企业演化理论认为，同一类别技术在不同的地域、竞争环境与持有者水平等多重因素作用下呈现差异化的演化路径（Nelson and Winter，1982），即技术与地理边界相关元素的重构将催生不同领域的专有技术。Phene 等（2006）基于技术和地理边界深入分析了美国生物技术产业的突破性创新，将跨界搜寻分为国内产业内技术搜寻、国内产业外技术搜寻、国外产业内技术搜寻、国外产业外技术搜寻四种模式（图 2.5），研究表明，国内产业外技术搜寻与突破性创新之间呈倒 U 形曲线关系，国内产业内技术搜寻则对企业创新绩效产生显著的正向影响，国外产业内技术搜寻对突破性创新也具有显著的正向影响，国外产业外技术搜寻对企业创新绩效的影响效果不显著，这与跨国公司创新活动诸多研究结论相吻合，进一步说明技术随地理边界演化的差异趋势。

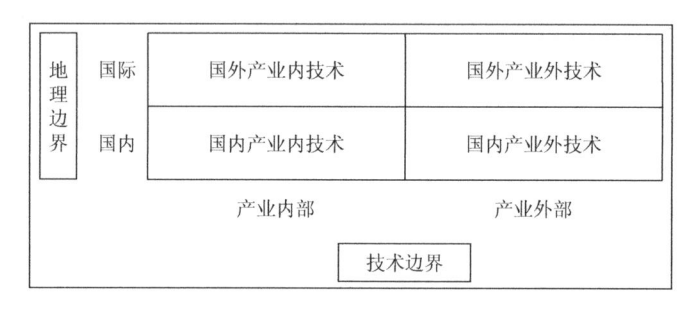

地理边界	国际	国外产业内技术	国外产业外技术
	国内	国内产业内技术	国内产业外技术
		产业内部	产业外部
		技术边界	

图 2.5 基于技术-地理边界的跨界搜寻模式（Phene et al.，2006）

此外，国内外学者还对认知-地理（马如飞，2009）、知识距离-知识类型（张文红等，2011）、知识-联盟（Hagedoorn and Duysters，2002）等组合边界的组织搜寻模式进行了系统研究，揭示了不同边界组合下跨界搜寻的作用过程与效果，但由于研究对象、标准与数据差异，对跨界搜寻普适规律与动态演化的研究相对缺乏，如何根据边界类型与内容属性选择适当的搜寻策略等问题有待于进一步探讨。

2.2.3 搜寻模式的选择依据

以跨界搜寻边界与维度划分为基础，搜寻策略制定将是决定搜寻导向与效果的关键环节（Katila，2002）。搜寻策略不仅要基于外部创新资源的供给主体与内容属性，同时需要反映组织对该知识源的利用程度与顺序，还要考虑技术特性、环境特性、组织能力结构等情境因素的影响（Grimpe and Sofka，2009）。通过梳理国内外相关研究，本书从搜寻特征、搜寻时机、搜寻目标、搜寻路径、搜寻策略对绩效的影响五个方面进行简要评述。

1. 搜寻特征

无论跨越何种边界的组织搜寻，都不能回避搜寻行为中"度"的问题——深度与广度。March（1991）率先用探索和开发定义组织学习的最优组合水平，并在后续研究中用深度和广度来衡量组织最优搜寻策略（Levinthal and March，1993；Liu et al.，2013；Terjesen and Patel，2015）。Laursen 和 Salter（2006）用深度和广度定义了跨界搜寻中的企业开放度，深度指企业对外部知识源的利用程度，广度指企业所搜寻外部知识源的多样性，研究表明，外部搜寻深度、广度与企业创新绩效之间均为倒 U 形曲线关系，即企业在一定条件下存在最优开放点。后续研究多采用这种二分法表征企业开放度（陈钰芬和陈劲，2008）、知识存量（Wu and Shanley，2009）、搜寻策略（Grimpe and Sofka，2009）等，用于验证开放式创新背景下企业对外部科技资源的利用程度。

然而，部分学者提出这种简单的二分原则不能完整刻画组织搜寻战略，无法反映搜寻的对象、目标知识类型、搜寻时机等内容（Katila and Ahuja，2002）。Köhler 等（2009）根据不同知识源类别，将跨界搜寻划分为市场驱动型、科研驱动型和供应商驱动型三种搜寻模式，并分别描述了各种搜寻模式的特征、知识源与目标，从而对不同知识来源导向下的跨界搜寻行为做了完整刻画；Chen 等（2011）在 Laursen 和 Salter（2006）的研究基础上，添加了搜寻导向（search orientation）来表征外部搜寻的知识源类型，分别对应 STI 和 DUI 两种创新模式，而搜寻导向对两种创新模式下的外部伙伴选择具有重要的影响。

同时，搜寻深度与广度之间的平衡也成为学者研究的焦点问题。除了通过交叉边界（如组织-技术）控制组织搜寻行为的程度，单一搜寻策略之间的平衡也成为企业寻求最优开放点的重要措施（陈劲和吴波，2012）。但是，该类研究多停留在静态研究范畴，未能考虑组织搜寻行为随时间或产业的动态变化特征，导致最优开放点仅体现为某个时间横截面上的短暂平衡。

2. 搜寻时机

与开放度特征相比，搜寻时机的选择更具动态性与时效性，尤其是在面对众多竞争对手的动荡环境中（Cyert and March，1963）。在信息完全对称的假设下，组织间的搜寻活动多表现为平行搜寻，即相互独立的组织为解决同一问题而同时独立进行的搜寻行为，也就不存在时机选择带来的先发优势问题。然而，动态竞争环境加剧了信息不对称的情境，问题复杂性和竞争对手多元化导致平行搜寻的难度不断增加，组织要占据市场竞争的先发优势，必须谨慎选择搜寻的时机、边界与内容，从而领先于竞争对手独占前沿的市场与技术信息。

Katila 和 Chen（2008）通过对日本、欧洲和美国机器人产业的研究发现，企业在竞争对手之后进行知识搜寻，将可能研发出较多新产品；先于竞争对手开展搜寻活动，将可能研发出更具创新性的新产品；而与竞争对手同步搜寻，既不可能研发出相当数量的新产品，也不能保证新产品具有足够的新颖度。其研究结合了组织学习理论，将组织搜寻看作学习竞赛，企业选择搜寻时机后将处于领先、追赶、同步三种状态（图 2.6），前两种状态为非平行搜寻，而后一种状态为平行搜寻，企业判断竞争对手的搜寻策略选择搜寻时机，同时针对性制定研发与市场战略。

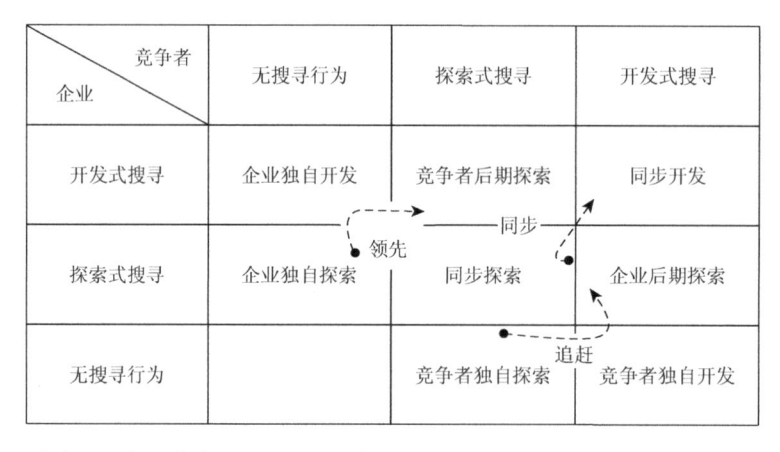

企业＼竞争者	无搜寻行为	探索式搜寻	开发式搜寻
开发式搜寻	企业独自开发	竞争者后期探索	同步开发
探索式搜寻	企业独自探索	同步探索	企业后期探索
无搜寻行为		竞争者独自探索	竞争者独自开发

图 2.6 相对竞争对手的搜寻时机选择分类（Katila and Chen，2008）

搜寻时机选择不仅体现了企业对技术和产业发展的趋势判断，更是企业确立技术与市场竞争先发优势的必要步骤。与跨界搜寻同理，企业采用新技术、新产品投向市场等时机选择也具有同等重要意义，该过程不仅涉及与竞争对手的动态博弈，也是感知市场信息、把握技术趋势的外在表现，对于企业引领产品主导设计、独占超额创新利润意义重大。

3. 搜寻目标

组织搜寻的根本目标是获取组织所需的新知识，跨界搜寻更注重目标知识异质性与合作伙伴多样性（Huang and Li，2012）。知识类别与供给主体的社会职能紧密相关，与 Bush（1945）对科学研究的分类相对应，高校与科研院所主要从事基础研究，以该类主体为目标的搜寻行为多以获取基础技术或竞争前技术为主；企业以技术转化、新产品开发等应用研究为主，针对该类创新主体的跨界搜寻将会获得专利、标准等产品技术；而行业协会、商会等组织则致力于为企业与产业发展提供最新的市场动态信息，因此，组织搜寻对象的差异性导致其所获取目标知识的多样性，对组织技术创新或管理创新的影响机制也存在本质区别。

对于现阶段企业而言，提升自主创新能力是保证持续发展的首要目标，因而其跨界搜寻行为侧重于"基于技术的创新"。通过技术与市场知识的重构，将理论与实践知识、技能与经验等用于开发新产品或服务，实现企业技术能力的根本提升。然而，随着生物技术、航空航天等新兴产业的兴起，重大创新成果的产生更加依赖于"基于科学的创新"，要求企业必须动态跟踪、更新前沿科学知识，并且企业内部科学研究也要达到前沿水平（陈劲等，2007）。Meyer-Krahmer 和 Schmoch（1998）对电气等产业的校企合作行为研究发现，高技术产业更加注重参与高校的基础研究，从合作研发中获得收益较大且具有内部持续性，而低技术产业则倾向于技术创新带来的工艺流程改进，对"基于科学的技术"研发活动关注较少。陈劲等（2007）论证了科学研究对企业的重要性，首次提出了企业科学能力的概念（图 2.7），即企业通过整合内外部创新资源，开发或获取基础研究成果的能力。从其内涵来看，科学能力是企业技术能力、技术创新能力的基础，企业通过提升内、外部科学能力进而实现技术能力与创新绩效的整体提升，其针对生物制药产业的研究进一步证明了基础科学知识对企业的重要意义。因此，当前企业与产业（尤其是新兴产业）的发展不仅要以共性技术和专有技术为搜寻目标，更要注重其自身参与和掌握基础科学知识的程度。

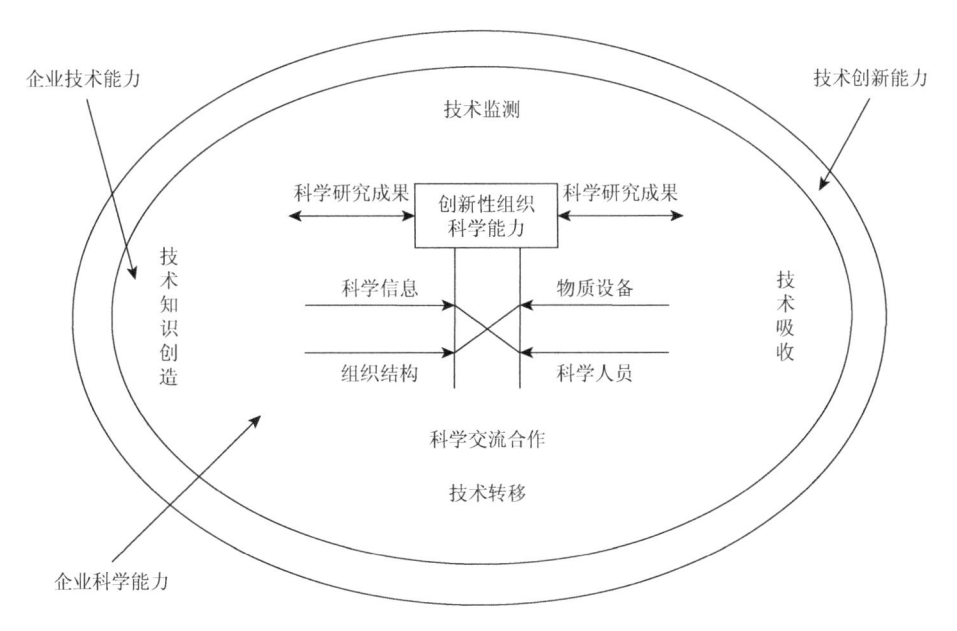

图 2.7 "基于科学的发展"框架

总体而言，现有研究多侧重于搜寻程度、搜寻对象、搜寻区域等有形边界的搜寻模式界定，但对搜寻目标知识的类别与属性缺乏清晰定位，尤其在目标知识或技术类别与组织能力结构优化的相关关系方面缺少深入研究，从而不能为企业研发、并购战略提供可参考的理论借鉴。

4. 搜寻路径

外部知识搜寻对企业创新行为至关重要，而搜寻路径、搜寻过程、知识整合机制直接影响了搜寻结果。开放式创新背景下，当组织现有知识储备、程序方案无法解决产品开发或者服务创新中的问题时，组织需要通过跨界搜寻从外部获得新知识或者新方法（Lopez-Vega et al.，2016）。然而，开展跨界搜寻首先要解决两个关键问题：从哪里搜寻？如何搜寻？其中，"从哪里搜寻"涉及跨界搜寻的起点，在搜寻之前要首先确定知识类别与整合难度，知识类别可以用技术维度、产业类别或者科学领域来表征，而整合难度则与组织距离、技术距离、技术势差、组织文化等因素密切相关。而"如何搜寻"的问题更多取决于搜寻的认知维度，例如，经验搜寻是以创新过程的直接反馈结构为参考，通过在线评估、行动互补或者及时反馈等行动环节组成的搜寻过程，"干中学"便是其典型方式；而认知搜寻包括代表意见的采纳、解决方案的选择搜寻等环节，并通过线下评估、"干前学"等方式积累搜寻经验。基于上述两个问题，Lopez-Vega 等学者提出了关于搜寻技巧与空间的搜寻路径，并形成了四种典型的搜寻模式，如图 2.8 所示。

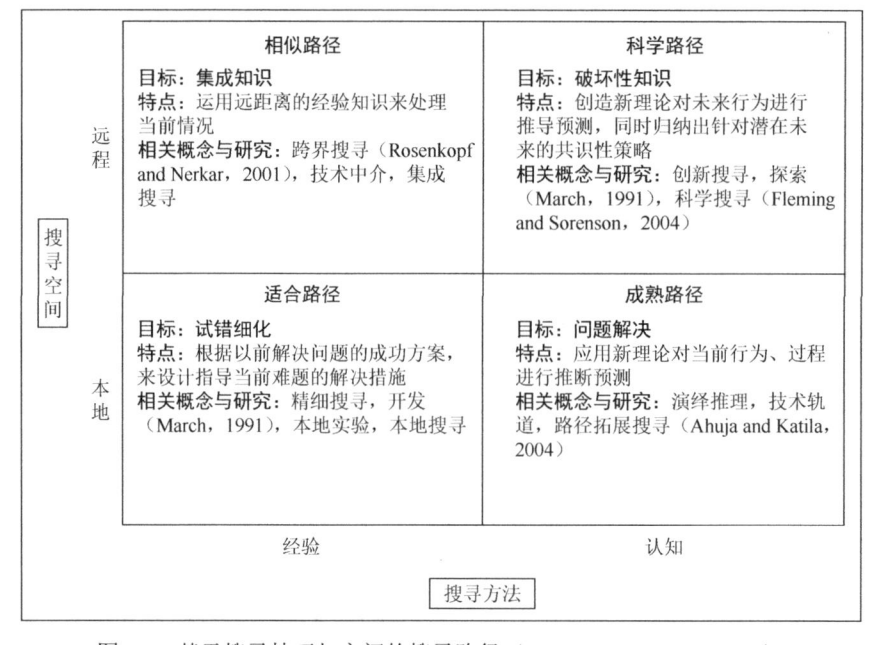

	经验	认知
远程	**相似路径** 目标：集成知识 特点：运用远距离的经验知识来处理当前情况 相关概念与研究：跨界搜寻（Rosenkopf and Nerkar, 2001），技术中介，集成搜寻	**科学路径** 目标：破坏性知识 特点：创造新理论对未来行为进行推导预测，同时归纳出针对潜在未来的共识性策略 相关概念与研究：创新搜寻，探索（March, 1991），科学搜寻（Fleming and Sorenson, 2004）
本地	**适合路径** 目标：试错细化 特点：根据以前解决问题的成功方案，来设计指导当前难题的解决措施 相关概念与研究：精细搜寻，开发（March, 1991），本地实验，本地搜寻	**成熟路径** 目标：问题解决 特点：应用新理论对当前行为、过程进行推断预测 相关概念与研究：演绎推理，技术轨道，路径拓展搜寻（Ahuja and Katila, 2004）

搜寻空间 / 搜寻方法

图 2.8　基于搜寻技巧与空间的搜寻路径（Lopez-Vega et al.，2016）

在此基础上，知识维度差异也决定了搜寻过程与创新产出多样化，并且影响到企业的标准化之路（Xie et al., 2016）。根据知识复杂度与编码化程度不同，将知识维度划分成低复杂度-高编码化（LH）、高复杂度-高编码化（HH）、低复杂度-低编码化（LL）、高复杂度-低编码化（HL）四种类型，分别对应 LH、HH、LL、HL 四类搜寻过程，以及渐进性创新、建构性创新、模块化创新、破坏性创新四种类别，如图 2.9 所示。当企业具备高度编码化的知识时，渐进性创新与建构性创新成果将会伴随企业标准化过程逐渐产出，而模块化创新与破坏性创新将不会显现，同时，标准化过程中的搜寻行为将会促进二次创新能力构建，并提升企业对不同产业情境的适应性。

	低	高
低（知识编码化）	活跃搜寻 模块化创新	整合搜寻 破坏性创新
高	分散搜寻 渐进性创新	被动搜寻 建构性创新

知识复杂度

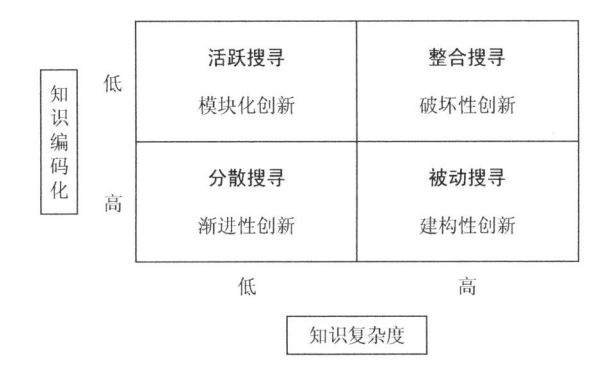

图 2.9 标准化过程与知识维度：一种搜寻过程与创新产出的组合分类（Xie et al., 2016）

在确定搜寻路径之后，还要考虑对搜寻知识的整合过程，现有研究强调提出共识性目标、依靠社会整合途径等非正式整合机制的重要作用，然而却忽视了正式化整合机制的构建。Chen 和 Kannan-Narasimhan（2015）运用硅谷的案例访谈数据，提出了四种外部知识的整合机制，以促进现有业务部门与新企业共同孵化新项目，如图 2.10 所示。这四种整合机制涉及两个维度：一是谁发起了新企业？二是何时介入合作过程？基于此，提出了如下四种资源管理与整合机制，从而为构建双元型组织提出了正式化解决方案，也为外部知识的搜寻路径与介入时机提供了整合机制。

5. 搜寻策略对绩效的影响

不同搜寻策略对应差异化的特征、时机与目标，其影响企业创新能力与绩效的效果也不同。除了搜寻策略本身所导致的结果差异，不同策略之间的平衡与互动关系也将影响搜寻结果，进而对组织搜寻策略选择产生差异化的反馈机制。

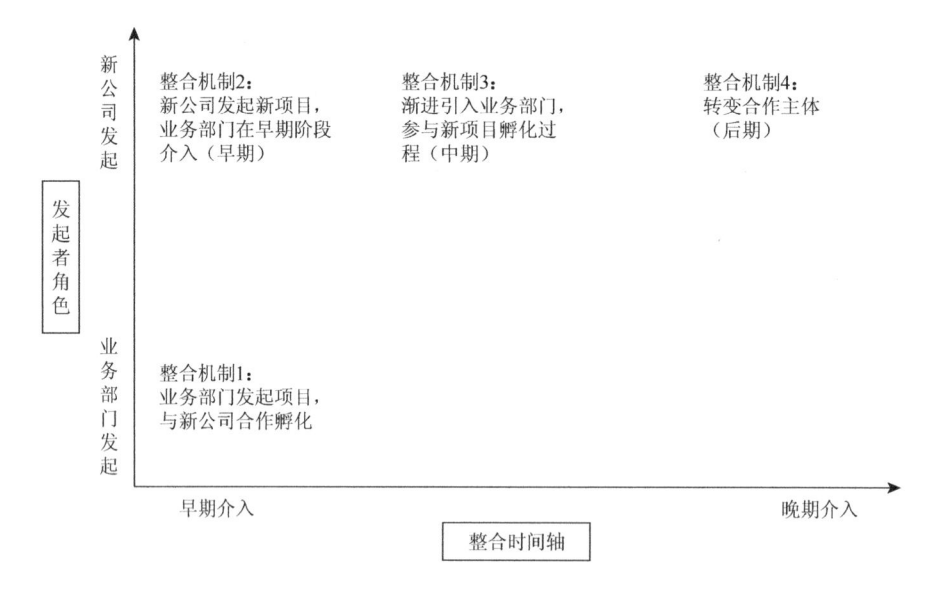

图 2.10　基于整合时间-发起者角色的双元组织知识整合类型（Chen and Kannan-Narasimhan，2015）

基于不同搜寻边界，搜寻策略对企业创新绩效的直接影响存在较大差异。从组织边界来看，Katila（2002）将跨界搜寻分为内部知识搜寻、外部知识搜寻和竞争对手知识搜寻三个维度，通过对机器人产业专利数据的分析发现，组织内部旧知识有利于工艺流程创新，但达到一定临界点之后便会阻碍企业技术的革新，即二者之间存在倒 U 形关系，组织（或产业）外部的旧知识有利于企业新产品开发活动，但是对竞争对手旧知识的过度搜寻将会负向影响企业的产品研发绩效，最终导致组织陷入能力陷阱；从技术边界来看，Phene 等（2006）利用生物技术产业专利数据分析了不同类别技术对破坏性创新的影响，研究发现，来自国内、非相关产业的知识与企业破坏性创新之间呈倒 U 形关系，而国外该类别技术对本企业的创新活动无显著影响，来自国外、相关产业的知识则正向影响企业破坏性创新，Schoenmakers 和 Duysters（2010）针对欧洲专利局（European Patent Office，EPO）专利引用的研究也发现了类似结论；从时间边界来看，Nerkar（2003）从新知识和旧知识的视角考察了搜寻策略与创新绩效的关系，两类知识搜寻均有利于企业内部新技术的产生，但新知识对探索式创新的影响程度较大，旧知识则对开发式创新的影响较为明显，同时，对两种搜寻策略实施强度有所侧重更有利于创造新知识。

由于单一边界搜寻行为的差异影响，搜寻策略平衡对企业绩效的作用效果也成为学者关注的焦点。搜寻策略的平衡问题主要是指企业在不同类别搜寻行为上的资源投入程度相当。Laursen 和 Salter（2006）在 Katila 和 Ahuja（2002）搜寻分类基础上，深入分析了搜寻广度、深度及其平衡关系对企业创新绩效的影响，发现搜寻广度和深度与创新绩效之间均存在倒U形关系,即对任何一方搜寻行为的过度投入都将阻碍企业创新活动,只有两者达到一定的平衡状态才有利于持续创新。陈钰芬和陈劲(2008)对企业开放度与技术创新绩效关系的研究发现,对于科技驱动型企业,开放广度和深度与创新绩效之间呈倒U形关系,即存在"最优开放点"平衡二者之间的关系;对于经验驱动型企业,开放度则与企业技术创新绩效存在正相关关系。Lavie等(2007)研究了不同结构类型企业联盟中搜寻策略平衡与创新绩效的关系,基于结构维度,与联盟新成员的合作体现为企业的探索式搜寻,而与旧成员的合作更多为开发式搜寻;基于功能维度,创造新知识的联盟主要为探索式搜寻,而利用旧知识的联盟主要采用开发式搜寻策略。企业根据其战略目标选择同一或不同类型的搜寻策略,在同一类型联盟间的搜寻平衡将会降低企业创新绩效,而在不同类型联盟间的搜寻平衡则会提升企业创新绩效。

同时,搜寻策略与绩效之间的关系受到诸多内外部因素的影响,其中环境动态性与市场竞争强度是影响二者关系的关键外部因素。Lin等(2007)认为在动荡环境中,同时进行探索式搜寻和开发式搜寻活动能产生较好的创新绩效,而在稳定环境中,企业只专注于其中一种搜寻行为的效果更佳;Venkatraman等(2007)将搜寻策略平衡分为同时平衡和时序平衡两类,随着竞争与动态强度增加,市场竞争强度对同时平衡存在负向影响,而环境动态性则对时序平衡产生负向影响;Auh和Menguc(2005)认为市场竞争强度对搜寻策略与企业绩效关系存在显著的正向影响,随着市场竞争强度增加,探索式搜寻对防御类型企业长期绩效的正向影响显著增强,而开发式搜寻对企业短期绩效的正向影响效果不断增强;郭利娜(2011)同时考虑了环境动荡性与竞争性对跨界技术、市场知识搜寻的影响,研究发现,环境竞争性对技术知识跨界搜寻与产品创新绩效关系存在显著的正向影响,而市场知识跨界搜寻在高动荡性环境下显著促进企业的产品创新绩效。

2.2.4 搜寻策略的影响因素

跨界搜寻不仅是通过异质性知识搜寻弥补知识结构缺陷的可行路径,也是组织适应外部动态环境的学习过程(Nelson and Winter, 1982; Huber, 1991)。因此,搜寻策略需要企业根据自身特征与发展战略进行选择,同时要求企业针对外部环境变化适时进行调整(Sidhu et al., 2007; Sofka and Grimpe, 2010)。

1. 内部影响因素

跨界搜寻效果的内部差异来源于企业自身能力结构与组织文化特征,其中,吸收能力、研发强度、冗余资源等是企业进行组织搜寻的基本能力需求,而组织结构、文化、管理者特征等因素也会影响搜寻策略的选择与实施过程。

吸收能力帮助企业发现与识别目标知识源，并将外部知识有效转化使之融入企业知识结构（Cohen and Levinthal，1990）。Rothaermel 和 Alexandre（2009）对美国制造业的研究发现，吸收能力对内、外部共同搜寻策略与创新绩效之间的倒 U 形关系具有正向调节作用，即当企业具备较强吸收能力时，内、外部共同搜寻策略会对企业创新绩效产生正向影响，从而有利于缓解内部研发与外部搜寻之间的内在张力，Fabrizio（2009）也证实了跨界搜寻对创新绩效的正向影响，并且吸收能力有利于企业搜寻时机选择的灵活性，从而提升搜寻行为的质量与动态性。同时，吸收能力对二者关系的影响存在一定限度，不同程度的吸收能力将对企业搜寻行为的广度与深度产生差异化影响效果。

冗余资源是企业实现吸收能力提升的可获得资源，也是组织进行跨界搜寻的资源与网络基础（李剑力，2009）。由于冗余资源具有"可获得、非必需"的特征，学者对其影响跨界搜寻的效果未能达成共识。George（2005）认为私营企业在搜寻与创新过程中面临更大的风险，具备丰富的冗余资源可以帮助企业抵御潜在风险，从而有利于私营企业的经营与创新活动；而 Geiger 和 Makri（2006）则认为冗余资源过剩将导致企业过度依赖该类资源，以至于限制了企业突破现有路径与边界搜寻新知识，最终导致企业外部搜寻效率和质量的降低；Tan 和 Peng（2003）对处于转型经济期间的企业研究发现，冗余资源与企业创新绩效之间呈倒 U 形关系，而针对可吸收冗余资源的搜寻活动将有效提升组织的创新绩效。

除了资源与能力结构，组织自身结构、文化等因素也是影响跨界搜寻的关键因素。Fang 等（2010）认为可以通过组织重构方式平衡组织探索式与开发式搜寻行为，并设计了双层组织模型实现情境双元结构，通过协调组织内部、双元组织之间的搜寻程度达到最优绩效；Jansen 等（2006）发现成熟企业通常采用机械式组织结构，通过集权方式执行惯例化的旧知识开发活动，而疏于新知识的搜寻与创造，新兴企业则多采用有机式组织结构，其采用的分权决策方式更有助于对新知识的探索与转化；Andriopoulos 和 Lewis（2009）对企业文化与跨界搜寻关系的研究发现，具有封闭式文化的企业对环境变化的敏感度较低，员工对打破组织边界的开放行为存在抵触，从而企业多局限于对旧知识的再利用，而开放式企业文化通常会促进组织与外界的沟通，鼓励员工利用外部可获得知识开展创新活动；同时，组织自身特征与其所处发展阶段存在紧密联系，成长期企业更加注重市场需求状况，力求通过外部市场与顾客信息促进新产品或服务的改进，而成熟期企业已具有稳固的顾客群体与市场份额，更多关注旧知识的再利用以保持现有市场份额，从而消极应对突破现有边界的搜寻行为。

此外，管理者的经验与风险偏好也会影响企业外部资源的搜寻与利用过程。基于权变理论，Miles 和 Snow（1978）将企业分为防守者、前瞻者、分析者和反应者四种战略类型，与其对应将管理者分为风险偏好型和风险厌恶型两大类别，风险偏好型倾向于高开放度,通过外部知识的大量引入与整合改变现有能力结构,期待风险较大但利润较高的突破性创新;风险厌恶型则偏好维持现有惯例,通过提升组织内的利用深度实现渐进创新,不会采取外部搜寻、并购等高风险知识获取行为,其中,管理者从业经历对其风险偏好程度、战略选择、企业开放度等具有潜在的影响作用。

2. 外部环境因素

企业自身因素反映了外部知识基础内化过程的内部特征,而环境因素则解释促进或阻碍组织外部搜寻的外部情境,其中,环境与技术变化程度是影响组织搜寻过程与效果的重要方面。

环境动态性是影响搜寻行为与绩效关系的重要情境变量。Dore(1984)将其定义为技术和市场需求变化的频率与程度,Jansen 等(2006)认为处于高度动态性环境中的企业,将面临技术、市场需求、消费者偏好的不断变化,迫使其不断采用探索搜寻方式获取实时信息,以保证企业及时应对环境变化的能力;而处于相对静态环境中的企业恰好相反,其战略重心在于维持现有客户群与市场份额,从而致力于改善顾客关系的市场知识搜寻行为。同时,也有学者认为高动态性环境不利于企业的跨界搜寻行为,持续剧变的环境将导致现有知识加速贬值,从而降低企业外部搜寻的潜在价值,导致企业丧失搜寻的内在动力(Morten,1999);Sidhu 等(2007)基于供应链边界的研究发现,动态环境能够促进供给端(supply-side)的搜寻行为,但会抑制需求边界(demand-side)和地理边界(geographic-side)的搜寻质量,而稳定环境则有利于二者搜寻质量提升。

竞争强度是刻画外界环境变化的另一个关键因素。Jaworski 和 Kohli(1993)将其定义为企业主观感受到的外部竞争激烈程度,并以市场中竞争者的数量来表征。一般而言,过度竞争将导致产品价格与边际利润降低,从而造成对企业现有资源的过度消耗。在高竞争强度环境中,企业必须探索新知识以实现突破性创新,从而保持市场竞争优势,而不能仅仅依靠现有产品的渐进性改进赢得顾客,因此,市场竞争强度将促进企业跨越组织、技术边界的搜寻行为,以保持动态环境下的核心竞争力;郭利娜(2011)认为在高竞争强度环境下,技术知识跨界搜寻能够显著促进企业产品创新,而环境动态性对市场知识跨界搜寻与产品创新绩效关系具有显著的正向调节效应。

此外,技术复杂度、独占性等自身特性对跨界搜寻策略选择具有重要影响。知识密集程度是行业技术复杂度的直接体现,Grimpe 和 Sofka(2009)对欧盟高中低技术产业的对比研究发现,行业技术复杂度差异导致企业选择了不同维度的搜寻行为,高技术行业(研发强度>5%)企业倾向于进行技术知识搜寻,而中低技术行业企业侧重于市场知识搜寻,并且技术知识还可细分为基础技术、专有技术等多个层次；与此同时，知识产权保护力度与技术独占性共同作用于组织搜寻过程（Teece，2007），当外部技术独占性较低时，企业会选择模仿而非自主研发，更不会投入成本进行外部新知识的深度搜寻，从而仅限于对现有知识的开发利用；而当外部独占性较高时，技术持有企业将长期获得超额利润，促使企业投身于外部搜寻与内部研发活动，从而有利于新知识的创造。

2.3 组织双元能力的协调机制

双元理论（ambidexterity theory）是组织进化理论、组织学习理论、组织情境理论的综合延伸，并广泛渗透到战略管理、创新管理、创业管理、组织学习等研究领域，拓展出了结构、行为、能力、组织关系等诸多研究视角（凌鸿等，2010）。创新领域相关研究以 March（1991）所提出的探索（exploratory）与开发（explorative）学习为基础，结合组织情境和动态能力等理论探讨企业研发活动中的探索与开发及其能力结构协调问题，为构建双元情境下的柔性科研组织结构提供了基础理论支撑。

2.3.1 双元能力的内涵辨析

1. 理论溯源

20 世纪 70 年代，由于组织资源与能力结构的约束，企业开展市场拓展、产品研发等业务经常处于两难境地，即面临从事利用现有能力的开发式创新（exploitative innovation）还是构建全新能力的探索式创新（exploratory innovation）之间的权衡与取舍。Abernathy 和 Clark（1985）率先在美国汽车行业发现了生产率悖论，即组织柔性与标准化二者无法兼顾，从而对组织生产率产生不同影响；而 Benner 和 Tushman（2003）基于权变视角研究了流程管理（process management）对企业技术创新的影响，进一步发现 ISO9000 质量管理体系、全面质量管理（total quality management，TQM）等管理实践有效提高了企业利用现有知识开发的能力，提升了开发式创新在组织技术变革中的比例，但却挤出了部分技术探索活动，组织探索与开发之间的张力未能得到有效解决。Duncan（1976）首次提出组织应同时具备探索与开发两种能力，并将同时具备两种能力的组织定义为"双元型组织"（ambidexterity organization）。

直至 1991 年，March 首次明确提出探索与开发的概念，并将组织利用已有知识与探索潜在能力定义为一种组织学习行为。其中，探索是以搜寻、变异、冒险、实验、柔性、发现、创新等为特征的学习行为，其本质是应对新兴市场与客户的创新活动；开发则是以提炼、筛选、生产、效率、选择、实施、执行等为特征的学习行为，其本质是不断提升现有市场与顾客的创新行为。对于企业而言，既需要具备优化现有技术与业务的能力，又要具备探索潜在市场与顾客需求的能力，从而保证组织效率与创新、稳定与变革、长期与短期等目标的顺利实现，同时具备两种能力也是构建双元型组织的内在要求（朱朝晖和陈劲，2007）。从 March（1991）的定义内涵来看，探索式学习与开发式学习是两种不同导向的学习模式，探索强调冒险、实验与柔性，而开发重视提炼、效率与执行，从而要求组织具有不同的结构、流程、战略与文化特征。基于上述内在差异，国内外学者结合组织进化、组织情境与动态能力等理论对双元性理论进行了进一步延伸，并逐步形成了多元化的研究视角（凌鸿等，2010）。

基于组织进化理论，Duncan 等学者率先提出了双元性理论的结构视角。组织进化理论将组织看作有生命的机体，通过不断自我调整以适应外部环境的动态变化，从而形成既能适应缓慢变化又能应对环境剧变的组织结构，即双元性结构。Duncan（1976）认为可通过构建双元组织结构提升组织的适应能力，一种组织从事探索式创新，另一种组织从事开发式创新，从而形成了双元性研究的结构范式。后续研究多以机械式和有机式组织结构分类为基础，探索双元型组织在拓展市场边界、优化产品结构方面的突出优势（Brown and Eisenhardt，1997），与之相对应，Tushman 和 O'Reilly（1996）认为一种组织大而集中，具备规范流程与保守文化，致力于开发式活动；另一种组织小而分散，具备松散流程与开放文化，致力于探索式活动。此外，两种组织结构可以通过双元或间断平衡方式解决组织在时间与空间方面的张力问题。

基于组织情境理论，Gibson 等学者拓展了研究双元性理论的行为视角。突破了组织双元的有形结构约束，Gibson 和 Birkinshaw（2004）提出了情境双元的概念，从而衍生出了行为视角的相关研究。该视角强调信任、文化、氛围等情境因素对双元能力的影响作用，在不同情境下通过组织文化与成员思维方式的转换，实现组织在外部环境适应性与匹配性上的双元性。其中，高管在组织情境设定中处于核心位置，其自身特质可以影响组织内成员的行为方式，同时反馈于组织战略与情境设定过程（Duncan，1976），而组织内硬环境要素（如纪律）与软环境要素（如信任）有效协调也是实现情境双元的重要内容。行为视角侧重情境设计实现组织双元职能，而非组织结构上的绝对分离，为后续组织结构与双元功能研究开辟了一个全新的视角。

基于动态能力理论，Benner 等学者将双元理论研究拓展到能力视角。任何双元视角的组织设计，其本质是组织获得应对动态环境变化的能力结构，不仅包括适应市场渐进变化的一阶能力，还包括构建一阶能力的能力，即通过搜寻、整合异质性知识获得的二阶能力（Danneels，2008）。凌鸿等（2010）认为能力视角的研究不仅要区别探索与开发这两种能力类别，更要实现二者的有效整合，使组织兼顾两种能力；Benner 和 Tushman（2003）认为双元能力强调探索与开发的同步性，而非先后获得某种能力，这一点与动态能力的属性类似。同时，双元能力具有复杂性、模糊性、路径依赖性等特点，在资源整合、能力结构、构建过程等方面与动态能力存在一定的同一性，属于组织动态能力的范畴（Gibson and Birkinshaw，2004），也是组织核心能力的重要体现。

基于文献计量学，Almahendra 和 Ambos（2015）对 1991～2015 年关于 Exploitation 与 Exploration 主题的文献进行了统计分析，发现 March（1991）指导了后续探索与开发主题的相关研究，并促使学者从不同视角、情境对"双元性"进行了概念拓展；甚至高被引文章均是由不同理论背景的作者完成的，如 March 和 Levinthal 是组织行为领域的学者，而 Cohen 则擅长知识管理与创新，可见后续研究分别基于不同理论视角，并应用多种研究方法来解释不同现实问题；各种假设与推论在相关管理研究中得到了证明，所形成的转折点文献分别代表了不同的研究领域与视角，其中，Tushman 和 O'Reilly（1996）基于组织管理视角，Katila 和 Ahuja（2002）侧重于组织搜寻领域，而 Benner 和 Tushman（2003）则针对过程管理与生产率悖论进行探讨，这些代表性研究从不同视角解释了探索与开发的内涵，并进一步解释了双元张力产生的背景与原因。

此外，双元性理论还与社会网络、矛盾思维、战略联盟等理论有机结合，拓展出了矛盾思维视角、网络关系视角等多个研究领域（Beckman，2006）。本书将选择双元性理论的能力视角，在组织间双元结构情境下探讨双元能力的构建路径与协调机制问题，为中国情境下企业技术能力结构优化问题提供理论支撑。

2. 概念辨析

基于 March（1991）提出的探索与开发的概念内涵，国内外学者基于不同视角拓展了这一组概念，并延伸到了战略管理、创新管理等多个研究领域。比如，基于组织学习方式分为探索式学习与开发式学习（Levinthal and March，1993；Atuahene-Gima and Murray，2007；朱朝晖和陈劲，2007），基于创新类型分为探索式创新与开发式创新（He and Wong，2004；Li et al.，2008；焦豪，2011），基于战略导向分为探索式战略与开发式战略（Nelson and Winter，1982；Hernandez-Espallardo et al.，2012），基于组织搜寻方式分为探索式搜寻与开发式搜寻（Köhler et al.，2009；Huang and Li，2012），基于战略联盟类型分为探索式联盟与开发式联盟（Hagedoorn and Duysters，2002；Lavie，2007；Yamakawa et al.，2011），基于能力结构类型分为探索能力与开发能力（Sidhu et al.，2004；Jansen et al.，2012；李剑力，2009），基于机会识别程度分为机会探索能力与机会开发能力（张玉利和李乾文，2009）等。尽管学者都认同探索活动与拓展新技术、新市场相关，而开发活动与深入利用现有技术和能力相关，但是在二者是否是学习行为、隶属于创新过程还是结果、与显性知识还是隐性知识相关等问题上仍然存在争议（彭新敏和孙元，2011）。

与渐进式创新和突破式创新的结果导向二分法相比，基于过程视角的创新分类更能体现组织的战略主动性，同时在内容定位与变量测量方面具有更多的灵活性。He 和 Wong（2004）认为过程视角的分类与组织战略目标密切相关，体现组织自身及其能力、资源等结构流程，而结果导向二分法更加看重事后结果感知，因此，探索与开发更能体现组织驾驭现有创新资源与适应环境变化的动态过程，从而更好地体现组织的战略主动性。同时，张玉利和李乾文（2009）将双元能力的概念引入创业研究领域，认为创业导向有效转化为组织绩效的必要条件是：组织既要有较强的机会探索能力，也要具备较强的机会开发能力，同时二者之间能够相互转化。与 Gupta 等（2006）研究假设一致，这种界定方式打破了 March（1991）关于两种能力关系的设定，从能力视角认同了两种创新活动并非相互割裂、位于研发活动连续体的两个断点，而是存在相互转化的可能性，这为后续概念拓展与研究设计提供了理论基础。

聚焦到创新领域，与探索/开发相近的概念是激进式创新/渐进式创新，其本质则是区分创新过程与结果的问题。与激进式创新/渐进式创新二分法相比，基于探索与开发视角的创新分类更能体现组织的战略主动性（李剑力，2009）。具体而言，探索/开发与组织创新活动的战略目标相关，而激进式创新/渐进式创新则是创新成果的事后感知（He and Wong，2004），由于组织资源禀赋与能力差异，一个组织的开发式创新可能是其他组织的探索式创新活动，而激进式创新/渐进式创新往往是针对某一产业的技术变革程度，在创新成果应用于工业界之前无法判别其影响程度，从而难以把握结果导向视角的创新分类（尤其是激进式创新）状况，同时，基于学习视角的研究认为，激进式创新/渐进式创新是探索/开发学习活动的事后可能结果，而不是必然结果，两类学习与创新之间也不存在直接的阶段对应关系（March，1991）。因此，基于探索/开发过程视角的创新分类更能刻画组织驾驭现有资源以及对外部环境变化的适应能力，从而体现组织创新战略的主动性与动态性。

综合上述研究，本书认同 Jansen 等（2006）关于探索与开发式创新、双元型组织的拓展概念：探索能力（exploratory capability）与复杂搜寻、基础研究、创新、变异、风险承受有关，不断追求新知识和开发新的产品与服务，其目标是满足潜在或新兴的顾客需要和市场需求；开发能力（exploitative capability）特别强调通过质量的持续改进，不断延伸现有的技术和知识，扩展现有产品和服务，提高现有产品的利用率和营销策略的效率，旨在满足当前的顾客需求和市场需求。这种界定方式既考虑了从事两种创新所需的能力要素，又与组织搜寻建立了基本联系。基于此，本书将企业技术能力结构分为探索能力与开发能力，如表 2.3 所示。与组织学习视角的创新过程和结果不同，本书认为探索/开发式创新与探索/开发能力之间是一一对应关系，即企业从事开发式创新行为，将会导致提炼、效率等相关开发能力的逐步提升，其目标是满足现有市场与顾客的需求变化，对应于动态能力中的一阶能力；而企业从事探索式创新行为，必然导致搜寻、实验等相关探索能力的本质提升，其目标则是应对新市场或新顾客的需求，类似于动态能力中的二阶能力，是构建一阶能力的能力（Danneels，2008）。

表 2.3 探索能力与开发能力对比

关键要素	探索能力	开发能力
根本目标	创新，长期绩效	效率，短期绩效
创新结果	满足新市场或顾客需求，突破性创新	满足现有市场或顾客需求，渐进性创新
知识基础	异于现有知识结构的新知识	既有知识或能力结构的再提炼
能力来源	搜寻、变异、冒险、实验、柔性、发现、创新	提炼、筛选、生产、效率、选择、实施、执行
组织结构	有机型、高度分权化、半标准化	机械型、低度分权化、标准化
组织文化	鼓励探索，承担风险，容忍失败	偏好确定性，注重程序化，承诺专一
控制方式	里程碑，前沿技术突破	边际效益，生产工艺与能力优化
领导职能	愿景规划	自上而下

资料来源：根据 O'Reilly 和 Tushman（2013）、李剑力（2009）等文献整理所得

2.3.2 双元张力的解决机制

基于概念辨析发现，探索与开发式创新在目标、知识基础、组织文化等方面存在较大差异，必然要求不同的组织结构、流程与战略与之相匹配，迫使企业在动态竞争中不断调整探索与开发策略（Levinthal and March，1993），从而导致双元能力之间存在一种张力关系。无论处于统一创新连续体的两端（Jansen et al.，2006），还是根本对立的正交关系（March，1991），在组织资源禀赋稀缺与能力结构不完善的制约下，双元能力之间必然会呈现不兼容甚至根本对立的状态，从而引发对双元张力表现形式与特征、作用机理、解决机制的探讨。

1. 表现形式与特征

基于不同研究视角，探索与开发之间的张力具有不同的表现形式（Raisch et al.，2009）。比如，组织发展战略需在差异化与低成本之间做出选择，进而制订不同的营销与生产规划；组织结构设计需要权衡机械式与有机式结构形式，从而决

定组织内部结构柔性程度；组织创新要面临探索式创新与开发式创新之间的选择，以确定组织领先者与追随者的技术导向；组织效率需区分动态与静态，从而确定组织技术创新的侧重点。同时，双元张力不仅存在于组织及其成员内部，还存在于组织所处的动态竞争环境之中（Raisch and Birkinshaw，2008）。组织技术供给策略需要衡量自主研发与外部引入，外部伙伴需权衡竞争者与供应商的合作效用，参与联盟需评估不同性质联盟的组成结构，从而确定组织在外部网络环境中的定位与职能，以便最大化企业现有资源、开拓潜在市场。因此，双元张力不仅存在于技术创新环节中，还渗透到了组织结构、战略、学习方式等，外在表现为组织营销、运营、研发等部门的选择困境（Nelson and Winter，1982）。

结合上述表现形式，奉小斌和陈丽琼（2010）认为双元张力具有普遍性、权衡性与嵌套性等特征。其中，普遍性反映了双元张力关系存在于组织内外部多个主体之间，并且在不同环节具有差异化的表现形式，如效率与效果、长期与短期、有机结构与机械结构等；权衡性则是在组织有限资源约束条件下，需要针对探索与开发行为进行选择和协调，从而保持组织长期与短期利益、现有与潜在市场等关系的稳态；嵌套性则是针对不同层次组织之间的张力关系，组织不仅要协调个人与整体、内部与外部、动态与静态的双元关系，还要明晰组织、项目、个体等层面的交互影响关系，从而缓解双元张力嵌套关系下的复杂性与动态性（Andriopoulos and Lewis，2009）。

尽管存在多种表现形式，但探索与开发之间的张力关系具有众多共同特征，其本质反映了组织利用现有能力和拓展潜在能力的协调关系，以保证在特定情境下取得最大化绩效（Jansen et al.，2006）。由于双元张力涉及组织生产、研发、营销等多个环节，其协调机制不能通过单一的战略选择或组织结构设计来实现，需要综合考虑组织内部资源禀赋、能力结构，以及组织外部市场竞争、技术变革等情境因素，从双元张力的关系与成因等根源层面破解这一战略难题（Benner and Tushman，2003；李剑力，2009）。

2. 作用机理

企业生存与发展不仅要依靠现有市场、知识和技能的深入开发，还要具备搜寻潜在市场、预见技术趋势的探索能力。但是由于双元张力的固有存在，组织进行探索与开发活动往往陷入两难境地：一方面过度依赖现有知识基础与组织惯例导致企业陷入能力陷阱（competency traps），丧失对动态环境的敏感性与适应性（Gupta et al.，2006）；另一方面组织知识与能力结构的无止境更新引发过度外部搜寻行为，从而导致企业陷入失败陷阱（failure traps）。如何破解双元张力引致的两类困境，成为组织进化理论、资源基础理论等领域研究者争论的焦点。

综合现有研究，奉小斌和陈丽琼（2010）将双元张力的形成机制归纳为以下几点。

（1）探索与开发活动为争夺企业有限科技资源而展开竞争。资源基础观认为，企业取得长期竞争优势的关键在于占有互补性资产（complementary assets）。在资源有限的条件下，企业对任何一方的倾向性投入都将导致另一创新活动的资源匮乏，探索活动面向企业长期绩效，但风险与成本较高，开发活动将带来短期收益，但无法形成核心技术优势，两种创新活动的目标差异导致企业陷入资源配置的困境中。

（2）探索与开发活动均具有路径依赖性，二者之间的平衡受到自我强化趋势的干扰。企业开发式创新主要基于现有市场、技术、能力结构等组织惯例性要素，习惯于在现有范式下寻找解决问题的路径，而这种"组织近视症"将企业长期束缚在既有技术轨迹之中而无法实现跃迁（Levinthal and March，1993）；与之相对，探索式创新侧重远距离、产业外知识基础的搜寻与整合，试图通过异质性知识内化过程根本改变组织知识结构，从而实现企业在竞争前技术的突破与引领作用，但探索活动本身具有高不确定性、高失败率的特点，对其过度依赖只能将企业带入"探索—失败—再探索"怪圈（Levinthal and March，1993）。

（3）探索与开发活动所需组织结构、文化、思维方式不同。自 March（1991）提出探索/开发的概念，Duncan 等学者便提出构建双元组织结构来缓解二者之间的张力关系，探索活动需要开放、有机式的组织结构，并且要有承担风险、容忍失败、鼓励创新的组织文化；而开发活动更依赖于科层严格、机械式的结构形式，内部提倡程序化、确定性、专注的组织文化（Cao et al.，2009）。因此，两种创新行为存在较大的目标与运行差异，企业很难兼顾两种能力。

以上原因分析建立在大量双元组织实践与理论探索基础之上，从而有效指导了后续双元能力构建的相关研究。但在此之前，企业管理者往往通过单一策略选择方式维持竞争优势，即一直从事探索式或者开发式创新，该策略的优势在于企业选择作为领先者或跟随者的目标明确，但却忽视了探索与开发行为的自我增强性质（Levinthal and March，1993），从而可能导致企业陷入以下两类陷阱。

（1）能力陷阱：过度开发（excessive exploitation）。由于开发活动容易产生短期绩效，部分企业（尤其是中小企业）往往倾向于技术"引进—消化—再吸收"的二次创新模式，甚至将模仿创新与集成创新作为企业发展的主要动力（如山寨），从而长期忽视企业自主创新能力提升。然而，过度开发行为面临严重的"天花板效应"，极大限制了组织知识与能力结构的提升，进而导致"核心能力刚性"（Leonard-Barton，1992）。

（2）失败陷阱：过度探索（excessive exploration）。探索活动旨在提升组织长期效益，并且要求企业投身于基于科学的创新研究（类似于玻尔象限），以保证组织在基础技术与竞争前技术方面的优势（Stokes，1997）。但是，探索行为本身具有高风险、高不确定性，过度探索无疑会增加企业的试验成本与管理风险，尤其是在探索绩效低于预期水平的情况下，进一步加大探索力度将会导致组织陷入"重新探索—变革—再失败"死循环中，从而长期陷入过度探索的失败陷阱（Levinthal and March，1993）。

总之，探索会导致更多的探索，而开发会引发更多的开发。无论过度倾向于何种创新方式，即使能够获得暂时的竞争优势，但组织始终处于一种次优的稳定状态，无法实现组织技术能力结构的动态优化过程（Levinthal and March，1993）。因此，双元张力的解决路径不在于单一培养某项能力，而在于通过双元情境实现二者之间的有效平衡与协调。

3. 解决机制

如何解决探索/开发之间的张力问题，学术界逐步形成了两种主流观点：平衡观与双元观。前者强调在组织内部实现探索与开发能力的协调，后者则侧重于双元情境下企业探索与开发能力的共同提升（奉小斌和陈丽琼，2010）。基于战略与结构匹配视角，Brown 和 Eisenhardt（1997）认为较好地适应动态环境变化的组织多为半结构化的柔性组织，既表现出机构有序性，又处于能力结构的刚性与混沌状态之间；基于组织与环境匹配视角，Duncan（1976）率先提出了机械式与有机式并存的组织结构形式，Tushman 和 O'Reilly（1996）将双元性概念拓展为结构双元（structure ambidexterity）、情境双元（contextual ambidexterity）与领导双元（leadership ambidexterity）等组织形态，通过组织双元性设计实现探索与开发活动的有效协调。

以 Ahuja 和 Morris（2001）、Gupta 等（2006）研究为基础，奉小斌和陈丽琼（2010）将探索/开发之间张力的解决机制归纳为以下四个方面。

一是通过构建专业性市场交易机制破解企业资源有限性的约束。借助开放式创新网络系统，企业运用外包、联盟、并购等方式获得所需的互补性资产，通过异质性知识的内部整合过程实现探索与开发能力的整体提升。但该机制只能部分解决企业资源约束问题，且对专业市场的交易效率要求较高（Gupta et al.，2006）。

二是通过在组织内部设定不同的战略、组织结构与文化来培育双元能力。与平衡观不同，双元观本质是组织层面的动态能力，既能实现业务层面上整合能力的塑造与提升，又能协调运营层面上职责分离的矛盾，从而有效地促进组织适应与应对环境变化的动态能力（Teece，2007）。而结构、情境、领导等模式下的双元能力构建需要组织内部具备一定的能力基础与结构柔性。

三是通过平衡组织内、外部搜寻以克服双元张力下的能力陷阱。由于路径依赖与能力结构的限制，组织往往习惯于既有领域内的知识搜寻与组织学习活动，而对技术、产业领域外的异质性知识基础利用较少,从而限制了组织知识结构更新的深度与速度,极易陷入组织核心能力刚性困境(Sofka and Grimpe,2010)。通过跨越组织、技术、认知等边界的搜寻活动可以有效地促进创新资源在组织间的流动,提升探索与开发在资源、职能方面的互补性(奉小斌和陈丽琼,2010)。

四是通过互补性整合机制促进探索与开发之间的互动。在某些领域内,探索与开发之间并非始终处于竞争状态,二者在联盟成员组合、企业战略更替等领域已表现出一定的互动效果(Lavie and Miller,2008)。该机制有利于企业获得新的互补性和平台,促进组织内旧资产连接平台的升级管理,为异质性知识的有效整合提供了基础保证。

此外,Cameron 和 Quinn(2010)学者深入探讨了解决探索与开发之间张力的具体方法。Jansen 等(2006)对其进行了归纳,认为可通过接受、分解和解决三种途径破解探索/开发之间的悖论,如表 2.4 所示。首先,通过妥协与外包方式接受悖论。组织认同内部存在双元张力之后,可通过临时性组织结构调整适应内部需要,或者直接采取外包方式获取部分非核心技术(Baden-Fuller and Volberda,1997);其次,通过层级、职能与定位、时间层面的分离来分解张力悖论,从而在不同领导层面、职能层面、时间层面对双元张力的内容进行细分(Benner and Tushman,2003);最终,通过平衡方式解决双元张力,即通过组织结构设计和资源创新配置实现探索与开发活动的平衡(Gibson and Birkinshaw,2004)。

表 2.4 组织内部探索与开发之间张力的解决机制

方法	平衡措施	代表性研究	主要特征
接受	妥协	Murnighan 和 Conlon(1991)	组织接受探索与开发之间的张力悖论,并在二者之间做出妥协
接受	外取	Baden-Fuller 和 Volberda(1997),Stettner 和 Lavie(2014),Soetanto 和 Jack(2016)	组织接受探索与开发之间的张力悖论,但认为双元张力无法在组织内部解决,因而通过获取外部资源来弥补某一方面的能力缺失
分解	层级层面的空间分离	Blindenbach-Driessen 和 Ende(2014),Kortmann(2015)	不同层级管理者在战略更新方面具有不同特点,其应对动态环境、时间周期、信息需求和核心价值的能力各不相同
分解	职能与定位层面的空间分离	Tushman 和 O'Reilly(1996),Benner 和 Tushman(2003),Patel 等(2013),Stettner 和 Lavie(2014),Ozer 和 Zhang(2015)	在不同组织单元间进行渐进、间断性变革
分解	时间层面的空间分离	Duncan(1976),Tushman 和 Anderson(1986),Greve(2007),Chen 和 Kannan-Narasimhan(2015)	运用平行工作团队或特殊任务团队,在不同时期发起和实施不同性质的创新活动
解决	平衡	Gibson 和 Birkinshaw(2004),Kortmann 等(2014)	在同一层次单元内融合矛盾要素,以协调探索与开发之间的张力

资料来源:根据 Jansen 等(2006)、李剑力(2009)等文献整理所得

2.3.3 双元能力的结构关系

基于双元张力内在机理与解决机制的分析，学者开始探索双元能力之间的结构关系，及其对企业创新绩效的影响效果（He and Wong，2004；李忆和司有和，2008）。从现有研究来看，国内外学者逐步认同探索与开发之间存在两种关系：平衡与互动，前者基于 March（1991）的前提假设，认为探索与开发隶属于同一创新连续体的两端，这种绝对分割导致两种创新活动对企业稀缺科技资源的竞争，企业必须通过组织设计、外部搜寻等策略使二者处于平衡稳态，才能维持企业科技创新能力的稳步提升（Jansen et al.，2006；Yamakawa et al.，2011）；后者则以 Gupta 等（2006）的理论假设为基础，否定了对探索与开发活动的绝对分割，认为两种创新活动没有绝对差别，只是创新的程度或实现手段不同，二者之间应该处于互动甚至互补关系状态，企业可以同时具备双元能力并协调二者之间的关系（Katila and Ahuja，2002；He and Wong，2004）。

1. 平衡关系

根据 March（1991）对探索与开发内涵的界定，二者之间存在目标、结构与文化的绝对差异，从而长期处于相互竞争的对立关系（Benner and Tushman，2003）。该分类标准反映了探索与开发式创新之间的悖论，企业过分关注任何一种创新方式都会以另一种创新损失为代价，摒弃探索的开发活动会使企业满足于思维惯性、能力僵化的次优均衡状态，相反摒弃开发的探索活动极易造成无底线的战略倾斜与试验成本（张建宇，2014）。因此，平衡组织内部探索与开发的张力关系成为形成持续技术竞争优势的首要条件（Nelson and Winter，1982）。

后续研究多遵循 March（1991）的基本思想，深入探讨了探索与开发之间平衡关系的内在机理。Leonard-Barton（1992）对新产品开发过程研究发现，成功的探索活动有利于企业形成核心能力，但却对企业探索活动产生了挤出效应，同时，持续的开发活动也将造成企业内部的能力刚性，逐步失去对动态环境下产品需求预期的有效判断；Levinthal 和 March（1993）进一步阐述了探索与开发式学习行为的内在困境，如果组织内部无法为二者同时提供充足的科技资源，就必须考虑二者之间的平衡问题，否则将导致企业陷入能力陷阱或者失败陷阱；Benner 和 Tushman（2002）认为探索与开发是组织创新战略的基本组成部分，二者对企业 ISO9000 等质量管理实践具有显著的正向影响，但是开发活动在一定程度上排斥了探索活动，对二者的平衡往往以牺牲长期绩效、保留短期效率为代价；Jansen 等（2006）也认同探索与开发之间的绝对分割，并检验了组织结构特征对双元能力的影响效果，试图通过正式化与非正式化结合的方式协调二者之间的张力，这一研究结论为Fang等（2010）组织结构设计与双元能力关系的研究提供了可行线索；孔继红和茅宁（2007）认为探索与开发活动分别属于冒险导向与效率导向创新行为，二者各自遵循不同的逻辑体系与成长轨迹，吸收能力在协调两种创新上具有重要影响，但其固有惯性却减弱了二者之间的平衡效果。综观上述研究，其前提假设均将探索与开发看作两种互不相容的创新活动，对有限创新资源的竞争将导致企业陷入两难困境，如何实现二者之间的有效平衡将是组织管理者必须要面临的难题。

双元性理论为平衡探索与开发之间的张力关系提供了理论支撑，构建双元型组织成为协调双元张力的有效途径之一（Duncan，1976）。Simsek等（2009）将双元性看作同时协调各方冲突的行为与能力，其重点在于同时达到柔性和效率的平衡点，但是，也需要满足战略上重要性、兼容性与自身能力相融合的基本条件，从而在组织结构、行为方式与能力结构方面满足双元性要求。基于此，国内外学者发现存在以下两种有效平衡路径。

一是间断平衡（punctuated equilibrium），即无法同时获得探索与开发能力时，可采取交替方式实现二者之间的平衡（Levinthal and March，1993；杨学儒等，2011）。Tushman和Romenelli（1985）构建了美国计算机产业的间断平衡模型，大部分探索活动是靠快速且不连续的变革，逐步改变组织内部研发活动来实现的；而开发活动则是对组织策略、结构以及权力分配等要素的渐进性变革来完成的，但两种创新之间不可能实现相互转化，其根源在于隶属于不同的创新层面，Burgelman（2002）应用英特尔的经验数据，发现组织兼顾两种创新行为时，间断均衡模式将是协调双元张力的最有效机制。

二是分离平衡（separation equilibrium），即通过时间、空间、情境等层面的职能分割，实现组织内外部探索与开发的平衡（Benner and Tushman，2003）。其优点在于实现了绝对或相对单元内的独立运作，避免了两种创新行为之间的资源竞争与文化冲突（Duncan，1976）。Floyd和Lane（2000）认为管理层级职能分解是实现分离平衡的首要条件，不同管理层级看待企业战略管理的视角不同，高层管理者注重把握整体趋势，即探索行为导向；基层管理者注重工艺流程创新，即开发行为导向；而中层管理者则注重实现上下层级之间的对接与协调。Tushman和Anderson（1986）则强调创新活动在时间层面的分离，并根据企业所处生命周期不同阶段动态调整研发策略，以保证战略目标与能力结构的匹配。

总之，探索/开发平衡关系是以二者在同一创新体上的绝对分离为基础，无论采取何种平衡策略，其根本目标是协调二者对组织内稀缺创新资源的竞争关系（March，1991；李剑力，2009），从而实现组织内创新行为、组织文化、结构特征的有效融合，保证组织获得长期的技术领先优势。

2. 互动关系

随着双元性理论与实践研究的深入，部分学者对 March（1991）中探索/开发绝对分割的假设提出了质疑。Gupta 等（2006）、He 和 Wong（2004）等研究对两种创新行为的悖论关系存在质疑，认为二者在创新本质方面存在共通性，只是创新的实现程度与途径不同而已，探索与开发之间可能存在互动甚至互补关系。Baum 等（2005）认为探索行为侧重从组织外部获取新知识，而开发行为强调对组织内部既有创新资源的重构过程，两种不同渠道的资源利用行为能够交叉共存。Gupta 等（2006）对思科的案例研究发现，双元能力可以在组织内部不同职能环节之间进行分解，在研发部门进行探索式创新，而在其配套的制造、销售与服务环节侧重于开发式创新，将有限科技资源配置到价值链的不同环节，避免了两种行为对企业资源的过度竞争，最终实现探索与开发行为的并存与能力互补。上述研究结论打破了 March（1991）对探索与开发行为的绝对分割，为组织内部能力结构协调研究提供了新思路。

基于上述视角，学者对如何实现双元能力互动做了进一步探索。Benner 和 Tushman（2002）认为应将创新行为是否偏离原有技术轨道作为探索与开发的定位标准，而对其内涵不再进行严格区分；Katila 和 Ahuja（2002）对探索/开发行为的内容做了延伸，认为探索行为更加关注获取新知识或技术的广度，而开发行为则侧重于利用现有知识基础的深度，两种行为分别定位于组织创新的不同维度，因而不会构成对有限资源的过度竞争；He 和 Wong（2004）将两种行为的关注点拓展到市场层面，认为探索行为主要关注新产品与新市场领域的技术信息，而开发行为则重点关注既有市场与业务领域内的技术信息，二者的目标都是把新知识的学习与获取作为自主创新的重要来源；Farjoun（2010）从组织层面审视了探索与开发之间的关系，开发行为通过承诺与专业化提升组织可靠性，同时促进了组织适应性的改善，进而作用于探索行为；而探索行为要求组织具备高度风险意识，这种怀疑和警觉促进了组织连续性与安全性，进而反馈于组织开发过程，这种对立与互补的交互反馈机制正是双元能力构建的内核。

同时，研发活动的全球化趋势为企业创新资源配置提供了外部机遇。双元张力存在的前提是企业创新资源的有限性，开放式创新理论为打破该前提假设提供了基础支撑，也为缓解组织内部探索/开发之间的张力提供了外部条件（Chesbrough，2003）。当前网络环境下，企业可以通过外部搜寻方式摆脱资源匮乏的束缚，也可以利用异质性知识重构的方式改善内部知识结构，产学研联盟便是企业寻求外部创新资源的典型模式。联盟内部所蕴藏的丰富资源是组织协调双元能力的重要支撑（Ahuja and Morris，2001），联盟成员通过内部资源的搜寻、整合与改造过程，实现创新要素的重新配置；也可以利用联盟成员的多样性特质，丰富组织内部的网络关系与文化内涵；还可以突破联盟边界，尝试搜寻异质性更强的产业内/外部知识，从而构建本企业的资源与能力结构优势（Jansen et al.，2006）。此外，与正式化规章制度相比，联盟内部的非正式社会关系构建了一种更加有效的协调方式，成员之间的联结关系能够直接影响联盟内或联盟间的资源流动，关联度越强的个体之间存在越多的非正式交流机会，同时开展探索与开发行为的机会也就越多。

总之，探索与开发行为之间不可能一直处于对立或互补状态，二者关系取决于是否构成对企业有限资源的竞争（Gupta et al.，2006；张建宇，2014）。两种关系形态决定着企业内部资源配置与协调方式，外部创新资源网络也成为缓解双元张力的重要途径。

3. 平衡与互动关系对绩效的影响

无论双元能力之间存在何种关系，对任何一种创新行为的过度追求都不利于企业整体绩效提升（March，1991）。探索与开发行为之间的协调关系，不仅涉及企业技术能力结构问题，也会进一步影响到组织内部的运营与财务状况，是对整个企业当下运转与未来发展潜力的综合反映（He and Wong，2004），因此，双元能力结构关系对企业绩效的影响成为理论界与实践界共同关注的焦点。

组织双元理论认为，双元平衡是缓解组织内部张力关系的最优策略，其与组织绩效的正相关关系也得到了大多数学者的认同。He 和 Wong（2004）通过对新加坡与马来西亚槟榔屿 206 家制造企业的调查发现，探索和开发式创新之间的平衡关系能够显著提升企业销售增长率，二者失衡则不利于企业财务绩效的持续增长；Jansen 等（2006）发现双元能力之间的绝对差异（即平衡关系）未能带来公司财务绩效的显著提升，而乘积互动（multiplicative interaction）关系对企业长期与短期财务绩效均具有显著的正向影响；Atuahene-Gima 和 Murray（2007）发现高管团队的开发式学习抑制了企业的新产品开发行为，但探索式学习与新产品开发绩效却呈显著的正相关关系，二者互动关系对新产品开发有显著的负向影响；李剑力（2009）将组织特征因素引入二者关系考察中，探索与开发式创新均为提升组织创新绩效的重要途径，双元能力平衡对组织成长性绩效具有显著的正向影响，二者不平衡则有损于组织盈利性与成长性绩效提升，组织结构特征不同对二者关系的影响效果存在差异，其中，分权化对探索式创新与组织绩效关系有正向调节效应，而正式化对开发式创新与组织绩效有正向调节效果。

然而，越来越多的实证研究发现了二者之间关系的条件约束，也深化了双元平衡与互动关系的作用模式。Gupta 等（2006）通过理论推导发现，对探索与开发关系的前提预设将对组织绩效产生差异化影响，当二者处于同一连续体的两个端点（即相互排斥）时，其平衡关系与组织长期绩效之间呈倒 U 形相关关系，过度探索或者开发都将损害组织整体绩效；而当二者处于正交关系时，该影响效果将取决于探索与开发之间的交互影响程度,如图 2.11 所示;Lin 等(2007)考察了企业规模、环境动荡性对组织学习平衡与绩效关系的调节效应,相对于小企业的聚焦战略,大企业在联盟网络中实施双元战略能取得更高绩效;双元战略是应对环境不确定性的最优策略,而在稳定环境下企业应采取聚焦战略;Derbyshire(2014)认为所属产业部门将导致实施双元战略的企业之间存在绩效差异,对比欧洲 15 个国家 45 113 家企业发现,制造业与科技服务业企业中双元互动对组织绩效存在显著的正向影响,并且对后者的作用效果更加明显;Menguc 和 Auh(2008)检验了不同市场导向下组织双元性与绩效的关系,对于市场开拓者与防御者,探索与开发行为均能显著提升组织绩效,而市场导向对双元性与组织绩效的调节效果却截然相反,市场导向对市场开拓者企业中二者关系产生显著的正向调节效应,却削弱了防御者企业中二者之间的互动关系。通过对珠江三角洲(简称珠三角)样本企业的分类研究,杨学儒等(2011)对双元能力平衡与组织绩效的正相关关系提出了质疑,认为企业资源禀赋是决定二者相关关系的重要影响因素,并且探索与开发之间的平衡策略不仅有二元平衡,还有间断平衡形式,新创企业双元平衡只有在具备较好突破性创新基础的情况下才能促进绩效提升,成熟企业的探索式创新普遍有利于提升企业绩效,其双元平衡关系对组织绩效产生了负向影响效果。

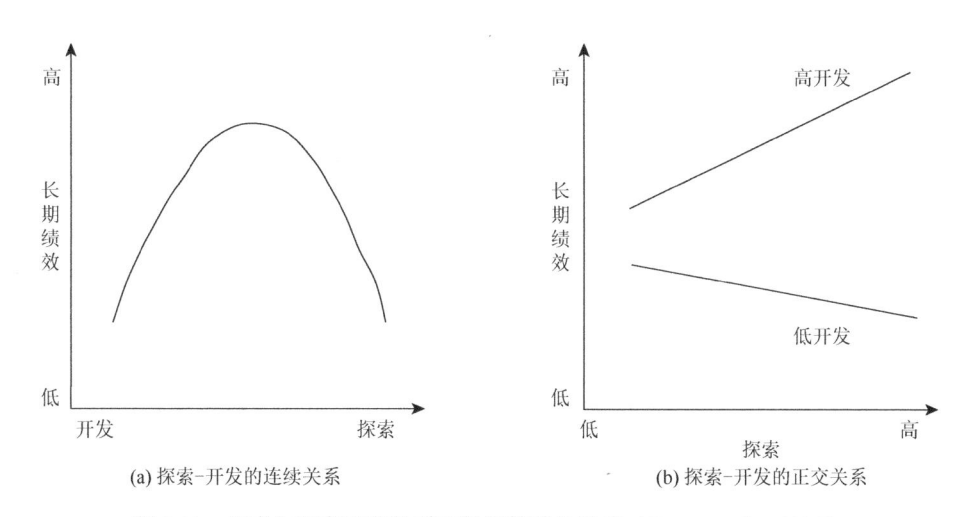

(a) 探索-开发的连续关系

(b) 探索-开发的正交关系

图 2.11 探索与开发平衡关系对组织绩效的影响(Gupta et al.,2006)

综上,双元能力协调与组织绩效之间的关系探讨未能形成一致性结论,双元平衡能否促进组织长短期绩效的显著提升仍然受众多情境因素限制,而双元能力之间是否存在互动关系有赖于企业自身的资源禀赋与能力结构状况,因此,在企业内外部情境均异于国外研究的情况下,探讨双元能力协调的内部机制及其对组织竞争优势影响等问题将具有重要的现实意义。

2.3.4 双元能力的影响因素

基于双元能力及其协调关系对组织绩效的差异化影响,国内外学者对探索与开发式创新的影响因素进行了系统探索。文献梳理发现,有关双元能力的实证研究大致包括两个方面:一类是组织双元能力的影响因素,主要包括组织、环境等维度的结果与调节变量;另一类是双元能力结构的影响因素,主要包括影响双元性的前因与调节变量。

1. 组织双元能力的影响因素

对探索与开发式创新前因变量的探索有利于二者在同一创新主体内的协调互动。在有限的实证研究文献中,学者关注组织自身能力、企业文化、结构以及环境等因素对双元能力的影响。Jansen 等(2006)认为吸收能力是影响探索与开发式创新的重要前因变量,现实吸收能力对两类创新均有显著影响,且对开发式创新的影响效果更强,而潜在吸收能力仅对企业探索式创新存在显著影响,二者交互效应能够有效地促进探索能力提升;Ozer 和 Zhang(2015)分析了产业集群中企业地理位置与网络关联对产品创新的影响,认为与焦点企业关联将促进开发式创新绩效,却阻碍了探索式创新绩效提升,而焦点企业关联网络能够正向影响集群企业的开发式创新绩效;Matzler 等(2013)检验了组织文化对双元能力的影响效果,发现层级与市场文化维度对企业开发行为存在显著的正向影响,而家族文化在一定程度上阻碍了企业探索式创新,活跃文化则对探索与开发活动均有显著的正向影响,并进一步提升了创新成功率和市场绩效;Gibson 和 Birkinshaw(2004)考察了情境因素对组织双元性的影响,发现组织内部信任、拓展等关键要素相互匹配程度越高,越有利于组织情境双元结构的构建;Jansen 等(2006)同时考察了组织结构与情境因素对双元性的影响,其中,组织集权不利于探索式创新,组织正式化开发式创新具有显著的正向影响,组织间关联性对两类创新都具有显著的正向影响,环境动态性越强,越有利于促进组织的探索式创新绩效,却不利于开发能力提升;而环境竞争性仅对开发式创新与财务绩效关系存在正向调节效应;Geiger 和 Makri(2006)认为冗余资源可能促进或阻碍组织的探索与开发行为,而不同类别冗余资源对组织创新的影响路径与效果不同,在此基础上,Voss 等(2008)进一步考察了冗余资源与环境对产品开发的影响,一般可吸收冗余资源能够促进开发行为但抑制探索行为,而在环境威胁程度较高的情况下,不可吸收冗余资源将导致高探索、低开发的状况。

创新行为研究的落脚点在于企业创新能力或绩效的提升。He 和 Wong(2004)对新加坡与马来西亚制造业的研究发现,探索式创新战略有利于提升企业的产品创新强度与销售增长率,而开发式创新战略对组织过程创新与销售增长率也具有显著的正向影响，同时二者平衡有利于销售增长，而二者失衡会损害组织的短期绩效。Faems 等（2005）认为企业之间的合作创新有利于组织绩效的整体提升，但增长方式和程度则因合作伙伴属性不同存在差异，开发导向合作关系对组织产品改进具有持续的正向影响，与之相反，探索导向合作关系促进了组织新产品开发进程，但对产品渐进性创新作用不显著。Isobe 等（2004）研究了日本制造业中小企业的创新活动，发现开发式创新对企业运营绩效有显著影响，而探索式创新与组织战略绩效的正相关关系更加显著，并且两种创新之间存在明显的正相关关系。Auh 和 Menguc（2005）将澳大利亚企业分为攻击型和防御型两个类别，对两类企业而言，探索行为对组织绩效的提升效果均优于开发行为，相比之下，攻击型企业中的开发行为更有助于提升组织效率。Hoang 和 Rothaermel（2010）对联盟内双元能力关系研究发现，联盟外部开发经历对组织研发绩效（包括新药审批和项目结题）有显著的正向影响，而外部探索经历对新药审批具有显著的负向影响，内部探索经历则对项目结题具有显著的正向影响。Kortmann 等（2014）基于资源基础观对比了美国与印度的样本企业，发现战略柔性对双元运营能力存在显著的正向影响，而大规模定制能力和创新双元能力在战略柔性与运营效率之间发挥了完全中介的作用。从国外研究来看，双元能力与组织绩效的正相关关系得到大多数学者的证实，但影响效果随着情境与绩效分类有所差异。

国内研究方面，基于双元能力视角对组织创新行为与绩效的研究起步较晚，多数停留在双元能力影响结果的实证研究层面。钟竞和陈松（2007）考察了外部技术动态性、竞争强度和需求不确定性对企业探索式创新和利用式创新之间平衡性的影响，发现企业在技术环境动态性大的情况下追求创新平衡性，而创新平衡性与企业的市场占有、竞争地位、新产品市场优势及新产品进入市场速度呈正相关关系。李忆和司有和（2008）研究发现探索与开发式创新均对企业绩效存在正向影响，而两种创新活动的内部匹配关系对绩效无显著影响。张玉利和李乾文（2009）认为机会探索和开发能力是创业导向与组织绩效之间的中介变量，且双元能力对于组织绩效有显著的正向影响。李剑力（2009）将组织结构特性作为权变调节因素纳入探索/开发式创新与企业绩效的关系研究中，探索式创新和开发式创新是提高企业绩效的两种重要途径，二者平衡有助于绩效提升、不平衡有损于绩效提升。焦豪（2011）基于动态能力理论探索了双元型组织的竞争优势构建过程，发现探索式创新与开发式创新均对短期财务绩效和长期竞争优势有显著的正向影响，并且开发式创新的影响效果相对明显，双元平衡关系在一定程度上能强化企业长期竞争优势。总之，现有国内研究基本支持探索式创新与开发式创新对组织绩效的正向影响，但在不同限制条件下，双元能力对组织绩效的影响效果存在差异。

综观现有研究，双元能力的效果差异主要来自情境设定方面，组织与环境因素成为影响双元能力与组织绩效关系的关键调节变量，如表 2.5 所示。

表2.5 探索式创新与开发式创新的前因、调节变量对比

维度	分析层面	影响因素	代表性研究
组织维度	资源层面	冗余资源（可吸收冗余资源、不可吸收冗余资源）、企业资源（制造资源、技术资源、金融资源）、社会资本（结构维度、关系维度、认知维度）、关系资本（关系学习、权利不对称）	Tan 和 Peng（2003）；George（2005）；Geiger 和 Makri（2006）；Scott 和 Marianna（2006）；Atuahene-Gima 和 Murray（2007）；Voss 等（2008）；Huang 和 Li（2012）；Wang 和 Hsu（2014）；Yang 等（2014）；李剑力（2009）；邱伟年等（2011）
	能力层面	吸收能力（潜在吸收能力、现实吸收能力）、外部学习能力（经验、技术能力、技术相关度）、动态能力（机会识别、整合重构、组织柔性、技术柔性、战略柔性）、知识存量（广度、深度）、知识特征（可辨识性、相似性、利用率）、技术依存度（基期水平、变化程度）、组织预见（环境扫描能力、战略选择能力、整合能力）	Sidhu 等（2004）；Nooteboom 等（2007）；孔继红和茅宁（2007）；Bierly 等（2009）；Rothaermel 和 Alexandre（2009）；Wu 和 Shanley（2009）；Andriopoulos 和 Lewis（2009）；焦豪（2011）；Hernandez-Espallardo 等（2011）；Kim 等（2012）；Salvador 等（2014）；Kortmann 等（2014）；Stettner 和 Lavie（2014）；Vagnani（2015）；Paliokaitė 和 Pačėsa（2015）；Padula 等（2015）；Enkel 等（2017）
	战略层面	企业战略类型（前瞻者、防守者）、战略导向（创新导向、成本导向）	Auh 和 Menguc（2005）；Brion 等（2010）；Kortmann（2015）；李忆和司有和（2008）
	创业层面	创业导向（创新性、风险承担性、超前行动性）、高校衍生孵化器（网络支持、创业支持）	张玉利和李乾文（2009）；Abebe 和 Angriawan（2014）；Soetanto 和 Jack（2016）
	结构层面	组织结构特征（正式化、分权化、连通性）、组织形式（机械式结构、有机式结构）、整合机制（正式与非正式整合机制）、高绩效工作系统、战略业务部门	Abernathy 和 Clark（1985）；Benner 和 Tushman（2003）；Jansen 等（2006）；Patel 等（2013）；Lin 等（2014）；Chen 和 Kannan-Narasimhan（2015）；Mcmillan（2015）
	创新链层面	横向链资源整合、纵向链资源整合	付丙海等（2015）
	集群层面	集群角色、地理关联、网络关联、组织多元化、技术多元化、技术距离、产品相似性	Hoang 和 Rothaermel（2005）；Rosenkopf 和 Almeida（2003）；Ozer 和 Zhang（2015）；Krammer（2016）；Lee 和 Widener（2016）
	领导层面	变革型领导（个别关怀、智力激发、理想化影响、激发动机）、认知紧张	Nemanich 和 Vera（2009）；Keller 和 Weibler（2015）
环境维度	动态性	外部技术环境动态性、竞争强度和需求不确定性	Levinthal 和 March（1993）；Isobe 等（2004）；Jansen 等（2006）；Sidhu 等（2007）；钟竞和陈松（2007）；李剑力（2009）
	竞争性	环境动态性、环境竞争性	Auh 和 Menguc（2005）；Jansen 等（2006）；李剑力（2009）
	文化层面	企业文化（家族文化、创业文化、市场文化、等级文化）、团队学习文化（心理安全、观点多元化、参与决策）	Nemanich 和 Vera（2009）；Matzler 等（2013）
	市场层面	市场导向	Menguc 和 Auh（2008）；Abebe 和 Angriawan（2014）；Gesing 等（2015）
	产业层面	产业部门	Derbyshire（2014）；Blindenbach-Driessen 和 Ende（2014）；Almahendra 和 Ambos（2015）
	政府层面	政府管制	张峰和王睿（2016）

资料来源：根据相关文献整理所得

2. 双元能力结构的影响因素

在不同双元情境下,如何通过组织设计、变革领导等方式有效构建双元结构成为学者进一步研究的焦点课题。基于组织内部视角,Jansen 等(2006)检验了环境与组织前因变量对组织双元关系的影响,发现构建双元型组织是多元化企业应对动态竞争环境的首选途径,而分权化、松散型特征的组织形式更有利于组织在探索式创新与开发式创新之间实现双元平衡,该结论支撑了 Fang 等(2010)通过组织结构设计实现组织双元性的实证研究,将组织分为众多虚拟的半独立式子团体以实现情境双元结构。Venkatraman 等(2007)将时间变量引入双元结构分析过程,并将战略双元性分为连续均衡和间断均衡两种类型,研究发现,市场主导能力和组织年龄对间断均衡与组织绩效关系有显著的正向调节效应,而多元市场竞争对二者的调节关系为负向影响,并且市场主导能力负向调节连续均衡与组织绩效之间的关系。Jansen 等(2006)认为高管团队属性与领导方式对组织双元结构具有直接影响,高管团队远景分享与权变式奖励对构建双元型组织具有显著的正向影响,其社会资本网络对组织双元性的影响不显著,但在变革型领导调节作用下能显著提升双元绩效,而变革型领导对高管团队权变式奖励与组织双元性关系起到了负向调节效应。

基于组织外部网络视角,Lin 等(2007)将企业特征、产业类型、动态网络等因素引入战略联盟双元性研究中,实证研究发现,探索与开发兼顾的双元性联盟有利于大企业成长,也惠及专注于单一创新行为联盟中的中小企业,竞争环境不确定性高将有利于双元型联盟成长,而稳定环境则有利于单一结构联盟企业;通过仿真模型发现,在战略联盟网络运行初期,企业在网络关系中的中心性与结构洞位置,将正向调节联盟构成与企业绩效之间的关系;Menguc 和 Auh(2008)检验了市场导向对双元性与组织绩效关系的调节效应,对于市场开拓者而言,市场导向对二者关系产生了正向调节效果,而对于市场防御者却表现为负向调节效果;Tiwana(2008)基于社会网络视角探讨了网络特征对联盟双元性的影响,研究发现,强联系与弱联系对联盟双元性没有直接的影响关系,但二者的交互效应通过知识整合的中介作用能够显著提升联盟双元性,从而验证了联盟中强联系与弱联系之间的互补效应。

从总体来看,一方面组织通过内部结构设计、变革领导方式等途径提升内部双元性,并尝试通过连续均衡、间断均衡等多种方式协调组织研发战略;另一方面则充分利用联盟外部网络资源,通过"外取"与"分解"结合的方式提升组织外部环境适应性。但就能力视角而言,如何有效地促进组织内部双元能力结构的协调问题仍未解决,对影响双元平衡与互动关系的前因变量研究仍然处于空白,而双元能力协调对组织绩效的影响差异进一步揭示了该领域研究的复杂性与迫切性。

2.4 本章小结

本章首先阐述了开放式创新、组织搜寻、知识基础观、动态能力等理论，为提出创新能力结构视角奠定了理论基础，然后系统总结了跨界搜寻的内涵、维度、策略和影响因素，以及双元能力的内涵、作用机制、结构协调和影响因素，在客观分析现有研究不足的基础上，提出了本书的切入点与相关研究问题。

综合现有研究，国外学者对跨界搜寻、组织双元能力的研究较为全面、深入，国内研究大多是国外主题与概念的"复制"过程，在研究基础、理论框架、情境嵌入等方面明显不足。二者研究差距主要体现在：①研究假设缺乏现实情境嵌入。国内企业自主创新、吸收能力方面处于劣势地位，这将影响其搜寻目标选择、知识整合流程、双元能力协调方式等战略制定，若忽略该前提假设进行"引入式"研究，将会造成现实情境与基础理论的严重脱节。②对跨界搜寻边界与内容划分缺乏针对性。以产学研合作为主的外部技术供给体系是企业技术能力提升的主要来源，这也决定了企业外部知识搜寻的目标与内容，与国外部分企业兼顾基础与应用研究相比，国内企业则重点关注产品技术与竞争前技术，对基础技术甚至共性技术的研发与转化能力非常薄弱。③缺乏双元能力及其结构关系的前因变量研究。国外研究开始探讨双元组织构建的前提条件，而国内研究多以双元能力为起点，缺乏影响二者关系的情境和前因变量的系统分析，从而无法系统掌握双元能力协调的内在机理，不能针对性地设计组织内部双元张力的解决机制。

在后续章节中，本书将通过探索性案例研究、理论分析与实证研究结合的方式，分别解答跨界搜寻与组织双元能力之间的影响关系、协调路径、成长机理三个问题，为企业外部资源获取、内部能力协调与绩效提升提供可参考的理论框架。

第 3 章　跨界搜寻影响组织双元能力的作用机制：探索性案例研究

3.1　理论预设与研究构思

开放式创新背景下，外部创新资源成为组织缓解资源匮乏、优化自身知识结构的重要途径（Chesbrough，2003）。Nelson 和 Winter（1982）认为，组织搜寻是识别、获取与整合所需目标资源的逻辑起点，通过搜寻过程发现新的技术与市场信息、寻找新的供应商或合作伙伴，能够有效地整合组织内部与外部的联结关系，实现组织解决瓶颈问题、发现潜在机会的根本目标（Rosenkopf and Nerkar，2001）。根据搜寻范围可将搜寻行为分为本地搜寻与跨界搜寻两种类型，本地搜寻能够快速获得与组织知识结构类似的新知识，并大幅度节省搜寻时间与整合成本，但其路径依赖特征容易导致核心刚性（Leonard-Barton，1992）与能力陷阱（Levinthal and March，1993），从而失去对动态环境的敏感性与适应性，究其原因，该搜寻方式仍然处于相对封闭的范围之中，同构技术与市场信息无法促成组织知识、能力结构的根本变革（Katila and Ahuja，2002）。与之相对，跨界搜寻突破了地域、技术、认知等限制性边界，通过拓展组织搜寻的深度与广度，尝试寻找异质性的知识基础与合作伙伴，打破搜寻范围与知识结构对企业技术发展轨迹的束缚。Rosenkopf 和 Nerkar（2001）认为，跨界搜寻为企业带来差异化的知识元素，能够及时优化更新现有知识库，从而实现组织内外部环境的动态匹配，提升组织的动态性与适应力。因此，跨界搜寻是开放式创新体系下组织利用创新资源的典型行为，实现了组织内外部创新要素的重构过程。

跨界搜寻是否有利于提升组织绩效？Utterback（1994）认为跨界搜寻可以帮助企业识别并适应外界环境的动态变化，尤其是面对技术范式转变与新兴技术挑战时，能够及时调整技术与市场发展战略，以保证运营与财务绩效的稳定增长趋势；同时，跨界搜寻行为为企业提供了参与技术融合、产业融合的机会，通过不同领域间的技术知识整合促使更高附加值、更高新颖度的产品研发，从而提升企业产品适应市场多元化的程度。Phene 等（2006）认为技术分布存在不均衡性、空间集聚性和本地化特征，通过跨界搜寻可以有效地缓解不同区域、领域中知识交流停滞的困境，减小技术专业化带来的组织之间技术势差，实现组织间平衡、组织内增长的相对稳态。Greve（2007）发现问题搜寻与冗余搜寻均能促进组织双元能力提升，但其影响效果存在差异，当企业绩效水平下降时，其探索式或开发式产品的推出速率也将下降，而当其绩效达到预期水平时，推出探索式产品的概率将高于开发式产品，与此同时，当可吸收/不可吸收的冗余资源增加时，组织推出探索式或开发式新产品的概率也将增加。马如飞（2009）发现顾客需求的层次性、复杂性、个性化特征越来越显著，跨地域和认知维度的市场知识搜寻能够满足市场、文化和制度的"情境特定性"需求，使企业及时跟踪与开发不同顾客群的潜在需求，并有效定位市场中替代产品与互补产品的需求趋势，从而实现企业财务绩效的持续增长。正如 Chesbrough（2003）、Katila 和 Ahuja（2002）所言，跨界搜寻克服"非此地发明"和"非此地销售"的思维定式，有效地弥补了组织内技术与市场知识的不足，将成为继内部研发和外部并购之后的第三条提高组织竞争优势的途径。

企业创新绩效增长的本质在于其技术能力的根本提升，跨界搜寻在根本上促进了组织哪些方面的能力提升？根据 March（1991）的经典分类，企业需要具备探索与开发两方面的学习行为，前者利用新知识进行创新，以满足新兴市场或顾客群体的需求；后者则是依靠组织现有知识，以满足现有市场和客户的需求。借鉴 Ducan（1976）对"双元性"的定义，后续研究从能力视角分别将二者定义为探索能力和开发能力，探索能力与搜寻、变异、冒险、实验和创新等活动相关（March，1991；Holmqvist，2004），直接影响组织技术成长轨迹和产品创新程度，通过根本性革新现有产品与服务来应对顾客需求变化；开发能力与提炼、复制、效率、实施等活动相关（March，1991；Rothaermel and Deeds，2004），从而维持现有产品或服务的渐进性改进过程，实现企业既有能力、技术和范式的拓展，并通过商业模式创新进一步提升组织绩效（Victor and Bart，2006；李剑力，2009）。从现有研究来看，组织双元能力对企业创新与财务绩效的正向影响得到了多数研究证实（Benner and Tushman，2003；Chen et al.，2011；Sofka and Grimpe，2010；朱朝晖和陈劲，2007），但是，跨界搜寻是否是影响组织双元能力的前因变量还未得到证实，即"跨界搜寻是提升与协调企业技术能力的重要方式"（Huber，1991）这一命题还未得到实证检验，对该内在机制的探究将弥补对双元能力前因变量长期忽略的研究缺陷。

综上所述，本书在 March（1991）中探索与开发双元能力基础上，尝试性引入 Rosenkopf 和 Nerkar（2001）所提出的跨界搜寻作为其前因变量，以吸收能力作为跨界搜寻与组织双元能力之间的调节变量，构造以"行为—能力—绩效"为逻辑基础的研究框架，深入探索跨界搜寻、组织双元能力与绩效之间关系的内在机制，如图 3.1 所示。该研究框架将作为 3.2 节案例与实证研究的基础，指导案例与实证研究的流程设计。

第 3 章 跨界搜寻影响组织双元能力的作用机制：探索性案例研究

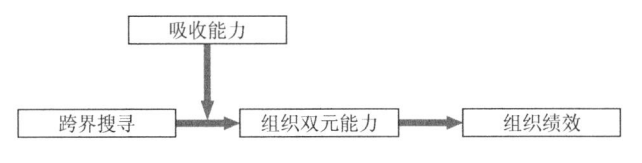

图 3.1 跨界搜寻对组织双元能力与绩效影响机制的理论预设

3.2 多案例对比的研究设计

3.2.1 研究方法

案例研究是当代社会科学的重要研究形式之一（Yin，1989）。作为一种研究策略，案例研究是一种较为系统、完整的研究方法，兼顾特有的设计逻辑、特定的数据搜集及独特的数据分析方法（陈晓萍等，2012）。该研究方法与研究问题属性存在本质联系，案例研究侧重回答"如何改变""为什么变成这样""结果如何"等问题，强调现象所处的现实情境并且能够对其进行丰富的描述（Eisenhardt，1989；Yin，1989）。相较于其他研究方法，案例研究能够对案例进行全面描述和系统理解，而且对动态的互动历程和所处的情境脉络也会加以掌握，从而可以获得一个较全面与整体的观点。

作为一种普适性研究方法，案例研究已经广泛应用于多个研究领域，如社会工作、市场营销、公共管理、战略管理、组织管理、创新管理、科技政策、教育、财务和评估等。随着质性研究、扎根理论等理论与方法的相互渗透，案例研究方法不再局限于通过多途径数据来源、对某种现象进行实证描述的功能，以案例为基础从中归纳产生理论成为案例研究的基本宗旨，运用一个或多个案例、基于案例中的实证数据创建理论构念、命题或中程理论，而理论产生完全是由于其根植于并升华于案例内或案例间的构念之间的关系模式，以及这些关系所蕴含的逻辑论点（Eisenhardt，1989）。

随着案例研究功能拓展，其研究方法也更具多元性与针对性。根据研究目的不同，可以分为探索性案例研究、描述性案例研究和因果性案例研究三大类，探索性案例研究尝试寻找对事物的新洞察，或尝试用新的观点去评价现象；描述性案例研究主要是对人、事件或情境的概况做出准确描述；因果性案例研究的目的在于对现象或研究的发现进行归纳，并最终得出结论，适于对相关性或因果性的问题进行考察（Eisenhardt，1989）。根据目标案例数量不同，可以分为单案例研究和多案例研究，单案例研究适用于批判性、特殊性、补充性的案例研究，分别用于验证、扩展和丰富现有理论（陈晓萍等，2012）；而多案例研究的优势在于多方求证、相互比较、构念关系严谨等，以多案例比较构建理论，通常可以获得更为严谨、一般化以及可以验证的结论。

本章的研究目的在于探讨跨界搜寻对组织双元能力与绩效的影响机制，研究内容是对现有组织搜寻理论的拓展与补充，并且采用案例研究的目的是提出本书的整体研究框架与相关研究命题，因此，本书适合采用探索性的多案例对比研究设计。根据 Eisenhardt（1989）、Yin（1989）等研究提出的案例研究步骤，本书采用如下研究思路：基于文献综述与理论分析提出理论预设和研究构思→案例选择→数据收集→数据分析→形成初步理论框架、提出初始研究命题。

3.2.2 案例选择标准与过程

基于由案例研究构建理论的目标，本书选择多案例对比研究方式，以保证所构建理论框架的严谨性与可重复性（Eisenhardt，1989）。在案例数量选择方面，Eisenhardt（1989）认为进行多案例对比分析的理想案例个数为 4～10 个，Meyer 和 Schmoch 等经典多案例分析都遵循该数量原则，综合考虑到跨界搜寻理论框架与组织研发水平等特征，本书最终选择了化工、陶瓷、纺织与医药行业的四家企业作为探索性案例研究对象。

参考 Yin（1989）、吕源（2010）学者的建议，本书在选择案例时具体参照如下标准。

（1）所选案例符合本书主题。本书涉及组织跨界搜寻、组织双元能力、组织绩效等核心概念，要求组织具有持续的外部合作研发基础以及完善的内部研发体系，从而保证组织具有一定水平的外部知识搜寻与转化能力，因此，本书特别挑选了化工、陶瓷、纺织与医药行业的四家代表性企业，以满足本书的主题与基础条件。

（2）降低案例研究的外部差异性（extraneous variation）。为满足该标准，本书统一选择了广东省内的本土制造业企业，并且四家企业所处的陶瓷、纺织等产业集群也极具代表性。

（3）为了保证所选案例的典型性，本书所选案例企业的产业类别具有一定的分散度，既包括知识密集型产业，也包括资本和劳动力密集型产业，兼顾传统产业与高技术产业，所涉及行业包括化学化工行业、建筑陶瓷行业、纺织服装行业和生物医药行业，能够实现多重验证的效果。

（4）考虑到案例研究的成本问题，本书在保证案例数据资料客观、充分的前提下，也将数据可获得性作为案例选取的参考依据。

3.2.3 数据资料收集原则

为确保案例研究资料的信度与效度，Yin（1989）建议把握数据资料收集的三大原则：一是使用多种数据来源；二是建立案例研究资料库；三是形成一系列证据链。本书在数据资料收集过程中遵循了上述原则。

（1）多途径、多形式收集数据资料，自陈式报告与实地访谈相结合，提升案例研究效度。本书通过相关技术与管理人员访谈、实地现场观察、调查问卷、相关二手资料整理等多种方式收集资料。现场访谈对象是该企业主管研发的副总经理、工程师或者技术中心主任，被访者一般在技术或产品研发岗位上工作三年以上，对企业研发活动有全面、深入的了解，通过半结构化访谈方式了解企业外部合作研发情况以及主导产品的技术供求情况，并请求其当场填写调查问卷。同时，作者还与企业所在地区的政府科技主管部门进行了交流，以了解区域产业发展情况以及该企业在区域科技与经济发展中的作用。访谈结束后，还通过电话、E-mail 等形式及时沟通，以反馈、补充遗漏信息。此外，还通过企业网站等网络媒体、学术期刊网、《中国高校与大型企业合作典型案例集》、国家级或省级技术中心申请材料等多种途径对企业二手资料进行收集与整理。

（2）对资料进行整理、编码和存储，一手资料与二手数据相结合，提升案例研究信度。通过访谈所掌握的数据资料既包括访谈笔记、录音资料、现场观察资料、调查问卷等一手资料，同时还有网络媒体资料、已成文的案例资料、相关申请材料等二手资料。一般访谈结束当天，对访谈记录和录音资料进行初步整理与编码，并与企业网站公开资料（如企业发展历程、新产品开发信息、合作研发信息等）、相关申请材料进行比对，形成统一归档的案例资料库，以备后续案例分析之用。

（3）基于案例资料建立完整证据链。在案例资料整理过程中，实时标记每份资料的来源、收集时间与场景，特别注意保持资料的原始性与客观性，在不同来源资料出现冲突时，本书将以现场考察获得的一手资料为准，并通过电话、E-mail 等形式与访谈人员进一步核实，从而保证案例资料数据链的真实性与完整性。

3.2.4 案例资料编码步骤

根据 Doz（1996）的研究设计，本书的案例数据分析包括案例内分析与案例间分析两个部分。其中，案例内分析是对单一案例进行独立、深入的纵向分析，案例间分析则是在案例内分析的基础上，对所有案例进行横向的比较、分析与归纳，进而抽象出本书的理论模型与初始研究命题（Eisenhardt，1989）。

（1）对单一案例进行纵向分析。对每个案例企业的外部搜寻行为、内容、能力结构、企业绩效等核心概念进行数据编码，并将各个案例中相关变量的主要特征制作成表格，为案例间分析做好初步准备。

(2) 对所有案例进行横向比较。对四个案例进行反复比较、分析与归纳,探索跨界搜寻、组织双元能力、吸收能力与组织绩效之间的相互关系,并对初始理论预设模型进行修改与完善,进一步提出本书的初始研究命题,为后续实证研究做好铺垫。

3.3 典型案例企业的基本情况

本书所选案例企业的基本情况如表 3.1 所示。为了保护企业的商业信息,本书隐去了企业具体名称,遵循案例研究的惯例,用字母代码与主营业务所处行业来表示。

表 3.1 案例企业简介

所选案例企业	A 化工企业	B 陶瓷企业	C 纺织企业	D 中药企业
成立时间	1993 年	1996 年	1978 年	2004 年
产权属性	中外合资	国有	外资	中外合资
员工总数	约 2500 人	约 4200 人	约 5 万人	约 1150 人
研发人员	约 180 人	约 360 人	约 1300 人	约 190 人
2011~2012 年销售额	20 亿元左右	14 亿元左右	50 亿元左右	10 亿元左右
研发强度	约 5%	约 4%	约 3%	4%~6%
主营业务	民用与工业涂料研发、生产与销售	建筑陶瓷、美术陶瓷、特种陶瓷等及其生产设备的研发、生产与销售	业务领域涵盖棉花种植、纺纱、织布、染整、制衣及辅料、出口和零售等	现代中药的研发以及相关药品、保健品、食品和中药材的生产与销售
行业特点	技术密集型,产品研发需要大量资金与人员投入,跨国企业垄断优势明显,国外知识产权与市场壁垒较高	技术创新与工业设计相结合,产品开发涉及基础、应用等多个领域,国内市场广阔,有相对的技术优势	传统劳动密集型产业,面对产业转型升级压力,附加值低、产业链长,尤其面临高能耗、高污染等环境问题	知识密集型,公司在药理、天然药化等方面技术优势明显,拥有专利和标准等技术壁垒,国际市场前景广阔
产品市场	主要面向国内市场,市场需求量大,公司水性木器涂料系列产品处于国际领先水平,并跻身全球涂料 50 强 (2011 年)	主导产品涉及建筑、卫生、美术、特种陶瓷等多个领域,陶瓷辊棒、防静电陶瓷等代表性产品在国内具有绝对市场份额,是建筑与特种陶瓷行业的技术引领者	公司可提供"棉花—纺纱—织布/辅料—制衣—出口"一站式服务,主导产品(全棉成衣和全棉色织布)主要出口欧美、日本、东南亚等地,是众多世界知名服装品牌的面料供应商和成衣制造商	中医药产业处于国际化进程加速阶段,公司兼具技术与营销网络优势,主导产品复方丹参片和板蓝根颗粒国内市场占有率均超过 50%,品牌价值优势明显

续表

所选案例企业	A 化工企业	B 陶瓷企业	C 纺织企业	D 中药企业
外部合作研发情况	国内最早参与产学研合作的企业之一，与华南理工大学、中山大学等高校长期合作，共建技术中心、工程中心、博士后工作站、院士工作站等机构，联合攻关水性木器涂料关键共性技术，并与巴斯夫股份公司、美国陶氏集团等跨国企业保持优质原材料供需合作关系	公司拥有陶瓷行业唯一的国家级企业技术中心，以其为主体与华南理工大学、广东工业大学、中山大学、上海硅酸盐研究所等机构开展联合项目攻关，共建"三高陶瓷孵化基地"进行技术研发与人才培养，合作领域涉及基础研究、实验与发展研究、产品开发等多个环节	公司自身研发实力雄厚，兼顾纺织服装产业链各环节的技术研发活动，与中国航天科技集团有限公司合作进行"棉种航天搭载实验"，与香港理工大学、浙江理工大学等高校共建研发中心，致力于从原料到成品整个加工过程中生态处理的基础与应用性研究；与日本TORAY公司等合作研发"印染行业废水回用关键技术"	公司建立了内外部功能互补的研发体系。与中国人民解放军军事医学科学院合作开展"名优中成药大品种复方丹参片系统开发"项目；与西悉尼大学合作开展脑心清片质量标准与临床研究，为脑心清片澳大利亚注册提供权威数据；与方圆药业共同建立丹参 GAP①产业化示范基地，联合攻关丹参种植、质量控制的关键技术

资料来源：根据访谈、企业官网、媒体资料整理所得

3.3.1　A 化工企业

A 化工企业是中国本土最大的涂料生产企业，主要从事家装涂料的研发、生产与销售，其主导产品包括家装木器漆、家装墙面漆、家装水性木器漆、工程工业漆、家具工业木器漆、UV 工业漆、油墨产品、辅料和防水产品等。2011 年公司销售额突破 20 亿元，以中国涂料龙头企业身份成功跻身亚太地区涂料企业排名 25 强（英国《亚太涂料杂志》），位列全球涂料企业排行榜第 41 位（美国《涂料世界》），打破了历年来中国无一企业进入全球涂料 50 强的历史。集团总部设在广东，并在四川、上海、河北等地区设有分公司和生产基地，在全国范围内设有一级经销商 1900 多个，并设立旗舰店、专卖店等销售网点超过 13 000 个，拥有中国十大内墙涂料品牌、中国十大外墙涂料品牌、中国十大木器装修涂料品牌、中国十大家具涂料品牌等品牌荣誉。

A 化工企业经历了"技术引进—合作研发—自主研发"技术与产品开发历程，并在水性木器涂料共性技术研发、瓶颈技术攻关、产品性能改良方面成果突出，长期占据着国内水性木器涂料技术与市场的领头羊位置。创业初期，A 化工企业率先引进了德国聚酯漆生产技术和设备，并以德国聚酯王系列产品为主取得了一定市场份额。随着知识产权问题突显，公司决定成立水性木器涂料项目研发小组，成功研制出了耐热性、耐水性、耐溶剂性等性能突出的热固性高固含丙烯酸，并在 1998 年将其成功应用于水性木器涂料的批量生产。2001 年，A 化工企业开始与华南理工大学合作，通过项目联合攻关、共建技术中心、联合培养人才等方式

---

① GAP 为中药材生产质量管理规范（good agricultural practice）。

开发水性涂料关键技术，联合组建广东省水性涂料及聚合物乳液工程技术研究开发中心，并逐渐确立了涂料行业的发展方向——水性化、高固体粉、粉末及紫外光固化涂料，重点在水性木器涂料、零挥发性有机物（volatile organic compound，VOC）建筑涂料、干粉涂料、有机—无机杂化涂料、涂料及黏合剂用高性能聚合物等五方面大力开展研发工作。经过长期持续合作，A 化工企业已在全国设有五个涂料技术研发中心和一个博士后科研基地，在 2007 年、2009 年分别获得广东省教育厅产学研结合示范基地、环境友好型涂料产学研结合示范基地，并在 2010 年成立广东省首家院士专家企业工作站，2011 年获批国家认定企业技术中心，多次获得中国驰名商标、中国名牌产品、国家高新技术企业、广东省优秀企业、中国 500 最具价值品牌等荣誉称号。

3.3.2 B 陶瓷企业

B 陶瓷企业是国家 520 家重点企业之一，全国 120 家大型企业集团试点企业之一，拥有全国陶瓷行业唯一的国家级企业技术中心。公司主营业务包括建筑陶瓷、卫生陶瓷、日用陶瓷、园林陶瓷、美术陶瓷、特种陶瓷以及陶瓷机械的生产和销售，其中主导产品陶瓷压砖机、陶瓷辊棒和防静电陶瓷产品在市场的占有率分别达 60%、65%和 50%。2011 年，公司主营业务收入约为 14.3 亿元，其中冷等静压陶瓷辊棒、陶瓷压砖机、陶瓷木纹砖等新产品销售收入约占 8.7 亿元，中高温陶瓷辊棒、低吸水率风云系列劈开砖等新产品荣获广东陶瓷协会金奖，获得国家及省市火炬优秀项目奖、科学技术进步奖、优秀新产品奖等奖项共计 70 项。

B 陶瓷企业技术中心成立于 1995 年，通过企业技术中心的建设，从根本上增强企业技术创新能力，形成具有超前研究、开发研究、产品改进、市场开拓、投资评价等多层次的企业技术创新体系，从机制上确保企业核心竞争力得以增强，巩固企业改革的成果。该中心有研究开发人员 300 余人，其中，中、高级研发人员 100 余人，高级专家 20 余人，中心累计承担国家重点新产品计划 9 项、国家火炬计划项目 3 项、广东省技术创新计划项目 5 项、广东省重点新产品试产计划 41 项，通过国家级、省级鉴定的新产品分别为 8 项、29 项，拥有专利 253 件，其中有效专利 144 件，仅 2011 年，公司自有专利技术生产的专利产品销售收入达 9 亿元。

同时，公司十分重视行业关键技术的开发，积极与高等院校和科研机构合作，开发适合市场的新产品。自 2001 年与华南理工大学材料学院签订共建三高陶瓷孵化基地合作协议以来，B 陶瓷企业一直与清华大学、中山大学、湖南大学、广东工业大学、武汉工程大学等科研机构保持密切合作关系，先后开展了陶瓷废料及窑炉烟气脱硫废浆的综合利用、新型发光陶瓷釉的制备与应用研究、YP 系列压砖机产业提升技术改造、大功率白光照明 LED 灯用高效散热陶瓷封装材料的关键制备技术及产业化、低成本制备再结晶碳化硅制品的关键技术及产业化、YP系列陶瓷压砖机高速高精智能控制系统研发及产业化等合作研发项目，至2011年，B陶瓷企业通过产学研合作实现了200多项重点新产品、新技术的研发与转化，从研制成功到投入生产的平均时间间隔仅为3个月。与国内外同行业企业相比，B陶瓷企业在园林美术建筑陶瓷、特种陶瓷材料、陶瓷机械等领域具有领先的技术优势，这与其大规模投资于外部合作创新活动密切相关。

3.3.3 C纺织企业

C纺织企业创建于1988年，目前为世界领先的高档纯棉衬衫生产商之一，也是最具活力和最先进的全球化纺织及服装制造商之一。公司业务范围涵盖棉花种植、纺纱、染色、织布、后整理、制衣及制衣辅料等，能够为客户提供"棉花—纺纱—织布/辅料—制衣—出口"的一站式服务。其主导产品为色织布、针织布和棉纱，其中，色织布和针织布都被评为中国名牌和国家免检产品，年产棉纱5000吨、全棉色织布9000万码、针织布13 000吨、成衣500万打，产品主要出口美国、欧洲、日本、东南亚等地，2011年出口纯棉衬衫1亿件，主营业务收入突破10亿美元。公司色织布和针织布两种产品远远高于国际标准，已经获得了采用国际标准产品证书，并参与色织棉布、针织坯布、针织成品布等国家标准的起草工作，先后获得国家科学技术进步奖二等奖、中国纺织工业联合会科学技术进步奖一等奖、中国纺织工业联合会科学技术贡献奖、广东省科学技术进步奖一等奖等重要奖项。

C纺织企业作为中国纺织行业技术领先者，是当前中国全棉色织面料加工与后整理技术领域，以及以信息技术改造传统产业、采用计算机集成智能系统辅助面料与服装生产方面的排头兵、领头羊、潮流引导者。公司成立之初便开始建立ISO 9002质量保证体系，并先后一次性通过德国TUV PS、中国进出口质量认证中心认证注册，是国内首家同时获得国内国外双重质量认证的纺织企业。由于具备严格的质量检测和控制体系，公司产品"YD牌纯棉色织布"被认定为中国名牌产品，公司开发的各种高档全棉色织面料，在高纱支、色牢度、质量、手感、档次等方面成为其他竞争对手竞相追赶的目标，也是中国及海外高端服装品牌竞相采购的高档面料，公司每年开发3~5项新产品，多次荣获广东省科学技术进步奖及广东省优秀新产品奖。C纺织企业的全棉色织面料及服装的生产技术，代表了当今中国最先进的全棉色织面料及服装生产技术，企业的技术创新为推动中国纺织行业技术进步发挥了重要作用。

公司的技术领先优势来源于内外兼顾的研发策略。对内自主创新方面，C纺织企业于2000年成立技术中心，并分别于2003年、2005年被认定为省级、国家级企业技术中心，2008年被批准设立博士后科研工作站；对外研发合作方面，C纺织企业先后与中国航天科技集团有限公司、北京航天卫星应用总公司、日本

TORAY公司、北京昊业怡生科技有限公司等企业进行了棉种航天搭载实验、印染行业废水回用关键技术、成衣废水回用等领域的合作，与香港理工大学、西安工程大学等高校合作开发纺织类、废水处理等技术创新项目，并与东华大学、浙江理工大学共建了生态纺织研究中心、棉纺织染整研究中心等研发机构，致力于从原料到成品整个加工过程中生态处理的基础性和应用性研究，旨在鼓励生态纺织生产的科研。基于此，C 纺织企业在高档全棉色织面料的后整理技术及信息化生产管理技术等方面构筑了核心优势，尤其是公司拥有中国纺织行业最先进、最完善、应用效果最好的企业资源计划（enterprise resource planning，ERP）系统，该系统被成功应用于带复杂约束的加工装配混合型大规模复杂色织生产过程，集分层分布式仿真框架、智能优化算法、知识库（约束库、规则库、算法库）推/拉结合的调度模式于一体，具有很好的智能性、通用性和可扩展性，在行业和区域中辐射效果显著，从而保证公司在高档全棉色织面料的手感、档次、销售价格、交货期、售后服务等智能信息处理方面明显优于竞争对手。

3.3.4　D 中药企业

D 中药企业是国内科技先导型中成药专业生产企业，公司以"中药现代化、中药国际化、中药大众化、中药科普化"为发展方向，长期致力于现代中药的研发与制造，主营业务涉及药品、保健品、食品和中药材的生产与销售等领域。2011年公司实现销售额 14.08 亿元，借助"白云山"品牌，营销网络遍布全国 30 个省（自治区、直辖市），全国 100 万人口以上地区 208 个办事处，营销团队达 1600人，远销欧美、东南亚等 20 多个国家和地区；借助"和记黄埔"品牌，营销网络遍布欧洲 5000 多家连锁药店，屈臣氏集团（香港）有限公司等零售终端遍布全球。在《医药经济报》对国内制药企业经济实力和行业地位综合排名中，2010 年广州医药集团在国内制药企业中排第六位，而 D 中药企业是广州医药集团旗下的龙头企业，现已发展成华南地区最大的单体中成药制造企业、国家级高新技术企业、国家创新型试点企业，2009 年被中华人民共和国科学技术部认定为中药现代化科技产业基地建设十周年优秀单位。

多年以来，公司通过技术改造和技术创新，核心竞争力不断增强，在中药材 GAP 种植技术研究及产业化基地建设、中药提取分离关键工艺技术攻关、中药 GMP[①]生产技术改造、名优中成药二次开发、中药新产品开发及新技术推广应用等方面取得显著成绩，公司现有 11 项核心技术和 20 多个产品在国内同行中处于技术与质量领先水平。企业承担科学技术部、国家发展和改革委员会、商务部项

---

① GMP 为药品生产质量管理规范（good manufacturing practice）。

目 4 项；承担省科技厅、省经贸委、省外经贸厅、省中医药局等科技项目 15 项；承担市科技局、市经贸委、市外经贸局等科技项目 19 项；获得广东省科学技术进步奖 3 项、广州市科学技术进步奖 3 项、广州医药集团科学技术进步奖 5 项；申请发明专利 23 项，获得授权 9 项。创新能力的显著提升也促进了公司产品与品牌的认同度，公司拥有国家中药保护品种 2 个，广东省名牌产品 5 个。年销售超 4 亿元的中药大品种 2 个：复方丹参片和板蓝根颗粒（两品种市场占有率超过 50%，是国内第一品牌）、口炎清系列超亿元，消炎利胆片超 7000 万元，另有一批年销售超千万元的品种，形成了有序成长的品种结构。

在合作创新方面，企业技术中心于 2005 年被认定为广东省省级企业技术中心，2006 年被认定为广东省第一批创新型试点企业，2008 年确认为广东省第一批创新型企业、广东省首批通过国家高新技术企业，同年经人力资源和社会保障部批准设立企业博士后科研工作站，2009 年企业联合由钟南山领衔的国家呼吸疾病重点实验室及美国国立卫生研究院共同开展板蓝根抗病毒机理研究项目，获得美国国立卫生研究院为期一年的支持，并已签订合作合同。同时，公司以现代中药研究为核心，秉承无围墙式研发平台理念，不断提升产学研合作的范围和层次，先后与中国人民解放军军事医学科学院、广州中医药大学、南方医科大学、西悉尼大学等研究机构与大学合作，承担名优中成药大品种复方丹参片系统开发、穿心莲中药材规范化种植产业化推广及综合开发利用研究、中西医结合诊疗方案优化和新制剂研究等国家科技支撑计划项目，并与山东平邑方圆药业有限公司共同建立平邑丹参 GAP 产业化示范基地，基地建设总体规模为 1000 亩[①]，配套进行 30 亩种苗基地建设，并就丹参种植和质量控制的关键技术问题进行联合攻关。

3.4 案例内分析：搜寻维度界定与关键概念辨析

本节将对每个案例所收集的数据资料进行初步分析，分别对每个案例中的跨界搜寻行为、组织双元能力、吸收能力进行定性描述与分析，从而得到结构化、编码化的数据资料信息，为案例间对比分析奠定基础。

3.4.1 跨界搜寻行为

借鉴 Rosenkopf 和 Nerkar（2001）、Sidhu 等（2007）、Lavie 和 Miller（2008）、Sofka 和 Grimpe（2010）、Chen 等（2011）的研究，本书基于对现实情境下中国企业组织搜寻目标与内容的系统解构，将跨界搜寻的边界定位于组织与技术两个

---

① 1 亩≈666.67 平方米。

维度，其中，根据 Laursen 和 Salter（2004）、Sidhu 等（2007）对组织外部知识源的归纳与分类，将跨组织边界的搜寻行为分为科技驱动型和市场驱动型，科技驱动型主要包括大学、科研院所、政府研究机构、商业实验室等研发主体，市场驱动型主要包括供应商、竞争对手、咨询机构、行业协会、商会、专业会议等市场信息交流主体，本书将以案例企业和上述主体合作的内容与程度来表征跨组织边界的搜寻行为；根据 Tassey（1991）和李纪珍（2006）对企业技术类型的典型分类，本书将跨技术边界的搜寻行为分为共性技术导向和产品技术导向，分别用案例企业针对不同技术类别进行的研发投资、项目合作、技术转化、专利申请等活动来表征两种导向的组织搜寻行为。以下是各个案例企业的跨界搜寻情况描述。

1. A 化工企业的跨界搜寻行为

创业初期，A 化工企业便引进了德国聚酯漆生产技术和设备，形成了以"德国聚酯王"为主的产品系列。但随着市场需求与竞争加剧，技术创新成为企业提升产品竞争力、打造行业品牌的重要途径，A 化工企业便成为国内最早开展产学研合作创新的样板企业。2001 年，率先与华南理工大学联合共建涂料技术中心，中心利用华南理工大学的信息资源和科研优势，着力于水性木器漆涂料关键技术的研究开发，从而构建了企业主导产品的研发、生产与销售网络，加快高校科技成果的工程化与商品化速率；2005 年，双方共同组建了博士后科研基地、广东省高性能聚合物及环境友好涂料工程技术研究开发中心、广东省工程技术研究开发中心等机构，建立了覆盖技术开发、产品研发、人才培养等多个环节的合作关系，也进一步确立了 A 化工企业在水性木器漆领域的领导者地位；2010 年，A 化工企业与中山大学签订了水性氟碳涂料树脂合成及其涂料应用关键技术研究与开发合作项目，致力于攻克常规氟碳涂料水性化的难题，使氟碳涂料从油性升级为水性，并将该乳液主要用于内墙建筑涂料，以增强漆膜防水拒油的特殊效果。此外，A 化工企业作为牵头单位，与多家企业联合承担了高性能有机/无机杂合乳液及水性工业涂料产业化技术研究项目，共同致力于水性工业涂料及相关产品的技术攻关，发挥了龙头企业在创新联盟中的积极作用。

技术层次方面，其参与产学研合作的目标是水性木器涂料的改良与研发，联合共建技术中心也是聚焦于新产品开发，通过高校科研成果转化实现短期市场目标。但是，这种短视行为并不利于企业持续创新，尤其是在水性木器漆单一产品类别情况下，基础与共性技术的缺失将导致现有市场份额被逐渐蚕食。在此背景下，A 化工企业不断寻求水性木器漆竞争前技术的合作研发，在省部产学研专项资金支持下，累计投资 6000 万元用于水性木器漆技术的研发、生产与推广，解决了水性木器漆产业化过程中提高涂膜硬度和耐水性等关键共性技术问题，在水性木器涂料、零 VOC 建筑涂料、高固体份涂料、高性能聚合物乳液等方面取得了行业领先的技术成果，并开发出了一批极具市场竞争力的新产品。同时，A 化工企业逐渐将环保元素加入内外墙漆、木器装修漆、家具工业漆、质感艺术漆系列产品中，开发出了儿童水性木器漆和儿童专用乳胶漆等代表国际最先进水平的环保涂料，2006 年推出的第三代"森林氧吧"系列儿童漆事实上填补了目前国内的空白，并对境外品牌形成了替代品优势。凭借广泛参与产学研合作，A 化工企业不仅与众多高校、企业建立了长期稳定合作关系，形成了覆盖技术供给链各个环节的多元化知识源，同时促进了自身在共性技术与产品技术领域的竞争优势，使其在实验条件、资源禀赋、成果转化率等方面处于同行业领先地位，堪称国内利用外部创新资源、提升技术创新能力的典范。

2. B 陶瓷企业的跨界搜寻行为

B 陶瓷企业是国内首家工贸合一的陶瓷企业，经历了早期"三来一补"、产学研合作、独立研发的渐进式发展历程。秉承佛山良好的陶瓷产业基础，公司建立了系统的产品与市场信息分析系统，用于跟踪国内外陶瓷产业技术发展趋势。20 世纪 80 年代以前，公司以陶瓷生产设备等硬件引进为主，先后从日本、意大利、德国等国家引进了建筑与卫生陶瓷生产装备，其主导产品外墙砖、内墙砖、卫生洁具等占据了珠三角地区绝大部分的出口份额，并多次荣获国家质检产品金质奖章与优质产品荣誉称号；80 年代以后，随着技术变革加剧，公司逐渐将资源获取重心转移到产品技术层面，先后引进了高质陶瓷窑具制造技术、陶瓷贴胶模具制造技术、卫生陶瓷生产新工艺技术、高铝磨球和高铝球衬制造技术等国内外领先技术，有效地推进了工艺与产品层面的技术革新，使得公司产品在寿命、黏性、色泽、硬度等方面都具备了国内领先的技术优势，也正是在前期技术积累基础上，公司率先研发出中国第一块彩釉砖，在该领域确立了绝对的市场与技术领先地位。

20 世纪 90 年代以后，公司建成了陶瓷行业唯一的国家级企业技术中心，并逐渐将其打造成企业技术创新体系的核心和保障机构。通过企业技术中心的建设，从根本上增强企业技术创新能力，形式具有超前研究、开发研究、产品改进、市场开拓、投资评价等多层次的企业技术创新体系，参与市场竞争，并带动行业技术发展，从机制上确保企业核心竞争力得以增强。自 2001 年以来，公司依托企业技术中心与工程中心的资源优势，先后与中山大学、华南理工大学、上海硅酸盐研究所等高校开展产学研合作，共同开展了陶瓷废料及窑炉烟气脱硫废浆的综合利用、新型发光陶瓷釉的制备与应用研究、YP 系列压砖机产业提升技术改造、大功率白光照明 LED 灯用高效散热陶瓷封装材料的关键制备技术及产业化、低成本制备再结晶碳化硅制品的关键技术及产业化、防静电陶瓷墙地砖的研制等合作项目，并与华南理工大学材料学院签订了共建三高陶瓷孵化基地的合作协议，建立了定点、长期、互利的产学研合作关系。同时，公司定期组织技术骨干到意大利、西班牙、美国、加拿大、日本等陶瓷技术先进国家参观考察和技术交流，了解陶瓷行业新产品、新技术、新材料的技术发展动态，为公司产品革新、技术研发、外观设计提供了前沿资讯动态。

公司不仅注重与外部科研机构的项目合作，同时注重合作主体、技术目标与公司技术发展战略的匹配关系。公司采用联合攻关、自主研发结合的方式，先后致力于大型宽台面液压自动压砖机、抗侵蚀低蠕变陶瓷辊棒、高光泽高耐磨墙地砖和环保型透水保水陶瓷砖、纳米超平防污易洁陶瓷等产品技术与生产设备的研发，以及陶瓷窑炉的模糊控制技术、微粉多次布料技术、压机多管道布料技术、陶瓷废料及窑炉烟气脱硫废浆综合利用技术等陶瓷行业共性技术的研究与应用，截至2019年，B陶瓷企业共实现了139项重点新产品、新技术实现产业化转化，从研制成功到投入生产的平均时间间隔为3个月，其中，列入国家重点新产品计划的有8项，列入国家重点新产品试产计划的有2项，列入国家火炬计划项目的有3项，列入广东省技术创新计划项目的有5项，列入广东省重点新产品计划的有13项，列入广东省重点新产品试产计划的有38项，取得了突出的市场声誉与经济效益。

3. C纺织企业的跨界搜寻行为

C纺织企业是香港YD集团独资设立的大型产品出口及高新技术型纺织企业，拥有从设计、原纱生产到成衣制造的一体化供应链，是当前中国全棉色织面料加工与后整理技术领域、以计算机集成智能系统改造传统产业的引导者。公司一直贯彻主动创新、突破创新的发展战略，通过资金、技术设备、人才梯队方面的持续投资，其技术中心具备了国际领先的色织面料和针织面料生产技术，并成为色织棉布、针织坯布和针织成品布等国家标准的起草单位及冠名单位。与高校合作方面，公司与香港技术发展基金会合作，在香港理工大学等香港地区高校投资1000万元港币，设立和开发纺织类技术创新项目；与东华大学合作共建东华大学-YD棉纺织、染整研究中心，与西安工程大学合作建立西安工程大学-YD纺织品新技术研究中心，与浙江理工大学合作成立了浙江理工大学-YD生态纺织研究中心，致力于从原料到成品整个加工过程中生态处理的基础与应用性研究。与企业合作方面，公司与中国航天科技集团航天育种研究中心就棉种航天搭载实验进行项目合作，与北京航天卫星应用总公司联合进行棉种航天搭载实验，与北京昊业怡生科技有限公司就成衣废水回用相关技术进行合作，与日本TORAY公司就印染行业废水回用关键技术进行合作。此外，公司外部合作不仅表现在技术合作层面，更关注人才交流与创新观念层面，先后与清华大学、复旦大学、中山大学、夏威夷大学等建立了MBA合作项目，推荐有管理潜质的人员到这些院校攻读MBA，同时邀请上述院校的学生到公司实习。

公司在高档全棉色织面料织染后整理技术及信息化生产管理技术等方面具有核心优势，其合作项目也定位于当前中国纺织行业重点新技术、前沿技术和省部攻关技术，以确保公司在面料手感、档次、销售价格、交货期、售后服务等方面明显优于竞争对手。公司的全棉色织面料及服装的生产技术，代表了当今中国最先进的全棉色织面料及服装生产技术，公司还是《色织棉布》、《针织坯布》和《针织成品布》等14项国家标准和行业标准的起草单位及冠名单位，其企业标准《色织布》和《圆机纬编针织布》都已获得了国际标准产品证书，公司的全棉色织（针织）面料是中国最好的、档次最高、产量最大的全棉色织面料，产品约占中国高端色织面料市场的35%，纯棉色织布、针织面料和精梳纱线三项产品都被评为中国名牌产品。公司的低水位环保节能染纱技术开发与应用，免松纱、免络筒环保节能染纱技术开发与应用等技术先后获得了中国纺织工业协会科学技术奖、佛山市科学技术奖等奖项，公司专利无皱线缝及其制造方法、免烫耐洗纯棉针织物的生产工艺获得中国专利奖优秀奖、广东省专利奖优秀奖等荣誉，同时，公司先后承担纺织印染行业污泥减量与干燥技术开发与应用、印染行业废水节能减排及回用技术研究与开发等项目研究，着力为纺织印染行业污泥处理等共性问题做出环保尝试。

4. D中药企业的跨界搜寻行为

D中药企业是国内科技先导型中成药专业生产企业，坚持以自主创新为主、集成创新和引进消化吸收再创新为辅的研发策略，长期致力于现代中药的研发与制造。公司通过科技创新平台建设、关键共性技术研发、名优品种二次开发、国际化合作等方式，在中药材GAP种植技术研究及产业化基地建设、中药提取分离关键工艺技术攻关、中药GMP生产技术改造、中药新产品开发及新技术推广应用等方面取得了显著成绩。公司秉承无围墙式研发平台的建设理念，不断提升与高校、科研院所合作的范围和层次。与高校合作方面，公司先后与南方医科大学、中国人民解放军军事医学科学院、广州中医药大学进行中西医结合诊疗方案优化和新制剂研究、名优中成药大品种复方丹参片系统开发等项目的联合攻关，并与广东省呼吸医学工程技术研究开发中心共同开展口腔黏膜性疾病和疱疹病毒的转化医学临床试验；与澳大利亚西悉尼大学合作开展脑心清片质量标准与临床研究，为脑心清片澳大利亚注册提供权威数据，并与澳大利亚植物药国际发展公司签订《脑心清片产品澳大利亚列册研究及销售代理合同》，就脑心清片在澳大利亚的列册和上市销售进行合作。与企业合作方面，公司与山东平邑方圆药业有限公司共同建立平邑丹参GAP产业化示范基地，基地建设总体规模为1000亩，配套进行30亩种苗基地建设，并就丹参种植和质量控制的关键技术问题进行攻关。截止到2011年，公司共有11项核心技术和20多个产品在国内同行中处于技术与质量领先水平，拥有国家中药保护品种 2 个，广东省名牌产品 5 个，其主导产品复方丹参片和板蓝根颗粒的国内市场占有率均超过 50%。

借助公司现代中药研究院、院士与博士后工作站创新平台，公司培养了专业范围广、研发经验丰富、自主研发能力强的科研团队，在药理、制剂、天然药化、GAP 种植等方面取得了丰硕的成果。公司率先开展板蓝根、穿心莲、丹参、溪黄草等多个中药材品种的关键种植技术研究，培育丹参新品种 2 个，建立 GAP 药材规范化种植基地 4 个，其中，板蓝根和穿心莲 GAP 产业化基地分别是国内和省内第一个通过国家 GAP 认证的中药材 GAP 基地；针对药材提取、浓缩、干燥等关键工艺环节的工艺技术，形成两项核心技术，即分级定向提取技术和低温快速干燥技术，有效地解决了公司主打产品复方丹参片丹参酮和丹酚酸的不稳定问题；引进 1 条全自动瓶装生产线，与珐玛珈（广州）包装设备有限公司合作进行关键性能指标的提高研究，明显提高药品包装效率和合格率；率先引入指纹图谱技术用于产品全程质量控制与评价，保证了产品在生产过程中的质量稳定和一致；一步制粒系统关键工艺技术研究与产业化改造，实现了现代先进的一步制粒技术对传统的湿法制粒技术的完全取代。上述举措实现了公司在技术供给各阶段的全面覆盖，也进一步巩固了公司在中药行业中的领先地位。

对各个案例企业跨组织和技术维度的组织搜寻行为进行归纳，如表 3.2 所示，从中可以总结出各个企业跨界搜寻行为的差异性。

表 3.2 案例企业的跨界搜寻行为

企业名称	组织维度	技术维度
A 化工企业	与同行业企业相比，公司率先意识到了核心技术危机，通过与华南理工大学、中山大学等科研机构合作，联合共建技术中心、工程中心等科研机构，实现了高校科研成果向企业内部的有效转化，满足了企业对共性技术与产品技术的直接需求；与同行业企业联合攻关水性涂料共性技术，发挥创新联盟内部异质性资源结构与积聚优势，提升整个涂料行业的技术水平与竞争优势；与美国陶氏集团、德国拜耳公司、美国杜邦公司等跨国公司保持合作关系，及时获取市场、技术、原材料等信息	行业特点与合作伙伴属性决定了合作研发技术的功能取向，与华南理工大学合作初期的目标是对水性木器涂料的产品性能进行改进，即定位于产品技术搜寻与利用阶段；随着合作逐步深化，以及零 VOC 建筑涂料、儿童水性木器漆等核心产品的研发，公司研发战略不再停留在产品技术转化层面，而是通过自主研发形式获取关键共性技术，并进一步掌握涂料领域的关键核心技术，如无害级与无毒级聚氨酯固化剂技术便有效填补了国内空白
B 陶瓷企业	基于佛山陶瓷产业良好基础，公司在外部技术合作方面具有先天优势。通过引进日本、意大利等国家的建筑、卫生陶瓷生产装备，占据了珠三角地区外墙砖、内墙砖、卫生洁具等产品的绝大部分出口份额；与华南理工大学等机构合作研发，开展陶瓷材料、生产设备及其边缘技术的共同研究，共建三高陶瓷孵化基地，成立企业技术中心，将其打造成为产品开发与人才培养的枢纽，并与各级供应商广泛合作，联合攻关陶瓷产业配套技术，提升新产品开发效率与市场成功率	公司早期引进的陶瓷生产技术与设备是针对产品技术层面的资源匮乏，通过生产工艺流程的改进提升产品的市场占有率；后期对工业设计的关注，则是对共性技术与产品技术层面的有效补充；而与中山大学、华南理工大学、上海硅酸盐研究所等学校和机构的项目合作与机构共建，则是跨越共性技术、产品技术等多个领域，尤其是与华南理工大学合作的油润表面效果机理研究、陶瓷肥料及窑炉脱硫废浆的综合利用等项目拓展到了基础研究范畴，为获取竞争前技术做了充足准备

续表

企业名称	组织维度	技术维度
C纺织企业	依托香港母公司的技术资源优势，不断拓展现有合作研发网络。与香港理工大学、华南理工大学、东华大学等高校联合开发印染行业废水节能减排及回用技术研究与开发项目，共建浙江理工大学-YD生态纺织研究中心等研究机构；与中国航天科技集团有限公司、日本TORAY公司等企业合作进行棉种航天搭载实验、印染行业废水回用关键技术等项目合作；并与清华大学、复旦大学、夏威夷大学等建立了MBA合作项目，推荐有潜质的管理人员深造，并邀请优秀学生到公司实习	作为传统劳动密集型产业，转型升级的压力迫使其致力于产品本身的技术改进，同时也要关注技术链前后端的相关技术领域。如低盐染色技术、微悬浮体染色技术、新型无水染色技术等是针对印染工艺流程的渐进改进，与中国航天科技集团有限公司合作的棉种航天搭载实验则是针对纺织产业的前端技术，废水余热回收、染整废水回用、冷凝冷却水循环等清洁生产技术则是针对染整流程的后端技术，通过与不同组织合作，逐步覆盖了纺织行业各个环节的技术开发活动
D中药企业	公司秉承无围墙式研发平台建设理念，不断提升产学研合作的范围和层次。与广州中医药大学合作研发名优中成药大品种复方丹参片系统开发项目；与澳大利亚西悉尼大学开展脑心清片质量标准与临床研究，为脑心清片澳大利亚注册提供权威数据；携手钟南山等五位院士发起成立中医药防治病毒性传染病产学研联盟，参与国家呼吸疾病重点实验室建设，并与美国国立卫生研究院合作板蓝根抗病毒机理研究项目；与山东平邑方圆药业有限公司等公司合作在山东、河南等地建立万亩丹参药材GAP产业化基地，从源头解决药材质量问题	行业特点决定了公司要承担多个领域的技术研发活动。中药材GAP种植技术研究及产业化基地建设、中药提取分离关键工艺技术攻关、名优中成药二次开发等工艺流程改进促进了产品层面技术创新；分级定向提取技术、低温快速干燥技术、全水薄膜包衣技术等新技术开发则是中药行业共性技术的探索研究；以现代中药研究院、院士与博士后流动站为主体开展的工艺制剂、质量标准、药理临床等研究则是针对中药行业的基础研究领域

3.4.2 组织双元能力

如2.3.1小节所述，双元能力是动态环境下组织维持现有市场、开拓潜在业务领域的必备能力（March，1991；He and Wong，2004；张玉利和李乾文，2009），其中，探索能力是组织借助新知识、新技术或新合作伙伴形成的，脱离原有技术轨迹进行创新的技术能力，与搜寻、变异、冒险、实验、柔性等活动相关；开发能力则是以组织既有知识、技术为基础，通过渐进性改进产品与服务，以满足现有市场与客户为目标的创新能力，与提炼、筛选、效率、实施、执行等活动相关（March，1991；Benner and Tushman，2002；He and Wong，2004；Jansen et al.，2006；Cao et al.，2009；朱朝晖和陈劲，2007；彭新敏和孙元，2011；焦豪，2011）。以下是各个案例企业的探索与开发能力情况描述。

1. A化工企业的技术能力

A化工企业通过"技术引进—合作研发—自主研发"成长道路不断提升技术能力，而合作研发阶段成为企业转型升级的关键环节。成立之初，企业通过引进德国聚酯漆技术占据了一定的市场份额，但是没有实质性的研发活动，无法将该技术内化为自身核心优势。1996年，公司决定以水性木器涂料作为技术突破口，成立项目研发小组致力于水性木器涂料相关技术的攻关，这也成为公司开发式创新活动的起点；2001年，公司研制的无害级与无毒级聚氨酯固化剂通过科技成果鉴定，在涂料稳定性、环保性等指标方面取得了良性改进，并在2002年获得科学技术部国家火炬计划项目证书；2002年，公司开始与华南理工大学精细化工团队合作，共建华南理工大学JBL涂料技术中心，致力于高性能聚合物及环境友好涂料的研究与开发，合作完成了零VOC的新型环保苯丙干粉建筑涂料的研制及产业化应用、年产万吨聚氨酯无毒固化剂产业化项目、高性能工业防腐涂料、新型干粉建筑涂料、双重固化UV涂料、水性双组分聚氨酯木器涂料等系列产品研发，尤其在高性能聚合物乳液及水性木器涂料产业化方面取得了突出成就。上述合作研发大多以公司既有产品为基础，其合作目标是实现现有产品系列的渐进性改进，同时提升企业自身产品与工艺创新的技术能力。

由家装涂料向工业涂料的产品升级成为A化工企业技术突破的关键战略。2005年，公司委托华南理工大学开发零VOC、高性能建筑内墙乳胶漆，该项目主要对建筑涂料中VOC的关键性技术问题，采用核壳乳液聚合、接枝改进内增塑法和超细化技术研究开发了一系列适合于零VOC建筑涂料乳液，并从涂料配方机理着手，配制出了零VOC涂料，从而在根本上解决了上述技术难题。同时，经过多年探索试验，A化工企业开发了环保漆系列绿色产品制造技术，以国际领先的清洁生产控制技术，成功推出以低毒固化剂、零VOC乳胶漆、儿童BB氧吧建筑涂料为代表的高性能产品，并实质性掌握了该系列产品的关键核心技术，成为国内多项高性能树脂和多功能涂料行业的领导者。公司技术升级一方面深化了产学合作双方的信任关系与合作层次，另一方面强化了公司投身产品与技术研发的重要战略，自2005年起，A化工企业每年将5%的销售收入投入合作研发项目，尤其重视原创性关键共性技术的开发与转化，产学研合作中心逐渐转移到基础性、前瞻性技术开发项目，以期实现由渐进性到突破性创新的根本跨越。

2. B陶瓷企业的技术能力

B陶瓷企业一直致力于企业信息系统与研发体系建设，从而为公司产品革新与工艺改进提供前沿信息源。公司在成立初期确定了产品多元化的发展道路，依托集团前期技术与市场积累，不断对现有建筑陶瓷、卫生陶瓷系列产品的生产工艺进行改进，以适应产品市场剧烈变化的需求。在此期间，公司先后自主研发了无铅低温高强融化釉、节能环保陶瓷涂料、金属光泽劈开砖制品等新生产工艺的改进，并开发出超古砖产品、自然线条园林建筑陶瓷、高性能纳米环保园林砖等新产品，公司建筑陶瓷的质量、品种均跃居全行业前列，并且经济效益连续十年实现 20%左右的快速增长，初步形成了以技术进步推动产品升级的发展道路。同时，公司产品开发式创新还体现在其工业设计水平的不断提升，自 20 世纪 90 年代起，公司便与中国香港和台湾等工业设计机构建立了人才培养合作关系，并通过组织设计人员、科研人员实地考察，收集不同地区、不同消费水平的客户对产品色泽、图案、规格的不同要求，以便指导公司出口产品的设计工作，从而开发设计了仿花岗岩石砖、彩釉锦砖、陶瓷艺术劈离砖、渗花瓷质耐磨砖、高光泽透明釉砖、釉饰瓷化砖等新产品，将工业设计作为企业核心技术能力的重要组成部分。

通过积极参与产学研合作，公司的产品开发与设计能力得到了快速提升，而其拥有的陶瓷行业唯一国家级企业技术中心，逐渐成为企业探索与引领产业发展趋势的关键技术源。自成立以来，技术中心主要从事特种陶瓷与陶瓷边缘技术的开发，陶瓷化学、矿物组成、物理性能的测试，陶瓷技术发展信息的收集处理三个方面的工作，先后开展了抗侵蚀低蠕变陶瓷辊棒、无机陶瓷膜微滤技术及成套设备、陶瓷窑炉余热回收利用与脱硫一体化技术等国家火炬计划项目、国家重点新产品开发项目百余项，并与华南理工大学进行了油润表面效果机理研究、陶瓷肥料及窑炉脱硫废浆的综合利用等基础研究课题的合作研发。同时，为缩短研发成果的转化周期，增加新产品开发的市场命中率，技术中心加强了对市场信息的调研工作，特别是加强与经销商、零售商的沟通，改进新产品的推介工作，包括提高新产品的包装水平，建立畅通的推介渠道，制定合理的价格策略，把握最佳的推介时机及市场卖点等，并更加周密地安排调度日常生产，及时进行新产品、新技术的中试，取得大生产所需的工艺技术参数，为新产品的批量生产做好准备。

3. C 纺织企业的技术能力

C 纺织企业属于传统印染与纺织产业，具有能耗高、污染重、附加值低等特点。实现传统产业升级转型，不仅需要对现有纺织、印染、提花等技术进行改进，更需要在印染节水、节能、减排等清洁生产技术领域实现突破。从印染技术创新实践来看，公司通过更新印染设备、改善工艺流程、提高染色一次命中率、废水余热回收、染整废水回用等措施实现了清洁生产、节能降耗减排目标，其中，低水位染色技术、生物酶、高温短流程漂白、高效皂洗等工艺技术的改进与应用，使单位用水量比传统工艺降低 20%～50%，染料使用量从 10%降到 5%，同时提高了皂洗、漂白与染色效率，真正实现了染整过程中降耗减排的目标。在关键技术改进过程中，公司秉承"保护自然环境，合理利用资源，造福子孙后代"的环保方针，先后与华南理工大学等高校合作研发印染行业废水节能减排及回用技术研究与开发、纺织印染行业污泥减量与干燥技术开发与应用等项目，并申请

Oeko-Tex Standard 100 环保与健康认证，保证公司产品获得了体系内德国、日本、韩国等进口商的认可，先后通过了德国莱茵 TUV 的 ISO14001 环境管理体系、ISO14064-1 组织层面的温室气体管理体系认证，实现了社会责任与经济效益的和谐统一。

探索与引领纺织行业技术发展趋势成为企业技术发展战略的重要环节。以新型染织工艺技术探索为例，公司根据低水位环保技能染纱技术的开发与应用的项目成果，将活性染料低碱、低盐染色技术应用到印染流程，明显节省了盐、碱等原料成本，并降低了污水处理难度；开发出微悬浮体染色技术，有效地降低染色能耗、缩短染色时间，同时提高染色一次命中率；采用电化学方法替代传统保险粉还原技术，并与国内外知名高校合作，研发新型无水染色技术等，上述技术的应用不仅使公司保持了行业技术领先地位，也为社会带来了相当的经济与环境效益。与此同时，对技术与工艺的持续探索也促进了企业技术中心的人才梯队建设，其中，第一梯队由海外留学归国博士组成，担任中心的高级领导，高瞻远瞩地为中心制定研发方向和项目规划；第二梯队由国内重点高校的博士、硕士组成，担任研发中心主要课题的负责人；第三梯队由本科生组成，负责具体项目的实施工作。得益于合理、有序的梯队建设，公司在产业链、管理理念、技术创新、信息化建设等方面一直走在中国乃至世界纺织行业的前列，多次获得中国纺织工业协会、广东省、佛山市等级别科学技术奖、专利奖、产品创新奖等奖项，引领了中国纺织行业不断发展和技术进步。

4. D 中药企业的技术能力

中医药产业是我国独具特色与优势的领域，核心技术与营销网络的优势结合将推动中药国际化进程。D 中药企业传承了 BYS 中药厂在药理、制剂、天然药化等方面的技术优势，通过广泛参与产学研对现有中药性能进行改进。例如，公司围绕大品种的二次开发，进行了复方丹参片、板蓝根颗粒、口炎清颗粒、消炎利胆片、脑心清片及丹红化瘀口服液 GAP 关键种植技术、机理、药效及安全性、质控及标准、技术改进及环保、新适应开发、循证医学研究等系列项目课题，为推动产品做大做强提供了技术支撑；与南方医科大学、广州中医药大学等学校合作进行中西医结合诊疗方案优化和新制剂研究等项目开发，并为其提供临床研究样品与中试平台；对一步制粒系统关键工艺技术进行产业化改造，实现了现代先进的一步制粒技术对传统的湿法制粒技术的完全取代，并将该技术推广至相关医药生产企业。同时，企业信息系统进一步增强了技术跟踪与适应能力。除了借助和记黄埔下属屈臣氏、百家等连锁超市的销售网络，公司内部建立了办公自动化协作系统和 ERP 系统等信息化基础设施，并租用专业化的医药信息或市场数据库，如中国期刊网、《医药商学院》等高端专业杂志等，实现对中药产业技术与市场信息的全面掌控。技术与网络的双重优势强化了高端核心竞争力,为公司进军生物医药、海洋医药、连锁药店等领域提供了扎实的基础。

公司实施专利与技术标准战略,把握国际化进程中的竞争前技术优势。公司通过组建研究院、加入产学研联盟、参与跨国合作等形式探索中药产业关键技术,其中,公司的现代中药研究院是华南地区由企业筹建的最大中药研究机构,以心脑血管疾病防治药物、呼吸疾病防治药物、肝胆疾病治疗药物、中药材规范化种植技术及保健食品与功能饮料为研发方向,下设呼吸药物、心脑血管药物、抗菌消炎中药、GAP、功能食品五大研究中心和中药抗生素联合实验室,定位于重大科技项目的研发、重大共性技术攻关、新技术或工艺的产业化等目标;与天津药物研究院签订《中药现代科研开发战略合作协议书》,通过课题研究、技术支持、人才聘用、学术交流等多种途径进行合作,构建起"资源共享、优势互补"的多层次合作体系;携手钟南山等五位院士发起中医药防治病毒性传染病产学研联盟,并联合国家呼吸疾病重点实验室、美国国立卫生研究院共同开展板蓝根抗病毒机理研究等基础研究项目,为公司自主创新与自主品牌推广打下坚实基础。截止到2011年,公司共承担科学技术部、国家发展和改革委员会、省科技厅等机构项目40余项,申请发明专利20余项,参与制定国家、省级标准16项,其中11项核心技术、20多个产品在国内同行中处于技术领先水平。

对各个案例企业探索与开发维度的双元能力状况进行归纳,如表3.3所示,从中可以总结出各个企业之间技术能力水平的差异性。

表3.3 案例企业的双元能力状况

企业名称	开发能力	探索能力
A化工企业	处于行业领先水平,以水性木器涂料为突破口,通过合作研究形式获得该系列产品的改进技术,应用于高性能工业防腐涂料、双重固化UV涂料等产品,取得了良好的市场认可度,同时巩固了公司在水性涂料领域的技术优势地位	处于行业领先水平,在无害级与无毒级聚氨酯固化剂等技术填补国内空白的前提下,公司加大了零VOC乳胶漆、儿童玩具漆等环保涂料的研发强度,并研制出零VOC高性能建筑内墙乳胶漆等国际领先产品,带动了国内水性涂料行业技术水平的整体提升
B陶瓷企业	早期产学研合作促成了公司在产品与工艺改进方面的技术优势,对德国、日本等国家先进技术的有效整合成为后续产品开发的基础,也强化了工业设计元素在产品竞争中的突出作用	公司研发基础雄厚,尤其是具备开展基础研究的资源与能力,为公司取得陶瓷产业关键竞争前技术提供了必要条件,如油润表面效果机理研究、陶瓷肥料及窑炉脱硫废浆的综合利用等基础研究项目开展,将是企业实施专利竞争战略、引领行业技术发展的重要前提
C纺织企业	公司针对纺织、印染、提花等工艺流程进行了技术改进,如更新印染设备、废水余热回收、染整废水回用等措施,使单位能耗水量、染耗水量、漂白与染色效率等指标得到了显著改善,实现了染整过程中降耗减排的双重目标,并带来了经济效益与社会效益的整体提升	公司具备人才、设备与信息化优势,为探索新型染纱工艺技术提供了基础。通过低水位环保技能染纱技术的开发与应用项目开发,将活性染料低碱、低盐染色技术、微悬浮体染色技术、新型无水染色技术等前沿技术应用到印染流程,明显节省了盐、碱等原料成本,有效降低染色能耗、缩短染色时间,并降低了污水处理难度

续表

企业名称	开发能力	探索能力
D中药企业	"古药新做"与"普药精做"产品战略的直接体现。公司在中药药理、制剂、天然药化等方面具备先天技术优势,通过中药GMP生产技术改造、中成药二次开发等项目实施,促进复方丹参片、板蓝根颗粒等产品的传统优势,并促进药材提取、浓缩、干燥等关键工艺技术的不断革新	通过与南方科技大学、美国国立卫生院等机构合作,开展板蓝根抗病毒机理等领域的基础研究,并设置院士、博士后工作站,开展中药材GAP种植技术、中药新产品开发、新技术推广等探索性研究,有利于企业掌握中药产业基础技术与共性技术

3.4.3 吸收能力

吸收能力（absorptive capacity）的概念最早出现在国际贸易领域，用于解释东道国对外直接投资（foreign direct investment，FDI）技术溢出效应的差异化成因。Cohen 和 Levinthal（1990）在《吸收能力：学习与创新的新视角》一文中率先将吸收能力应用于管理领域，分析组织和个人层面吸收能力影响创新与学习效果的内在机制，将其定义为企业对外界新知识进行识别、消化并最终运用于商业化产出的能力。其后，Mowery 和 Oxley（1995）认为吸收能力是一系列应用范围广泛技能的集合，用来处理从企业外部转移的缄默知识并将其内化于企业知识体系。Kim（1998）认为吸收能力是企业学习和解决问题的能力。Zahra 和 George（2002）基于动态能力观点提出，吸收能力是组织一系列行为惯例和流程规范，基于此企业获取、消化、转换和应用新知识以构建动态能力，并且吸收能力具有四个维度：获取、消化、转化和应用。Lane 等（2006）认为吸收能力是一种动态学习过程，由探索性学习、转换性学习、利用性学习三个环节组成。上述定义的本质都认为，吸收能力是组织为了适应外部环境而发展的，由多个子维度顺序相连的动态能力，其核心是关注企业如何从外部获取并利用创新资源，而这种获取外部资源的动态能力本身就是一种企业独有的稀缺资源。

根据本书的研究对象与情境，本书认同 Zahra 和 George（2002）中的定义与过程划分，认为吸收能力是组织获取、消化、转换和利用知识以形成动态组织能力的一系列惯例和规范，也是外部知识内化于企业技术能力的关键环节（Zahra and George，2002）。借鉴 Cohen 和 Levinthal（1990）、Levinthal 和 March（1993）、Fabrizio（2009）等学者的研究，本书将吸收能力分为潜在吸收能力和实际吸收能力两个部分，其中，潜在吸收能力以组织识别、获取和消化外部新知识等活动来表征，而实际吸收能力则以组织对外部流入的新知识的重新变换、组合以及应用等活动来表征（Zahra and George，2002）。以下是各个案例企业吸收能力状况描述。

1. A化工企业的吸收能力

A化工企业通过产学研合作实现了技术能力的显著提升,而吸收能力在外部知识内化过程中起到了关键作用。在意识到缺乏核心技术的危机时,一方面,公司通过产学研合作的外源型战略拓宽知识来源,依靠外部研发力量提升识别、转化科研成果的能力,从而形成了由外到内的持续有效技术供给体系。在此期间,水性木器涂料系列产品的工艺流程与产品性能得到了有效改进,公司掌握了热固性高固含丙烯酸、无害级与无毒级聚氨酯固化剂等水性木器涂料生产的关键技术,完成了高性能聚合物乳液及水性木器涂料产业化项目(也是新材料与精细化工领域唯一获得政府专项资助的涂料项目),形成了加快高校科研成果产业化的有效合作模式,也在关键技术的应用与转化方面形成了较强的技术优势。另一方面,在外部知识来源趋于稳定的前提下,提升自主创新能力成为企业构建核心竞争优势的关键环节。A化工企业逐步建立了企业技术中心、工程中心、博士后工作站、院士工作站等研发机构,利用省部产学研优势资源不断实现资源禀赋的重构与交流,形成了集产品技术开发与人才培养于一体的示范基地。公司陆续取得了国家高新技术企业、国家认可实验室、国家级企业技术中心等资质认定,环保型聚氨酯固化剂生产新工艺,环氧树脂改性水性聚氨酯丙烯酸复合乳液及水性木器涂料,零VOC、高性能建筑内墙乳胶漆等成果获得国家、省级等科技成果鉴定,在同行业企业中展现出明显的自主创新优势。因此,A化工企业通过广泛的产学研合作,不仅拓宽了合作伙伴与技术来源的多元化程度,更构建了关键核心技术的识别、转化与应用能力,为企业外部技术合作、内部自主研发奠定了良好基础。

2. B陶瓷企业的吸收能力

B陶瓷企业转型升级成功的关键在于其持续提升的技术改造与产品创新能力,这也为企业吸收、转化与应用外部科研成果提供了能力基础。在其技术创新与人才培养体系中,国家级企业技术中心起到了整合内外部科技资源、培养梯队科研人才的重要作用。技术中心按总部与分部的架构运行,各部按所依托企业的生产经营种类进行相应技术与产品的研制开发,总部负责特种陶瓷与陶瓷边缘技术的开发、陶瓷技术信息收集处理等任务,并设有完整的建筑卫生陶瓷产品中试生产线;分部依托子公司开展研发工作,分为建筑卫生陶瓷开发和陶瓷机械开发两类,共有五个负责建筑卫生陶瓷开发的分部和一个负责陶瓷机械开发的分部,科研开发场所面积共达15 000平方米,拥有印花图案计算机制版系统、坯釉应力仪、日本CXKT陶瓷吸水率真空装置、CTS-2000数字超声探伤仪等先进的陶瓷开发设备。同时,技术中心开发人员绝大部分是35岁以下青年人,近年来承担了YP5200、YP4280型液压自动压砖机,高抗衰变-耐龟裂釉面砖,高镜面仿真天然石、无机陶瓷膜微滤技术及成套设备等国家火炬计划项目,逐渐成长为新产品、新技术开发的骨干人才。基于技术与人才方面的持续资源投入,B 陶瓷企业不断拓宽、加深与华南理工大学、中山大学、上海硅酸盐研究所等大学与科研机构的合作关系,先后开发出 YP4000 型液压自动压砖机、YP3000 型宽体高效节能液压自动压砖机、珍珠砂劈岩砖、大规格干挂砖等多个广东陶瓷协会金奖产品,成为外部成果转化与内部自主研发兼具的创新型企业。

3. C 纺织企业的吸收能力

技术创新是 C 纺织企业应对转型升级的关键举措,也是提升产品附加值、降低能耗污染的核心战略。第一,除了进行广泛产学研合作,技术中心的有序建设成为公司提升吸收能力的有力依托,技术中心每年获得 1 亿~2 亿元的研发经费,用于纺织面料环保性技术研究,形成了优势明显的科研团队,同时建立了完善的管理、激励与产权制度,并通过《预算管理制度》《项目管理制度》《知识产权保护规定》等制度来保障技术中心有效运行。第二,硬件与软件相结合提升组织技术转化能力,公司从德国、日本、比利时等国家引进了国际先进水平的研发与试验检测设备,应用供应链管理、生产周期管理、全面质量管理、六西格玛等方法进行质量管理与控制,确保了公司在产品质量、档次、交货期、价格、售后服务等方面均优于竞争对手,并与 Tommy Hilfiger、Hugo Boss、Nike、Polo、李宁、七匹狼、九牧王等国内外著名服装品牌形成了稳定合作关系。第三,信息化体系建设辅助提升了公司技术创新活动,公司自主开发适合于纺织行业特点的 ERP 系统,建成了以数字神经系统为核心的内部信息传递和管理平台,对每一道工序、结果、测试报告、出入仓情况进行数据分析与决策,众多的信息数据库、多端口的接入和现代化的通信方式实现了公司内部以及企业之间的实时信息共享,以此为基础,公司申请的无线射频识别(radio frequency identification)技术在大型纺织服装企业的应用项目获得了广东省战略性新兴产业发展专项资金资助。正是基于内部研发、信息、运营管理部门的协调,公司在前沿技术信息获取、外部知识源整合、产品质量反馈方面具有领先优势,确保了公司对产品研发、生产与销售过程的动态控制。

4. D 中药企业的吸收能力

经过多方面探索,D 中药企业构建了内部研发机构与外部产学研互补的研发体系,二者协同促进了组织的吸收与转化能力。以复方丹参片开发为例,公司一直坚持"古药新做"和"普药精做"的产品开发理念,大力实施科技工程,不断加大产品技术创新和技术改造,特别是 2006 年以后,依托现代中药研究院、技术中心等平台,在复方丹参片 GAP 种植技术、新适应证开发、物质基础与质量标准等多个方面取得了显著创新效果:通过一步制粒的技术攻关,使复方丹参片生产设备额定产能从 3 吨/天提升到 10 吨/天；发现了复方丹参片在治疗血管性痴呆方面呈现的多途径、多靶点、全面调节的特点，并于 2006 年成功申请复方丹参片在制备防治阿尔茨海默病药物中的应用的发明专利，复方丹参片新适应证研究获得了 SFDA 药物临床研究批件；完成了复方丹参片防治阿尔茨海默病的 16 个相关模型的高通量筛选及成分配伍研究，综合高通量筛选与整体验证的结果，建立了多成分体系域指纹图谱结合的质量标准。同时，公司与南方医科大学、广州中医药大学等国内外 20 多家科研机构建立广泛、互动的产学研合作平台，围绕大品种二次开发、大健康产品开发、国际化推进工程等多个领域深入合作，并在山东、河南等地建立了万亩丹参药材规范化种植基地,进行良种繁育基地与 GAP 产业化基地的建设，从源头解决药材质量批间差异性与及农药残留量等问题，为复方丹参片系列产品的做大做强提供了全方位支持。截止到 2008 年，复方丹参片系列产品累计销售近 20 亿元，国内市场占有率为 55%，销售规模列广东省九大超亿元名优中成药品种之首。随着复方丹参片二次开发的深入，以及阿尔茨海默病新适应证临床工作的开展，其社会效益与经济效益进一步显现。

对各个案例企业潜在与现实吸收能力状况及其对研发活动的影响效果进行归纳如表 3.4 所示，从中可以总结出各个企业之间吸收能力水平的差异性。

表 3.4　案例企业的吸收能力对比

企业名称	潜在吸收能力	现实吸收能力
A 化工企业	公司成立之初引进德国聚酯漆技术与设备，取得了良好的市场反应，初步体现了公司管理者对涂料行业技术发展趋势的敏锐嗅觉；与华南理工大学共建技术中心之后，致力于水性涂料共性与产品技术的研发，其目标在于掌握涂料行业关键竞争前技术，从而引导技术与市场发展趋势	合作研发后期，环保元素成为公司产品开发的关键部分，无害级与无毒级聚氨酯固化剂、零 VOC、高性能建筑内墙乳胶漆等产品成为公司重新整合自身知识的产品创新典型，也奠定了 A 化工企业在环保涂料方面的技术领先地位
B 陶瓷企业	对陶瓷行业发展信息的及时跟踪是 B 陶瓷企业把握产品发展趋势的关键，也成为企业拓展产品系列、引进工业设计的重要指引；佛山市具有良好的陶瓷产业基础，成为 B 陶瓷企业快速技术革新的外部条件，各个子公司分别针对建筑、卫生、美术等陶瓷技术的多元化开发战略，最终成就了集团整体吸收能力的显著提升	技术中心兼具产品研发与人才培养职能，不仅提升了企业整合外部资源、强化自主开发的技术能力，更有助于形成可持续的、梯队化技术和力量，维持企业陶瓷技术及其生产设备的领先优势；同时，中心具备开展基础研究、试验发展、产品开发的完整研发链，为促进企业探索与开发能力的互动提升建立了必要基础
C 纺织企业	企业 ERP 系统保持了对产品质量、交货期、价格、售后服务等环节的实时信息更新，为企业识别生产运作中的缺陷问题提供了完备的信息化体系；系统的数据分析与反馈机制促进了现有生产工艺的渐进革新，也推动了染织相关领域的技术开发，如节水、节能、减排等清洁生产工艺的发展	技术中心的研发梯队与制度建设确保了公司对外部创新资源的利用能力，并通过深化产学研合作等方式进行人才培养，逐步形成攻关前瞻性技术的有生力量；与兄弟企业的信息共享有利于技术中心对产品质量、生产、销售等多环节知识的重新整合，从而可向生产与营销部门及时反馈有效信息
D 中药企业	公司具备中药技术与营销网络的双重优势，对于中药行业的前沿技术与趋势较为敏感，能够及时有效地掌握市场与技术信息，通过内部 OA、ERP 等系统反馈到管理、生产、研发部门；公司广泛的产学研合作网络，以及与上下游企业同行业跨国企业的良好关系也成为获取关键信息的有效途径	现代中药研究院与外部产学研的相互协同促进了新知识组合与转化过程，尤其是在产学研联盟、博士后工作站、院士工作站等多个平台的互动，以及与产业链上下游企业的合作，为公司获取与吸收关键基础技术、共性技术带来了便利条件，进一步促进了"古药新做"和"普药精做"的战略实施

注：办公自动化（office automation，OA）。

3.4.4 案例数据编码

在案例数据描述分析基础上，本书对案例企业的跨界搜寻行为、组织双元能力、吸收能力进行评判与编码，并请被采访人员与专家做出审核、修正，分别用很高、较高、高、一般、很差五个等级依次从高到低表征案例企业各项指标的平均水平，汇总与分析结果如表 3.5 所示。

表 3.5 案例企业跨界搜寻行为、组织双元能力、吸收能力与组织绩效的汇总与分析

变量	维度	A 化工企业	B 陶瓷企业	C 纺织企业	D 中药企业
跨界搜寻行为	组织维度	很高	高	很高	高
	技术维度	很高	一般	高	很高
组织双元能力	探索能力	高	一般	高	较高
	开发能力	高	较高	较高	高
吸收能力	潜在吸收能力	高	较高	高	高
	现实吸收能力	较高	高	较高	较高
组织绩效	创新绩效	很高	较高	较高	高
	财务绩效	很高	较高	高	较高

3.5 案例间对比分析：研究框架凝练与假设命题提出

3.4 节对单一案例进行了纵向分析，并完成了案例数据资料的初步汇总与编码。基于此，本节将对所有案例的相关变量进行对比分析，以便归纳出跨界搜寻行为、组织双元能力、吸收能力与组织绩效之间的因果关系，进一步提出本书的初始研究命题。

3.5.1 跨界搜寻行为与组织双元能力

在 3.2.1 节的理论预设中，本书提出企业的跨界搜寻行为对组织双元能力产生重要影响，这一理论预设在探索性案例中得到验证，如图 3.2 所示，下面将从组织和技术两个维度对其进行细化分析。

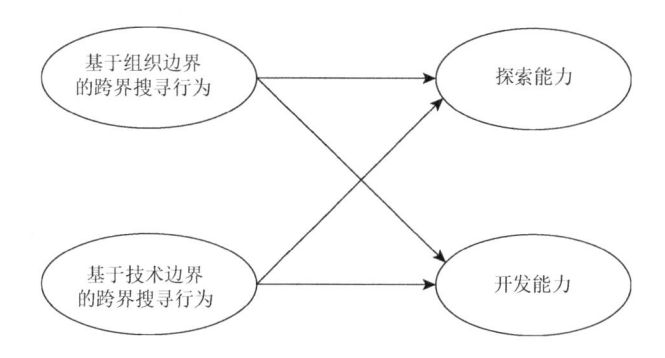

图 3.2　跨界搜寻行为与组织双元能力关系图

从图 3.2 可以看出，企业的外部合作行为可以划分为组织和技术两个维度，即通过跨越组织和技术两类边界进行组织搜寻行为。囿于自身科技资源与技术能力限制，与外部科研主体合作成为四个案例企业优化能力结构的共同选择。广东"三部两院一省"产学研合作格局为企业提供了多元化的科技资源，企业不仅可以依托区域内高校、科研院所、公共创新平台等研究主体，同时还与省外、境外科研机构合作进行技术与产品研发。例如，C 纺织企业与香港理工大学、华南理工大学等高校联合开发印染行业废水节能减排及回用技术，共建生态纺织研究中心，并与日本 TORAY 公司进行印染行业废水回用关键技术的项目合作，充分体现了开放式创新体系下外部科技资源的有效嵌入。同时，合作模式多元化也促进了企业技术能力需求结构的改变，合作项目不再局限于对现有工艺流程、产品性能的局部改进，而是关注技术链、供应链上下游环节的有效衔接，尤其重视获取基础技术、共性技术等竞争前技术，为保持核心竞争优势做好前瞻性准备工作。例如，D 中药企业在"古药新做"和"普药精做"战略指引下，通过中药材 GAP 产业化基地建设、中药提取分离关键工艺技术攻关、名优中成药二次开发等工艺流程改进促进了产品技术创新，同时也侧重分级定向提取技术、低温快速干燥技术、全水薄膜包衣技术等新中药行业共性技术的探索研究，以及工艺制剂、质量标准、药理临床等基础研究领域。通过组织与技术层面的跨界合作，案例企业都取得了处于行业领先水平的技术优势，在新产品开发、关键技术攻关、技术标准制定方面占据重要地位，并有效地提升了主导产品的附加值与市场占有率。

然而，不同属性主体之间的合作关系影响了双方目标与合作内容的同一性，进而引起对企业技术能力结构的差异化影响效果。从图 3.2 可以看出，企业跨界搜寻行为与组织双元能力水平并非线性相关关系，而是组织搜寻在组织与技术维度下共同作用的结果。

从组织边界来看，不同合作主体将为企业提供不同类别的异质性知识，与高校合作研发追求竞争前技术的获取与整合，与企业合作侧重供应链上下游的互补性技术与市场信息，参加商会、协会、专业交流会则主要侧重市场信息，各类信息将导致企业进行不同程度的研发战略调整，从而直接影响探索或者开发导向下的技术能力构建过程。例如，A 化工企业一直与华南理工大学精细化工团队保持紧密合作关系，双方联合攻关水性涂料共性技术，为零 VOC 建筑涂料、儿童水性木器漆等核心产品研发提供了知识基础，其本质是企业探索式创新能力的内在提升；而 C 纺织企业与日本 TORAY 公司合作开发的印染行业废水回用关键技术，仅仅是对印染行业边缘技术的渐进性改进，并未显著提升企业的新产品开发能力，即属于对现有工艺流程的开发式创新过程。

从技术边界来看，基础技术与共性技术隶属于新产品开发的平台技术，有利于企业构建竞争前技术优势，实现新技术、新产品的探索式创新，其供给活动对应于高校、科研院所的基础与应用研究；产品技术则对应于试验与发展活动，也是当前我国企业最擅长、最需要的技术类别，其直接效果是现有产品性能的局部改进，即企业开发式创新能力的提升。例如，A 化工企业建立了伙伴多元化、领域覆盖广的外部合作网络，不仅与高校、科研院所、跨国公司、国内上下游供应商进行合作研究，也将合作范围拓展到技术供给链前端，开始关注基础技术、产业共性技术等竞争前技术的供给问题，有效提升了企业开发新兴技术、利用现有技术的双元能力，相对而言，虽然 B 陶瓷企业广泛参与外部合作研发活动，但在技术维度上未能突破工艺、产品技术的限制，从而导致其破解共性技术瓶颈能力较弱，自身转型升级仍然面临较大压力。

基于上述分析，提出以下初始命题。

命题 3.1：现实情境下，中国企业存在跨组织边界与技术边界两个维度的搜寻行为，同时，二者对组织双元能力的影响效果不同。

3.5.2　跨界搜寻、双元能力结构与组织绩效

本书所提出的跨界搜寻影响组织双元能力结构与绩效的理论预设，也通过探索性案例研究得到有力证实，如图 3.3 所示。

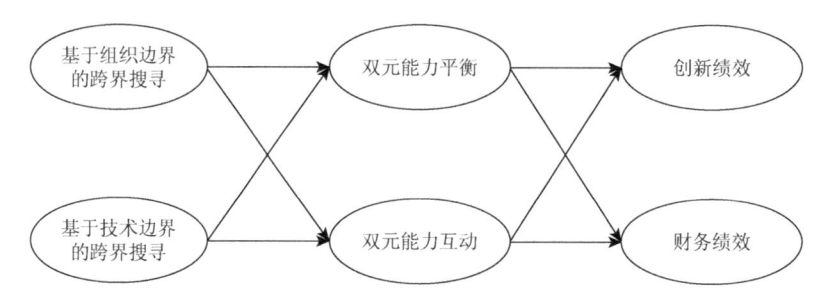

图 3.3　跨界搜寻、双元能力结构与组织绩效关系

从图 3.3 可以看出，企业的跨界搜寻行为与组织绩效之间存在正相关关系。例如，A 化工企业在组织与技术维度都具有较强搜寻行为，其创新绩效与财务绩效也显著优于其他案例企业；与同行业企业相比，其实验条件、资源禀赋、成果转化率方面均处于领先地位，尤其是水性木器涂料、环保涂料等主导产品具有较高的市场占有率。与之相比，B 陶瓷企业虽然建立了广泛的外部研发合作关系，佛山市也具备良好的陶瓷产业基础与市场环境，但迫于产业升级与环境的双重压力，其产学研合作侧重于陶瓷清洁生产、工业设计等配套技术的革新，在短期内取得了良好的财务绩效，但却无法实现创新能力与绩效的本质提升。由此可见，企业广泛参与产学研合作将获得更多的知识源，能够为产品研发、工艺改进提供潜在的知识基础，但是企业能否将类似的冗余资源转化为内在创新能力与绩效，还需考虑双方的合作目标定位问题。

进一步发现，企业的跨界搜寻行为对双元能力结构存在重要影响。外部研发合作为企业提供了丰富的异质性知识资源，组织通过跨界搜寻来识别、获取与转化目标知识，并将该类互补性资产嵌入自身知识体系中，以实现优化企业知识与技术能力结构的目标。以 D 中药企业研发复方丹参片为例，项目研发前期，公司依靠现代中药研究院的二次开发，进行复方丹参片生产工艺的技术创新与改造，从而在 GAP 种植技术、新适应证开发、物质基础与质量标准等多个方面取得了显著效果，尤其是通过一步制粒技术攻关，使复方丹参片生产设备额定产能从 3 吨/天提升到 10 吨/天，但类似工艺改进仅仅实现了节约生产成本、提升药品质量的目标，未能探索出产品的新功能与应用领域。项目进展后期，通过与南方医科大学、广州中医药大学等国内外 20 多家机构的深度合作，并不断补充青年科研力量到博士后工作站，对复方丹参片治疗血管性痴呆的研究逐步取得重大突破，率先发现复方丹参片在治疗血管性痴呆方面具有多途径、多靶点、全面调节等特点，并于 2006 年成功申请复方丹参片在制备防治老年痴呆药物中的应用的发明专利，同时完成了复方丹参片防治阿尔茨海默病的 16 个相关模型的高通量筛选及成分配伍研究，建立了多成分体系域指纹图谱结合的质量标准。伴随着大品种二次开发、大健康产品开发、国际化推进工程等多个领域深入合作，公司逐步实现了对复方丹参片相关技术由开发向探索的突破，从而全面更新了公司相关领域的技术结构。与之相比，B 陶瓷企业在技术维度上的组织搜寻程度不足，也导致了公司在新产品、新技术探索方面能力一般，在基础技术、共性技术研究方面明显投入不足，不利于协调组织双元能力之间的平衡关系。

同时，双元能力协调关系将直接影响组织绩效状况。企业技术能力结构不仅反映了组织当前的能力水平，同时也体现出组织战略执行、研发—生产—营销等部门协调等运营情况，从而整体反馈到组织创新与财务绩效层面。从表 3.5 可以看出，A 化工企业在探索与开发能力协调方面效果较好，从而取得了相对较高的创新与财务绩效；与同行业企业相比，公司通过构建外部产学研合作与内部自主创新互补的研发体系，实现了对水性木器涂料共性技术、产品技术的联合攻关，同时也掌握了零 VOC 建筑涂料、儿童水性木器漆等新型环保产品的核心技术，既取得了行业技术领先地位，又有效地实现了内部探索与开发能力之间的有效协调，直接促进了组织绩效的显著提升。由此可见，跨界搜寻行为直接影响组织探索与开发能力的绝对水平，同时导致了组织内部双元能力结构的相对变化，并最终反映到组织创新、财务、运营等绩效层面。

基于上述分析，本书提出以下初始命题。

命题 3.2：跨界搜寻行为与组织双元能力结构之间存在直接影响关系，并且，双元能力结构的改善将有利于提升企业创新与财务绩效。

3.5.3 吸收能力、跨界搜寻与组织双元能力

在前面的理论预设中，本书提出吸收能力对跨界搜寻与组织双元能力存在较大影响，也在四个探索性案例中得到了支持和验证，如图 3.4 所示。

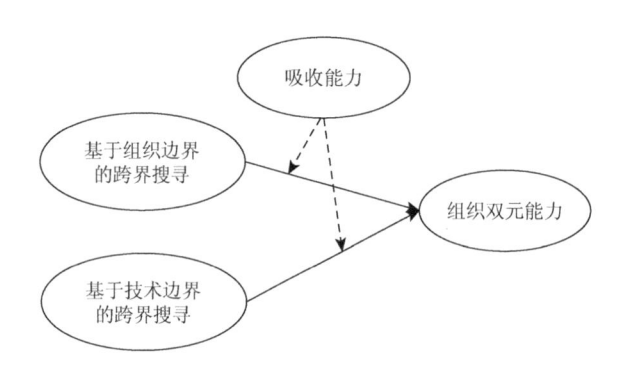

图 3.4 跨界搜寻、组织双元能力与吸收能力关系

从表 3.5 可以看出，四个案例企业都具有较高的潜在与现实吸收能力，这有利于组织识别、获取与转化外部流入的知识源，从而有效衔接跨界搜寻行为与组织双元能力之间的相互关系。外部知识嵌入过程中，企业内部研发实体（如技术中心、研究院等）肩负了合作主体对接、外来知识编码、知识结构优化等重要职能，成为企业技术能力，尤其是吸收能力的直接体现。例如，A、B、C 三家企业都有国家级企业技术中心，其共同职能是整合企业内外创新资源，统筹协调企业技术创新活动。要达成该目标，技术中心需要持续稳定的经费投入、技术领先的仪器设备、经验丰富的研发梯队、规范创新的管理机制，这些软硬件条件在一定程度上保证了技术中心具备充分的吸收能力。以技术中心为研发主体，A 化工企

业与华南理工大学长期合作,共同攻关水性木器涂料共性技术,并自主研发无害级与无毒级聚氨酯固化剂等关键技术;B 陶瓷企业与华南理工大学共建三高陶瓷孵化基地,开展油润表面效果机理研究等基础研究范畴的项目合作;C 纺织企业与香港理工大学、中国航天科技集团有限公司等学校与机构合作进行棉种航天搭载实验、印染行业废水回用关键技术等项目研发,逐步覆盖了纺织技术供给链各个环节的研发活动。

同时,吸收能力对跨界搜寻与组织双元能力的影响关系存在效果差异。从编码信息对比来看,跨界搜寻程度与双元能力水平并非简单的线性对应关系,A 化工企业和 D 中药企业的吸收能力有效促进了二者的关系效果,而 B 陶瓷企业则未能呈现预期的正向影响效果,企业探索能力仍然处于"一般"的能力水平,因此,本书认为吸收能力对二者关系的影响是一种调节效应,其作用效果将影响企业双元能力的水平与成长轨迹。

基于上述分析,本书提出以下初始命题。

命题 3.3:跨界搜寻能够显著促进组织双元能力成长,企业具备一定水平的吸收能力将有利于改善二者之间的作用效果。

3.6 本章小结

本章通过对四个中国企业的探索性案例研究,构建了跨界搜寻对组织双元能力与绩效影响机制的整体框架。本书认为跨界搜寻有利于提升组织双元能力、协调二者之间的结构关系,双元能力关系改善对企业绩效存在正向影响,并且吸收能力能够增强跨界搜寻对双元能力成长的促进效果。以下是由探索性案例研究推导出的三个初始假设命题。

命题 3.1:现实情境下,中国企业存在跨组织边界与技术边界两个维度的搜寻行为,同时,二者对组织双元能力的影响效果不同。

命题 3.2:跨界搜寻行为与组织双元能力结构之间存在直接影响关系,并且,双元能力结构的改善将有利于提升企业创新与财务绩效。

命题 3.3:跨界搜寻能够显著促进组织双元能力成长,企业具备一定水平的吸收能力将有利于改善二者之间的作用效果。

以上初始命题是本书提出研究假设和概念模型的基础,在后续章节中,本书将进一步对上述初始命题展开文献和理论阐述。

第4章　跨界搜寻对组织双元能力影响的实证研究

4.1　跨界搜寻：提升组织双元能力的"外取"路径

动态竞争环境下，企业需要兼顾现有知识开发与潜在知识探索的双元能力，以适应技术、市场与竞争环境的非连续性变革（March，1991）。自 March 提出探索与开发两种基本活动以来，国内外学者将其拓展到组织学习（Benner and Tushman，2013）、组织设计（Fang et al.，2010）、战略管理（Burgelman，2002）、创新管理（Jansen et al.，2012）、创业管理（张玉利和李乾文，2009）等多个研究领域，并就其影响效果达成了普遍共识，即组织通过构建"双元性"以克服核心刚性与能力陷阱，从而提升组织应对环境变化的敏感性与适应性（He and Wong，2004）。然而，由于两类活动所需组织架构、思维方式与创新文化的差异，二者之间表现为普遍、连续与嵌套性的张力关系（Levinthal and March，1993），从而导致组织面临权衡与取舍的悖论。因此，如何协调探索与开发之间的张力关系，以有效地提升组织双元能力，成为学者与企业管理者共同关注的焦点问题。

为破解该困境，学者首先在组织内部寻找解决路径，力求实现双元能力的内部均衡状态。通过结构双元、情境双元与领导双元等多种模式培养组织双元性，帮助企业既有效管理当前需求又能适应环境变化（Tushman and O'Reilly，1996）。Jansen 等（2006）对双元张力的解决方式进行了归纳，认为组织可通过接受、分解和解决三种途径进行协调，通过妥协或外取接受悖论，并利用层级、空间与时间方面的情境分离对其进行分解，最终通过组织设计或资源配置来平衡探索与开发之间的矛盾。这种解决机制仍然以情境双元为基础，其突破在于利用外部资源来协调组织内部矛盾（Baden-Fuller and Volberda，1997），尤其是在组织资源与能力有限的前提下，利用外部科技资源提升技术能力也成为企业融入开放式创新体系的必然选择（Chen et al.，2011），而跨界搜寻则是其识别、获取与整合外部创新资源的逻辑起点（Laursen and Salter，2006）。然而，现有跨界搜寻与组织能力的研究仅停留在理论层面，对于跨界搜寻是否能有效地提升组织技术能力、不同维度跨界搜寻行为对探索与开发能力是否存在差异影响等问题未能做出针对性解答，尤其是缺乏中国情境下的理论与实证检验。

与发达国家相比，针对新兴市场的研究有其情境特殊性：一方面，新兴市场中企业技术能力水平相对较低，这与领先企业能力提升层次存在差异。中小企业更倾向于通过集成创新获得竞争优势,即侧重于培养开发能力,而参与探索式创新的程度较低,这决定了后发企业技术能力结构的特殊性。另一方面,资源、能力有限进一步制约了搜寻策略最优化,导致企业技术能力提升进程更加复杂(Wu and Wei, 2013)。以协同创新为例,中国企业侧重于获得产品技术或应用性共性技术,而学研机构的职能却是提供基础技术与基础性共性技术,双方在组织属性、社会职能等方面存在本质差异,必然限制了企业技术能力的结构优化。因此,如何有效地协调跨界搜寻策略,实现组织技术能力的持续提升,对于后发国家企业尤为重要。

基于此,本章围绕跨界搜寻是否是影响组织双元能力的前因变量这一核心问题进行展开,以来自山东、广东、浙江等地区的 338 个企业为样本,运用结构方程模型探讨基于组织与技术维度的跨界搜寻行为对组织双元能力的影响机制,以及探索与开发能力之间的相互关系。与现有研究相比,本章在研究视角与关系检验方面做了如下创新性工作。首先,针对中国产学研合作现实情境,基于创新能力结构视角定义了企业跨界搜寻行为的维度与内容。其次,从理论层面论证了跨界搜寻与组织双元能力之间的逻辑关系,并实证检验了不同维度跨界搜寻行为对双元能力的差异化影响效果。最后,突破了 March(1991)等研究对双元能力关系的理论预设,并实证检验了二者之间的相互关系。对上述问题的有效解答,不仅是在中国现实情境下对产学研合作行为的系统解构,也针对性地剖析了合作主体能力结构与目标定位差异问题,具有重要的理论与现实意义。

4.2 中国情境下解构跨界搜寻行为的新视角——创新能力结构

创新能力结构是合作主体通过参与不同类型科研活动而处于技术供给链不同职能环节的一种能力状态。由于企业、高校等科研机构在组织属性、社会职能、文化等方面的本质差异,导致组织跨界搜寻的目标、途径与内容存在明显区别。企业隶属于"技术王国",为了获取最大化利润而致力于研发成果私有化,通过商业机密或专利竞赛形式将其变为排他性专有技术,其搜寻目标是关键共性技术与产品技术,为其从事试验发展活动提供基础支撑;而高等院校隶属于"科学共和国",以基础研究与应用研究活动为主,产出具有较强公共属性的研究成果,为企业技术创新活动提供基础技术与共性技术(隋立祖等,2011)。因此,科研主体的创新能力结构和水平决定了其跨界搜寻目标与行为,异质资源与互补技术的跨组织融合更有利于不同环节技术能力的本质提升。

以硅谷模式为例，从组织维度来看，企业跨界搜寻行为可针对多元化、多层次的知识源（Laursen and Salter，2004）。通过与高校、公共实验室等机构合作，企业可以获得产业内、产业间的竞争前技术，并通过专利竞赛形式储备前瞻性技术；也可通过行业协会、专业会议等媒介，获取前沿的产品设计与市场信息，以此作为把握市场需求趋势的依据；还可与同行业企业合作，联合攻关产业内/间共性技术，推动不同领域间的技术交叉与融合。与之对应，从技术维度来看，企业通过开展不同类型研究活动、与不同属性主体合作可获得技术链不同环节的知识基础（李纪珍，2006）。高校侧重于基础研究，可为企业提供基础技术和基础性共性技术支撑；公共或私人实验室侧重于应用研究，在基础知识转化与应用方面具有技术优势；而企业以产品设计与开发为主，其研发重点在于共性技术转化与专有技术研发，即侧重于技术供给链的后端环节（Tassey，1991）。基于此，如何实现跨界搜寻目标与内容的匹配，不仅取决于组织自身的技术能力状况，还受到产业环境与技术发展阶段的共同约束。

针对中国现实情境，本书提出解构跨界搜寻行为与能力提升路径的研究视角——创新能力结构，即在自主创新能力薄弱的前提下，中国企业高度嵌入以产学研合作为主体的外部技术供给体系，高校、科研院所等机构成为企业关键的外部知识源；同时，企业迫切需要相对成熟的产品技术，更需提升共性技术研发能力（朱桂龙，2012）。在此视角下，企业跨界搜寻行为可划分为组织与技术两类边界，如图 4.1 所示，基于组织边界可细分为科技驱动型和市场驱动型跨界搜寻，分别对应高校、科研院所与企业、商会、协会等提供不同类别知识的组织机构，而基于技术边界可细分为共性技术导向和产品技术导向跨界搜寻，分别定位于共性技术与产品技术两种技术类别。与之对应，不同维度搜寻行为对组织技术能力的提升层次存在差异，这与中国企业的要素禀赋、能力结构、创新分布等特点相适应，其作用效果取决于搜寻技术与企业能力的匹配程度，从而呈现出适合中国现实情境的"行为—能力—绩效"提升路径。

4.3 跨界搜寻影响双元能力的概念模型与理论假设

4.3.1 创新能力结构视角下跨界搜寻边界界定

开放式创新背景下，企业将面临更加多元化的外部创新资源，跨界搜寻的模式与边界成为国内外学者关注的焦点（Laursen and Salter，2006）。如前所述，学者分别针对时间、地理、组织、内容属性等单一边界考察了组织跨界搜寻问题，也将其拓展到了多边界（如时间—组织边界、技术—地理边界等）的跨界搜寻行为（Ahuja and Katlia，2004；Sidhu et al.，2007），探讨跨越不同边界的搜寻行为对组织绩效的影响效果。然而，现有研究对搜寻边界的划分缺乏针对性，尤其是在搜寻对象与内容匹配方面，未能根据中国现实情境进行系统定位（Li et al.，2008）。

以组织边界为例，Nelson 和 Winter（1982）将组织搜寻行为划分为本地搜寻与远程搜寻，二者在知识认知、搜寻空间与时间等方面存在较大差异，Katlia（2002）在此基础上将组织外知识细分为产业内和产业外知识，将组织内知识细分为部门内知识和部门间知识，Laursen 和 Salter（2006）进一步用搜寻深度与广度表征跨界搜寻行为的程度。同时，Sidhu 等（2007）从供给、需求和市场三个维度细分跨界搜寻，分别涉及供应商知识、客户知识和竞争对手知识，马如飞（2009）从认知、地域维度探索了技术与市场知识对企业绩效的影响效果，Krammer（2016）基于企业、技术多样性对联盟边界进行了区分，作为技术接受者，当技术与企业多样性互补时有利于形成开发联盟，作为技术提供者，具备相似产品结构的企业之间更容易组成开发联盟，而合作伙伴在产品、技术等方面具备相似性是组成探索联盟的重要前提。从组织边界细分来看，现有跨界搜寻研究虽然涵盖了内部与外部、本地与远程、产业内与产业间、深度与广度等二分边界，但是对不同边界内组织属性及其对组织能力的差异影响缺乏针对性分析。

从搜寻内容来看，企业跨界搜寻的根本目标是异质性知识或合作伙伴（Laursen and Salter，2006）。Roper 等（2017）将外部知识搜寻方式分为互动合作型与非互动合作型，前者是指企业主动与研究机构、高校、政府部门建立合作关系，而后者则以示范效应、模仿创新、逆向工程等形式存在，对外部知识的利用率显然没有达到最优水平，在本地进行互动合作型搜寻将带来知识扩散效应，而非互动合作型搜寻则会产生竞争效应；Grimpe 和 Sofka（2016）将外部知识分为相关型和交易型，相关型跨界搜寻主要针对高校、客户和供应商，而交易型跨界搜寻则定位于市场技术，两种跨界搜寻战略呈现相关与互补关系，即在具备一种搜寻战略前提下采取另一种战略的边际回报更高，尤其是企业存在技术势差、市场规模较小的情境下，其互补效果会更加显著。Katlia（2002）基于时间边界将外部搜寻知识分为新知识和旧知识。Rosenkopf 和 Nerkar（2001）根据光盘产业专利数据，将搜寻知识分为行业内知识和行业外知识。邬爱其和方仙成（2012）根据内容属性不同将搜寻模式分为技术知识搜寻和专业知识搜寻，其中，技术知识搜寻是为了获取直接达成商业化目标的技术（Phene et al.，2006），专业知识搜寻则包括来自供应商、市场和科研机构的专业知识（Köhler et al.，2009），Li 等（2008）将目标知识分为两类：一类与价值链上的职能环节相关，如科学、技术与市场知识，另一类与搜寻时间、空间与认知维度相关，用于表征搜寻方式与程度。综合上述分类，现有研究忽略了跨界搜寻中目标技术的层次，即从技术发展过程来看，企业搜寻目标是基础技术、共性技术还是产品技术。不同层次的技术对企业创新能力水平与结构的影响存在巨大差异（李纪珍，2006；朱桂龙，2012）。

综上所述，实现企业自主创新能力的根本提升，需要综合考虑组织与技术边界的组织搜寻行为，既要根据企业创新战略寻找合适的外部知识源，也要考虑组织内外部技术能力结构与水平的耦合问题。基于上述分析，提出如下假设。

H1：中国现实情境下，企业跨界搜寻行为包括组织边界和技术边界两个维度，基于组织边界可细分为科技驱动型和市场驱动型跨界搜寻，基于技术边界可细分为共性技术导向和产品技术导向跨界搜寻。

4.3.2 跨界搜寻与组织双元能力的关系

1. 基于组织边界的跨界搜寻与组织双元能力关系

科技驱动型跨界搜寻主要是跨越组织边界对科学、技术等知识源进行的搜寻行为，其搜寻对象主要包括高等院校、科研院所、公共研究机构、商业实验室等研发主体（Laursen and Salter，2006）。

开放式创新体系中存在多元化、多路径的知识获取方式，通过外部搜寻获取异质性知识成为企业的重要选择之一（Chesbrough，2003）。Gesing 等（2015）基于权变视角分析了外部合作伙伴类型、企业管理模式与内部研发的关系，相对于非正式管理模式而言，市场导向合作关系与正式化管理的组合模式更有利于促进渐进性与突破性的新产品开发，而科学导向合作关系与非正式管理的组合模式提升企业自主研发能力的效果更好；陈钰芬和陈劲（2008）对企业开放度的研究发现，企业技术创新活动向高等院校、公共研发机构等组织开放有利于提升自身能力与绩效，尤其对于科技驱动型产业，企业开放度与创新绩效之间存在倒 U 形二次曲线关系；陈劲和吴波（2012）进一步分析了外部创新资源获取随开放度变化的渐变规律，发现合作化开放度与外部技术资源、互补性资产获取之间呈倒 U 形相关关系，即对高校、科研院所等合作伙伴的资源利用存在一定"临界点"，以实现企业内外部资源整合的最优状态；同时，Chen 等（2011）对搜寻战略与创新绩效关系的研究发现，提升外部搜寻广度、深度能够显著促进组织 STI、DUI 创新绩效，而搜寻导向对于知识源选择、能力结构优化产生不同的影响效果。因此，科技驱动型跨界搜寻成为企业获取核心技术优势的关键路径，其对组织技术能力层次与结构水平存在差异影响。

对于不同能力而言，由于该类搜寻行为定位于获取、转移相关科研主体的前沿知识，对企业搜寻战略、知识整合方式、能力层次的需求与影响不同。Mcmillan（2015）认为针对高校、公共实验室的探索性搜寻更容易带来论文等形式的科学性产出，而针对竞争对手、私人实验室等组织进行的探索与开发式搜寻将会促进专利、标准等技术性产出。Corradini 和 Propris（2016）提出利用桥接平台对跨部门知识进行整合，能够提升远距离知识的整合效果，并可能催生重大原始创新，公共研究机构正是发挥了外部知识获取、平台包容多元化的优势，在创新体系构建、关键技术攻关方面发挥着重要作用。Christine 等（2004）认为在某些关键技术搜寻与获取方面，与高校合作中的交易成本、技术壁垒均较低，对企业重大技术革新支撑效果明显。Schoenmakers 和 Duysters（2010）通过专利分析发现，相对企业专利而言，公共研发机构申请专利具有更高的引用频率，并且利用该类专利更容易催生重大原始创新，尤其是不同专业领域交叉所得专利成果，对企业探索能力的提升效果更加显著；Sidhu 等（2007）基于供应链视角对外部搜寻行为研究发现，与技术供给方（包括母公司、高校、商业实验室等）的合作研发，能够培养企业应对复杂环境的动态能力，特别是提升组织机会识别与整合重构的综合能力；焦豪（2011）分析了双元型组织竞争优势的构建路径，研究发现动态能力对组织探索与开发式创新具有显著的正向影响，而对公共实验室等知识源的识别、整合与应用成为提升企业动态能力的重要途径，也是通过提升技术与组织柔性适应能力实现企业产品/服务更新的手段。

综合上述分析，高校、科研院所等机构为企业创新活动提供了多样化的知识源，尤其是在我国企业技术能力偏弱的前提下，实施科技驱动型跨界搜寻策略有利于满足不同层次的能力需求，对企业探索与开发双元能力提升具有重要意义。与此同时，面临产业升级与开放竞争的双重压力，我国企业更应提高开放度水平，通过主动搜寻战略充分利用科研机构的创新资源，实现组织内外部优势资源与能力结构的有效匹配。基于上述分析，提出如下假设。

H2-1：科技驱动型跨界搜寻对于企业探索能力具有显著的正向影响。

H2-2：科技驱动型跨界搜寻对于企业开发能力具有显著的正向影响。

市场驱动型跨界搜寻主要是跨越组织边界对产品设计、顾客需求、工艺改进等市场信息的搜寻行为，其对象主要包括供应商、竞争对手、咨询机构、行业协会、商会、专业会议等市场信息交流主体（Sidhu et al.，2007；马如飞，2009）。

市场信息是研发创意和技术学习的重要源泉，及时反馈市场、用户信息是创造新知识与新产品的必要步骤。一方面，市场驱动型跨界搜寻有助于企业将分散的市场信息系统化处理，获得更有价值的产品创意。Geiger 和 Makri（2006）认为搜寻市场知识可以帮助企业突破现有业务领域、产品系列的范围限制，从而开拓全新的或改变企业现有价值网络，实现技术或商业模式方面的全面创新。

Sofka 和 Grimpe（2010）研究了环境变化对搜寻战略的影响，发现环境动态性正向调节市场驱动搜寻与创新绩效之间的关系，即剧烈动荡环境中的企业更需加强对前沿技术、最新市场信息的搜寻与利用；并且自主研发强度与市场驱动搜寻的交互作用能够显著促进企业产品创新。另一方面，跨组织边界的市场知识搜寻能够拓展潜在的合作关系，从而增加创造新产品与新技术的市场机会。Kim 和 Inkpen（2005）对跨界研发联盟进行研究发现，成员属性多元化不仅为联盟引入了前沿技术信息，商会、协会、供应商共同参与也为企业营销与创新活动提供了互补性市场信息，从而对顾客需求和竞争者行动有深入的了解，促使企业不断探索新技术、开发新产品。马如飞（2009）发现认知、地域维度市场知识跨界搜寻均对企业绩效有显著的正向影响，并且前者对企业绩效的影响效果更加明显，市场知识跨界搜寻对企业技术创新、商业模式创新均有显著的正向促进作用，并且对前者的正向促进效果更强；郭利娜（2011）检验了技术、市场知识跨界搜寻对企业产品创新的影响作用，研究表明，技术知识跨界搜寻在高竞争强度的环境下更能促进企业产品创新，而市场知识跨界搜寻在高动荡强度的环境下更能促进企业产品创新。

从影响效果来看，该类搜寻行为将面对更加形式多元化、属性差异化的目标对象，从而成为企业研发新技术与新产品的重要知识源（Ahuja and Katila, 2004）。He 和 Wong（2004）认为组织变革与技术革新不仅取决于企业整合内外部技术信息的能力，还与企业利用合作网络获取顾客、产品等市场信息的能力息息相关。Li 等（2008）也认为一部分创新未必是技术知识所推动的，而是由新的商业模式、顾客需求、设计与潮流等因素带动的，这些市场元素进一步影响了企业技术能力结构的协调过程。具体到技术能力相关研究，Schoenmakers 和 Duysters（2010）认为基础研究能够培养组织进行探索式创新的潜在能力，而系统整合供应商、制造商、顾客需求等市场信息则有利于组织不断取得渐进性创新成果，两种创新过程分别对应于组织探索与开发能力的有效提升；Sidhu 等（2007）认为在技术能力一定的前提下，当外部环境有所差异时，企业搜寻实践与创新产出也会随之发生改变，而对市场动态信息的及时跟踪正是企业创新过程嵌入该特定环境的典型表现；Atuahene-Gima 和 Murray（2007）基于社会资本视角分析了双元能力与新产品开发的关系，研究发现，结构与关系维度社会资本对企业探索式与开发式学习具有正向影响，通过参加展览会、商业协会等组织获得相关产业的产品需求趋势，并向咨询公司购买产业发展报告，为预测市场需求、制定研发战略提供依据。因此，市场驱动型跨界搜寻丰富了企业及时获取外部关键信息的途径，实现了动态市场信息与企业研发策略的有效衔接，对于企业技术与服务创新具有重要的推动作用。基于上述分析，提出如下假设。

H2-3：市场驱动型跨界搜寻对于企业探索能力具有显著的正向影响。

H2-4：市场驱动型跨界搜寻对于企业开发能力具有显著的正向影响。

2. 基于技术边界的跨界搜寻与组织双元能力关系

根据Tassey（1991）、李纪珍（2006）对技术层次的研究，基于过程视角可分为基础技术、共性技术与产品技术，并且三类技术在供给主体、应用领域、自身属性方面存在巨大差异。基于对现实情境下中国企业技术能力结构的分析与定位，发现大多数企业的搜寻目标为共性技术与产品技术，基于此，本书将企业跨越技术边界的搜寻行为划分为共性技术导向与产品技术导向跨界搜寻两类，并分析两种导向的搜寻行为对企业技术能力与创新绩效的影响效果。

由于各国产业发展水平存在差异，对共性技术的需求层次与领域也明显不同。比如，发达国家追求信息、生物和新材料等高技术领域的产业间共性技术和产品共性技术，从而采取任务导向的竞争前技术研发策略；而发展中国家更多希望提升传统制造产业的共性技术、产业内共性技术和工艺共性技术，则采取扩散导向的共性技术供给策略。对于企业而言，共性技术的变更意味着企业技术范式的改变（Tassey，1997）。在既定技术范式内，企业通过对顾客需求偏好与技术发展趋势的判断，对现有产品工艺与设计进行渐进性改进；而在多种技术范式共存的情况下，共性技术的变革将推动某一范式成为主导技术，从而决定产业主导技术的发展轨迹（周国林，2009）。

吴晓东（2007）研究了共性技术视角下的产业技术路径控制能力，认为企业不仅需要提升关键共性技术的跟踪能力，还需要培养产业共性技术的创新能力。通过跟踪和预测产业关键共性技术，提升企业探索主导技术路径的控制能力，避免技术方向错误而导致的全局性失败；提升产业共性技术的创新能力，有利于推动与控制技术生命周期的变更，通过提升产业技术壁垒构建自身技术优势。同时，关键共性技术的二次创新是实现技术跃迁的重要契机，对于提升后发国家产业竞争力具有显著促进作用，以中国台湾工业技术研究院为例，其对半导体产业共性技术的系统研究，为中国台湾半导体产业发展提供了技术基础，保障了产业集群具备动态的探索与开发能力，不仅促成了中国台湾地区在全球范围内的技术领先优势，其技术外溢也带动了珠三角地区电子制造业的快速发展。总之，共性技术的研发与获取优化了区域产业发展结构，催生了新能源、新材料等战略性新兴产业，并在微观层面提升了企业探索新技术、开发旧知识的技术能力，为企业、产业创新能力的整体提升创造了基础条件。基于上述分析，提出如下假设。

H3-1：共性技术导向跨界搜寻对企业探索能力具有显著的正向影响。

H3-2：共性技术导向跨界搜寻对企业开发能力具有显著的正向影响。

相对而言，产品技术是企业生产某项产品的专门知识、操作经验和技术的总和，是企业在共性技术基础上进一步创新和衍生出来的具体技术形态（朱桂龙，2012）。从其内涵来看，产品技术具有更强的私有属性，并且应用领域也仅限于某一类产品，在一段时间内成为支撑企业的核心竞争力（李纪珍，2006）。Nerkar（2003）认为重大原始创新更多依赖于基础技术与新兴技术的有效融合，而对现有技术的深入开发将带来产品生产工艺的渐进性改进。Schoenmakers和 Duysters（2010）对突破性创新的技术来源进行了研究，与渐进性创新相比，突破性创新需要更多的基础性知识，与高校、公共研发机构合作是获取该类知识的重要途径，也是构建二阶能力的潜在过程。马如飞（2009）分析了技术与市场维度跨界搜寻对企业创新绩效的影响，发现两种搜寻行为对企业创新的影响路径存在差异，对于科技驱动型产业而言，搜寻基础知识能够提升企业探索新产品或新工艺的能力，而获取与整合专有技术则有利于生产流程的持续改进。

综上所述，两种导向的搜寻行为对企业技术能力的影响效果不同，与共性技术导向相比，产品技术导向跨界搜寻更多侧重于获取较为成熟的专有技术，其目标是优化现有生产流程、改进当前产品工艺，而对产业技术发展轨迹的影响效果不大，即较少促进企业探索能力的根本提升。基于上述分析，提出如下假设。

H3-3：产品技术导向跨界搜寻对企业开发能力具有显著的正向影响。

4.3.3 组织双元能力之间的关系

根据 March（1991）的概念界定，探索与开发活动在资源、结构、文化等方面存在显著差异，导致二者处于组织创新连续体的两个端点位置（He and Wong, 2004）。随着研究的深入，Gupta 等学者对探索与开发关系的绝对二分法提出了质疑，认为二者张力的约束条件可以通过双元性来解决，比如，通过构建双元型组织协调二者在组织结构与文化方面的张力（Fang et al., 2010），通过引入外部创新资源协调二者对组织有限资源的过度竞争（Raisch et al., 2009），通过培养动态能力以促进组织适应外部环境的敏感性（焦豪，2011）。同时，间断均衡与双元均衡模式为解决探索与开发之间的张力关系提供了理论基础，后续关于双元能力关系的研究进一步肯定了二者之间相互影响的前提假设（Jansen et al., 2012；朱朝晖和陈劲，2007），为深入探讨双元能力平衡与互动关系奠定了坚实基础。

以新产品开发为例，Holmqvist（2004）通过案例研究发现，企业探索与开发能力能够并存且相互促进，二者通过组织内与组织间学习行为不断自我更新。Brion 等（2010）检验了组织情境因素对双元绩效的影响效果，发现实施双元战略的企业需要考虑风险承担、创造力等因素，从而构建维持长期竞争优势的情境。Rothaermel 和 Deeds（2004）基于联盟视角的研究发现，新产品开发以探索式创新联盟为起点，而以开发式联盟完成产品的市场化过程为终点，二者之间呈现明显的继承关系。Patel 等（2013）基于行为视角探索了高绩效工作系统与组织双元性之间的关系，认为高绩效工作系统正向影响探索与开发之间的一致性关系，并且通过其部分中介作用显著促进了公司成长绩效。O'Cass 等（2014）从多层次、多领域研究了新产品开发过程，当公司层面与运营层面的双元战略产生互动作用，即市场探索（开发）与产品探索（开发）相互协同时，产品层面的优势也逐渐展现出来，具体表现为产品差异化程度高、开发成本低、市场绩效良好。Vagnani（2015）认为探索活动与企业长期绩效之间为曲线关系，对于外部技术依赖水平较低或者变化趋势明显的企业，探索式创新能够明显改善工艺流程与产品技术，并进一步提升短期市场绩效。Rosenbloom（2000）认为组织技术能力成长路径呈现为间断性探索与开发交替现象，从而保证了组织开发与利用现有技术、搜寻下一代技术的连续过程。Venkatraman 等（2007）认为组织可以同时保持连续和间断两种双元性，并且间断双元模式对组织市场绩效的影响效果更强，从上述研究来看，探索与开发能力之间存在正向的影响关系。

同时，组织技术能力成长存在明显的路径依赖现象，在选择通过探索式创新进行产品与技术革新的同时，在一定程度上便会忽视渐进性创新的影响，从而形成能力成长的锁定效应，Leonard-Barton（1992）认为该效应促使核心能力保持刚性状态，阻碍了企业根据环境变化做出适应性措施，极其容易陷入成功陷阱或失败陷阱。Liu 等（2013）发现企业现有知识对突破性创新活动产生消极影响，不利于企业技术能力成长轨迹的跃迁；Benner 和 Tushman（2002）认为当前惯例性过程管理流程不利于组织内部探索与开发活动的互动，将导致二者始终保持相当的张力关系；Blindenbach-Driessen 和 Ende（2014）对比了荷兰制造业和服务业企业，发现独立研发部门对两种行业的双元能力提升都有促进作用，这也直接支持了二者之间的正交关系，相对于服务企业而言，独立研发部门对企业探索、开发、双元能力均衡的影响效果更加明显。综合上述研究，组织双元能力已经突破了绝对割裂的关系状态，但在二者相互关系方面未能达成统一结论，随着与吸收能力、动态能力理论的相互融合，探索与开发之间的张力将得到更有效的解决，其对组织绩效的正向影响效果也将得到进一步验证。

基于上述分析，提出如下假设。

H4：企业探索能力对开发能力具有显著的正向影响。

综合上述研究假设，构建本书的理论模型，如图 4.1 所示。

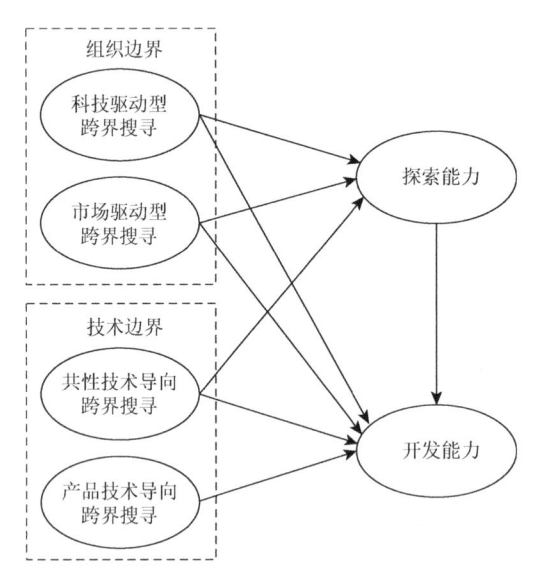

图 4.1 跨界搜寻与组织双元能力关系的理论模型

4.4 变量设计、样本采集与量表质量

在理论推导与案例分析基础上,本章运用实证方法对跨界搜寻与组织双元能力关系进行研究。因为研究对象定位于企业层面,所涉及的科技驱动型与市场驱动型跨界搜寻、共性技术与产品技术导向跨界搜寻、组织探索与开发能力等核心概念无法通过公开资料获取,所以采用问卷调查方式收集数据。基于此,本节将从问卷设计、变量测量、样本选择、问卷测试等方面对相关研究设计进行阐述,从而保证问卷设计与样本数据收集过程的科学性和有效性。

4.4.1 问卷设计

1. 问卷设计过程[①]

科学合理的问卷设计是保证样本数据信度、效度的前提。在问卷设计原则与过程方面,众多学者给出了可操作性较强的步骤与方法(Churchill,1979;陈晓萍等,2012)以保证问卷的科学性与有效性。学者所提到的填写对象、文化差异、测量方式等关键问题,本书在问卷设计过程中做了全面考虑与详细处理。最终所用问卷经过大量文献研究、企业访谈、征询专家意见、问卷与测试等多个环节反复推敲而来。

---

① 本节问卷设计所涉及的变量包括第 5 章、第 6 章中的某些变量,因为所有变量均通过同一问卷进行收集,所以在此统一进行介绍,后面不再重复说明。

首先，在对跨界搜寻、组织双元能力、吸收能力、企业绩效等文献阅读与归纳的基础上，借鉴权威研究的理论构思以及被广泛引用的成熟量表对问卷题项进行设计，初步形成本书的调查问卷。为了便于与现有研究结论进行对比，保持该领域研究的连续性，本书对各个变量的测量条款尽量参考已有量表，并结合研究目标和文化差异进行了部分修改。

其次，征求学术团队和专家意见。作者所在学术团队由 3 位教授、4 位副教授、2 位讲师和 20 余名博士研究生、硕士研究生组成，在课题组例会上对调查问卷初稿进行公开讨论，并与同研究领域的 2 位副教授、1 位博士后、多位博士研究生进行交流，对题项表述与归类进行调整，并对部分题项进行删减，从而形成调查问卷的修改稿。

再次，选择代表性企业进行实地考察。选取广州、中山、珠海等地区的 10 多家企业进行访谈，访谈对象为企业技术中心主任或者主管研发的副总经理，访谈目的包括：初步验证研究思路合理性，检验研究内容与思路是否符合现实情况；检验问卷题项的可读性、客观性、表述严谨性，是否存在更适合的测度指标；判断不同层次人员对同一题项的理解程度，是否存在歧义。在此基础上，进一步对问卷题项进行修正，形成调查问卷的第三稿。

最后，对修改问卷进行预测试，并确定问卷定稿。随机选择广州、佛山等地区的部分企业进行小样本测试，并对小样本数据进行初步分析，根据分析结果删除不符合要求的题项，从而形成本书最终的调查问卷（见附录）。

2. 问卷基本内容

根据本书研究内容与目标，问卷设计主要围绕跨界搜寻、组织双元能力与绩效关系而展开，并且要求问卷能为研究内容提供有效数据，运用因子分析、方差分析、结构方程与多元回归对数据进行统计分析。根据本书的概念模型与假设，确定量表中需要测量的变量，最终问卷主要包括以下五个方面的基本内容。

（1）企业与问卷填写者基本信息。
（2）企业跨组织、技术边界搜寻行为的实际情况。
（3）企业探索、开发能力水平。
（4）企业吸收能力的实际情况。
（5）企业创新、财务绩效情况。

4.4.2 变量测量

为保证变量测量的有效性，本书选用国内外学者普遍认同的量表进行测量，通过"翻译—回译"进行语义校正与修改,并由企业管理者对问卷语句进行评估,以保证语境和内容符合管理实践。

1. 被解释变量

探索与开发能力是一个概括性的、广义的概念(朱朝晖和陈劲,2007)。作为被解释变量,前人研究采用了视角不同、但可操作性较强的测量方法。例如,专利搜寻范围的深度与广度、所应用专利的时间属性、当年所用专利是否为前五年未曾涉足、科研项目数量、企业分别用于开发新技术、改造旧技术的经费额比例、实施(合作)研发项目的目标、与外界联盟是否涉及 R&D 行为等,根据相关指标的程度不同对组织创新能力进行区分,分别用来表征组织探索与开发能力水平(Katila and Ahuja,2002;He and Wong,2004)。然而,由于数据可得性、指标典型性、内涵重复性等限制,客观指标在应用范围与认可度方面未能形成共识,开发科学、合理的客观量表成为后续研究的主要内容之一。

与客观指标相比,选择量表作为测量工具具有概括、全面、易操作等优势(陈晓萍等,2012),并能够实现对不可观测变量(即潜变量)的刻画与测量。从探索与开发的定义来看,现有研究大多用创新、变异、风险等属性及其所达到的程度对双元能力进行刻画,无法通过客观指标直接判断其能力类别,从而彰显了用量表测度的可行性与必要性。从国外研究来看,Yang 等(2014)用 7 级 Likert 量表测度了企业探索和利用能力,其中,前者包括本公司选择了不同于过去使用过的新工艺、产品和服务方法;与以前的战略相比,本公司在流程、产品和服务上包含了一些新的事物两个题项;后者包括本公司员工尽可能地持续优化企业流程、产品和服务,本公司员工相信企业流程、产品和服务的优化是他们的责任两个题项。He 和 Wong(2004)拓展了企业探索与开发性战略的测度内容,探索性战略包括引入新一代产品、扩展产品范围、开发新市场、进入新技术领域四个测度题项;开发性战略包括提高现有产品质量、提高生产柔性、降低产品成本、提高产量或降低能耗四个测度题项。在此基础上,Jansen 等(2006)将探索与开发能力分别拓展到七个测度题项,前者包括公司承认顾客有超越现有产品与服务范围的需求、公司具备不断开发新产品或服务的能力等,后者包括公司定期搜寻并接触新市场中的新客户,公司经常为顾客筛选、改进现有的产品与服务等,并取得了较高的信度与效度,并被 Jansen 等(2009)、李剑力(2009)、Cao 等(2009)、Hernandez-Espallardo 等(2011)国内外学者相继沿用。

国内研究方面,相关研究大多沿用国外成熟量表,并在此基础上进行情境化改进。朱朝晖从组织学习视角测度了探索与开发这对概念,其中,探索包括企业可以有效地从内部创造或外部获取所需要的新技术领域的知识、企业可以有效地将所创造或获取的新技术领域的知识整合并应用到不同情境中等四个测度题项，开发包括公司可以有效搜寻、识别和跟踪企业现有技术领域的新知识，企业可以有效地从内部创造或外部获取所需要的现有技术领域的知识等四个测度题项；李剑力（2009）综合了 Jansen 等（2006）的研究，基于我国企业实践对现有量表进行了修改，其中，探索式创新包括勇于承担风险来开发新的技术或产品，在既有市场上试验新的产品和服务等六个题项，开发式创新包括努力改进现有的产品和服务质量、注意降低生产和服务成本等五个题项。彭新敏以 He 和 Wong（2004）、Sidhu 等（2007）、朱朝晖研究为基础，分别用公司正在开发一种革命性的新产品、公司正在试验一种突破性的新工作方法、公司正在挑战传统的现有技术领域三个题项测度探索性学习，用公司最大可能地利用了现有生产技能、公司产品或服务体现了已有优势、公司现在的工艺与过去的成功做法很相似三个题项测度利用性学习。

基于上述研究，本书在企业实地考察与专家建议基础上，对 Jansen 等（2006）、Sidhu 等（2007）、李剑力（2009）等研究的量表进行了部分修改，最终分别采用五个题项、Likert-7 级量表形式来测度企业探索与开发能力，具体测度题项如表 4.1 所示。

表 4.1 组织双元能力的初始测试题项

变量	编号	题项	测度依据
探索能力	ER1	公司承认顾客有超越现有产品与服务范围的需求	Ahuja 和 Katila（2004）；He 和 Wong（2004）；Lin 等（2007）；Jansen（2006；2012）；Sidhu 等（2007）；Raisch 等（2009）；Cao 等（2009）；Li 等（2008）；Voss 等（2008）；朱朝晖和陈劲（2007）；李剑力（2009）；张玉利和李乾文（2009）
探索能力	ER2	公司具备不断开发新产品或服务的能力	
探索能力	ER3	公司在本地（现有）市场上测试新的产品与服务	
探索能力	ER4	公司经常发现并利用市场上的潜在机会	
探索能力	ER5	公司经常尝试利用新的分销渠道或方式	
开发能力	EI1	公司定期搜寻并接触新市场中的新客户	
开发能力	EI2	公司经常为顾客筛选、改进现有的产品与服务	
开发能力	EI3	公司定期对现有产品或服务进行渐进性改进	
开发能力	EI4	公司经常将改进后的产品或服务引入现有市场	
开发能力	EI5	公司注重通过规模效应最大化开发利用现有市场	

2. 解释变量

跨界搜寻是一个相对于界内搜寻而言的概念，对其边界与维度的清晰界定是测量跨界搜寻的基础。由于搜寻边界、内容与目标差异，跨界搜寻行为本身在组织创新活动连续谱上的位置不同，从而导致对组织技术能力与绩效的差异化影响（Sofka and Grimpe，2010；魏江和冯军政，2009）。在超越组织边界的更高层次上，跨界搜寻的范围就变得相对宽泛。搜寻范围界定因研究情境而异，研究组织层次搜寻的学者把位于组织物理边界以外的搜寻活动视为跨界搜寻，而联盟或更高层次的跨界搜寻研究则把组织外部、联盟内部的知识搜寻活动视为本地搜寻。

从现有研究来看，跨界搜寻主要采用专利引用数据与调查问卷进行测量。Katila和Ahuja（2002）采用组织重复引用前五年专利数量总和与组织当年引用专利数量之比来测量知识搜寻深度，用组织当年引用新专利数量与组织当年引用专利数量之比来测度搜寻宽度。Rosenkopf和Nerkar（2001）通过汇总统计目标组织引用组织内、外部和行业内专利数量来测量组织跨越自身边界和行业边界的知识搜寻活动。Ahuja和Lampert（2001）在引用化工行业专利数据进行跨界搜寻研究时，把所引用专利平均年限低于三年的技术称为新兴技术，而把没有引用任何既有专利的技术称为首创技术。把是否引用专利或专利引用情况作为跨界搜寻的表征指标，虽然有利于客观识别跨界搜寻活动的组织、行业、区域、时间等边界维度，并且避免由根据调查问卷主观判断所造成的误差，但也存在一定缺陷，如专利在反映发明活动的同时也反映了组织对技术的独占性，专利引用只能反映同一行业内跨组织边界的搜寻活动，发展中国家专利引用及申请情况并不能客观表征组织跨界搜寻的水平与方向等。

为了克服采用专利引用数据测量跨界搜寻的局限性，学者试图通过开发新的量表或者用外部知识源利用情况来测量跨界搜寻活动。例如，Laursen和Salter（2004）根据英国创新调查数据，率先采用组织搜寻和利用16种外部知识源的情况来测度跨界搜寻的深度与宽度。后续创新搜寻研究者普遍采用该测量方法来开展实证研究，并且根据研究需要增加或者减少外部知识源数量；Leiponen和Helfat（2010）采用Likert三级量表测量多个行业组织对12个创新知识源搜寻的宽度，这种用外部知识源利用程度替代专利或其他跨界搜寻量表的做法，能够把抽象的跨界搜寻形象地描述为具体的知识源利用活动或程度，无疑有助于推进跨界搜寻实证研究。

此外，Sidhu等（2007）把组织跨界搜寻细分为供给、需求和空间三个维度，其中供给维度包括与技术或组织的输入与输出转换相关的新知识；需求维度包括侧重于搜寻外部市场结构和细分市场、产品使用和替代方式、顾客偏好与需求等知识；而空间维度则包括不同区域的技能和运营经验知识，在实证研究中采用关注行业内技术发展水平、组织搜寻相关技术信息所涉及的行业范围和关注技术相关行业的程度三个指标来测量供给端跨界搜寻，用竞争对手瞄准本组织顾客的情况、本组织关注顾客偏好变化的程度和组织对行业内相关产品的熟悉程度三个指标来测量需求端跨界搜寻，并用组织熟悉本区域运营机会的程度和组织熟悉邻近地区产品价格与质量的程度两个指标来测量空间跨界搜寻。以此为基础，马如飞（2009）将跨界搜寻行为分为地域和认知两种边界，并将搜寻知识类别分为技术知识和市场知识，分别用我们非常了解本行业的技术进展、我们非常了解本地同行企业的新产品开发动向等两个题项测度认知与地域维度的技术知识跨界搜寻，用我们非常了解提供同类产品的企业的市场销售动向、我们非常了解周边市场同类产品的价格与质量情况等两个题项测度认知与地域维度的市场知识跨界搜寻，分别考察了四种跨界搜寻行为对企业技术、商业模式创新的影响。

以上述研究为基础，本书借鉴 Laursen 和 Salter（2004）、Sidhu 等（2007）、Sofka 和 Grimpe（2010）、马如飞（2009）等对跨界搜寻行为的界定与测量工具，针对中国企业外部合作的现状，对搜寻边界与内容做了进一步修正，最终分别采用 10 个题项、Likert-7 级量表形式来测度基于组织和技术边界的跨界搜寻行为，具体测度题项如表 4.2 所示。

表 4.2 跨界搜寻的初始测试题项

变量	编号	题项	测度依据
基于组织边界的跨界搜寻	SS1	公司经常与高校、科研机构开展联合人才培训活动	Nerkar（2003）；Laursen 和 Salter（2004，2006）；Sidhu 等（2007）；Sofka 和 Grimpe（2010）；马如飞（2009）；王继飞（2010）；邬爱其和李生校（2011）
	SS2	公司经常与政府和科研机构交流技术发展信息	
	SS3	公司经常向政府科技部门咨询产业发展政策与趋势	
	SS4	公司与行业内国家重点实验室、工程中心等保持密切联系	
	SS5	公司研发部门时刻关注技术标准、专利等信息更新状况	
	MS1	公司及时跟踪设备、物料等供应商提供的市场信息	
	MS2	公司一直关注行业内竞争对手的产品研发、营销策略	
	MS3	公司研发、营销部门经常采用行业协会、商会提供的市场信息	
	MS4	公司对贸易协会、咨询公司等机构提供的数据信息关注较少	
	MS5	公司经常参加设计或产品交流会、博览会收集行业最新信息	
基于技术边界的跨界搜寻	GT1	公司经常通过公共研发平台了解行业内/外共性技术的发展趋势	Rosenkopf 和 Nerkar（2001）；Kim 和 Inkpen（2005）；李纪珍（2006）；马如飞（2009）；王继飞（2010）；朱桂龙（2012）
	GT2	公司经常与高校、科研院所共同开发产品研发的平台技术	
	GT3	公司积极参与政府机构发起的共性技术攻关项目	
	GT4	公司所在创新联盟内成员大多面临行业共性技术难题	
	GT5	公司积极参加业内龙头企业发起的共性技术研发计划	

续表

变量	编号	题项	测度依据
基于技术边界的跨界搜寻	PT1	公司参与产学研多以改进工艺和产品开发流程为目标	Rosenkopf 和 Nerkar（2001）；Kim 和 Inkpen（2005）；李纪珍（2006）；马如飞（2009）；王继飞（2010）；朱桂龙（2012）
	PT2	公司内部技术中心以产品层面的检测、改良与开发为主	
	PT3	公司营销人员能及时将产品设计与功能变化趋势反馈给研发部门	
	PT4	公司研发工程师利用外部信息改良产品设计、功能的能力突出	
	PT5	公司设计与生产部门能够准确定位市场上新产品的系统功能	

4.4.3 问卷测试

在进行大样本问卷发放之前，为检验问卷内容适宜性，本书对所设计问卷进行小样本预测试，分析相关变量测度的有效性，以作为后期修改问卷内容的依据，小样本测试的目的是要得到精简、有效的测度量表。

1. 小样本测试方法

在前测阶段，本书主要通过小样本的信度和效度分析来筛选变量的测度题项。

信度指度量表在测量时的稳定性与一致性，测量结果反映了系统变异的程度。本书用 SPSS 软件中刻度模块的信度分析对变量进行信度检验，用两种标准来判别变量的可信度。一方面，用 Cronbach's α 系数来检验内部一致性。一般认为，系数大于 0.7 是可接受范围；另一方面，用修正题项-总体相关系数（CITC）来反映，对于 CITC 值，李怀祖认为样本数据信度通过检验的最低限度为大于 0.35，也有学者认为 CITC 低于 0.5 的项目就认为其收敛效度较差，应该予以删除。本书以 0.35 作为筛选测量条款的标准，并利用 α 信度系数法检验测量条款的信度，假如删除某个测量条款，α 系数增大，则表示可以删除该条款。

效度指测量工具能正确测量出想要衡量的性质的程度，即测量的正确性，包括内容效度和结构效度。内容效度旨在检测量表涵盖研究主题的程度，其有效程度主要基于定性判断，通常通过文献分析和访谈方法，来对测量项目的代表性和合理性进行评估（侯杰泰等，2004）。本书尽量采用已被有关文献证明行之有效的量表，并结合实地调研与专家意见加以修订，故认为具有较高的内容效度。结构效度旨在验证所测的题项是否能测度想要测的项目，在前测时将利用探索性因子分析对样本数据进行结构效度检验。

在作探索性因子分析前，需要对样本进行 KMO（Kaiser-Meyer-Olykin）样本充分性测度和 Bartlett 球形检验以判断是否可以进行因子分析。一般认为，KMO 在 0.9 以上，非常适合；0.8~0.9，很适合；0.7~0.8，适合；0.6~0.7，不太适合；0.5~0.6，很勉强；0.5 以下，不适合（吴明隆，2010）。Bartlett 球形检验的统计值显著性概率小于等于显著性概率时，可以做因子分析。根据这一原则，本书对于 KMO 值在 0.7 以上的进行因子分析，而对于 0.6~0.7 的则以理论研究为基础，根据实际情况决定是否进行因子分析，对于 KMO 值在 0.6 以下的，不作因子分析。

本书将使用 SPSS 软件中数据精简模块中的"factor"功能进行探索性因子分析，选用主成分分析和最大方差旋转的方法，按特征根大于 1 的方式提取因子，同时，在对项目的区分效度评价时，遵循如下原则：①一个项目自成一个因子时，则删除，因为其没有内部一致性；②项目在所属因子的载荷量必须大于 0.5，则其具有收敛效度，否则删除；③每一项目所对应的因子载荷必须越大越好，但在其他因子的载荷必须越小越好，这样才具有区分效度。如果项目在所有因子的载荷均小于 0.5，或者在两个或两个以上因子的载荷大于 0.5，属于横跨因子现象，本书将予以删除，以提高不同变量测量项目之间的区分效度。

2. 小样本测试数据分析

1）小样本数据收集

本书的小样本测试主要在珠三角地区的制造、流通与服务型企业中进行，包括广州、佛山、东莞等地市大中型企业，在省科技厅、技术经济研究中心等相关部门的协助下，随机选取了多家企业进行现场调查与发放，问卷填写者均为公司研发或技术主管。此次调查共发放预测试问卷 128 份，回收 72 份，其中有 4 份问卷存在多处漏填，5 份问卷所填内容没有区分度，从预测试样本中予以剔除，最后获得有效问卷 63 份，有效回收率为 49.2%。根据前人的研究经验，进行探索性因子分析所需的最低样本量为变量数的 5~10 倍，或者样本量达到变量中题项数的 5~10 倍即可，本书需要处理的变量数为 6 个，小样本测试收集的 63 份有效问卷可较好地满足要求。

2）小样本量表的信度与效度检验

首先对本书的被解释变量——探索与开发能力进行信度检验。结果如表 4.3 所示，变量的 Cronbach's α 系数大于 0.75，CITC 值都远大于 0.35，除了 ER3 和 EI5 题项，其他删除某个测量题项后的 Cronbach's α 系数均比子量表总的 α 系数要小，说明 ER3、EI5 两个题项与其他探索、开发能力测度题项的一致性存在差异。根据信度检验标准，删除 ER3、EI5 题项后再进行信度检验，结果如表 4.4 所示，变量的 Cronbach's α 系数大于 0.7，CITC 值均远大于 0.35，但删除 ER2、EI4 测量题项后的 Cronbach's α 系数均比子量表总的 α 系数要小，重复上述处理步骤，删除 ER2、EI4 题项后再进行信度检验，结果如表 4.5 所示。经过信度分析，探索与开发能力量表题项均由原来的 5 题删减为最终的 3 题。

表 4.3　探索与开发能力量表的信度检验（1）

变量	编号	均值	标准差	CITC	删除该题项后 Cronbach's α 系数	Cronbach's α 系数
探索能力	ER1	5.21	1.206	0.726	0.837	0.856
	ER2	5.57	0.995	0.784	0.821	
	ER3	5.41	0.891	0.688	0.886	
	ER4	5.52	0.895	0.705	0.842	
	ER5	4.88	1.165	0.620	0.864	
开发能力	EI1	5.51	1.176	0.546	0.818	0.848
	EI2	4.92	1.154	0.707	0.823	
	EI3	4.95	1.141	0.707	0.823	
	EI4	5.06	1.061	0.710	0.823	
	EI5	5.14	0.997	0.735	0.856	

表 4.4　探索与开发能力量表的信度检验（2）

变量	编号	均值	标准差	CITC	删除该题项后 Cronbach's α 系数	Cronbach's α 系数
探索能力	ER1	5.21	1.206	0.684	0.853	0.864
	ER2	5.57	0.995	0.770	0.884	
	ER4	5.52	0.895	0.720	0.827	
	ER5	4.88	1.165	0.722	0.827	
开发能力	EI1	5.51	1.176	0.498	0.765	0.852
	EI2	4.92	1.154	0.694	0.745	
	EI3	4.95	1.142	0.725	0.730	
	EI4	5.06	1.061	0.655	0.873	

表 4.5　探索与开发能力量表的信度检验（3）

变量	编号	均值	标准差	CITC	删除该题项后 Cronbach's α 系数	Cronbach's α 系数
探索能力	ER1	5.21	1.206	0.682	0.862	0.870
	ER4	5.52	0.895	0.595	0.842	
	ER5	4.88	1.165	0.605	0.818	

续表

变量	编号	均值	标准差	CITC	删除该题项后 Cronbach's α 系数	Cronbach's α 系数
开发能力	EI1	5.51	1.176	0.450	0.845	0.861
	EI2	4.92	1.154	0.693	0.834	
	EI3	4.95	1.142	0.668	0.795	

其次对本书的解释变量跨界搜寻进行信度检验。结果如表 4.6 所示，变量的 Cronbach's α 系数大于 0.75，CITC 值都远大于 0.35，除了 SS4、GT2、PT5 题项，其他删除某个测量题项后的 Cronbach's α 系数均比子量表总的 α 系数要小，说明 SS4、GT2、PT5 三个题项与其他跨界搜寻测度题项的一致性存在差异。根据信度检验标准，删除 SS4、GT2、PT5 题项，并对剩余题项重新进行信度检验，结果如表 4.7 所示，变量的 Cronbach's α 系数大于 0.7，CITC 值均远大于 0.35，各项指标均通过了信度检验。经过信度检验后，组织维度跨界搜寻的测量题项由原来的 10 题删减为最终的 9 题，而技术维度跨界搜寻的测量题项由原来的 10 题删减为最终的 8 题。

表 4.6 跨界搜寻量表的信度检验（1）

变量	编号	均值	标准差	CITC	删除该题项后 Cronbach's α 系数	Cronbach's α 系数
基于组织边界的跨界搜寻	SS1	4.88	1.165	0.544	0.737	0.793
	SS2	4.79	1.109	0.513	0.773	
	SS3	5.06	1.119	0.621	0.738	
	SS4	5.98	1.023	0.632	0.796	
	SS5	5.65	1.152	0.669	0.721	
	MS1	5.14	0.997	0.386	0.785	0.799
	MS2	4.49	1.203	0.667	0.732	
	MS3	5.09	0.945	0.619	0.753	
	MS4	4.36	1.195	0.647	0.739	
	MS5	4.44	1.146	0.605	0.753	
基于技术边界的跨界搜寻	GT1	6.03	1.015	0.614	0.723	0.776
	GT2	5.07	1.195	0.586	0.796	
	GT3	5.53	0.964	0.582	0.734	
	GT4	4.98	1.408	0.643	0.701	
	GT5	4.46	1.624	0.437	0.724	

续表

变量	编号	均值	标准差	CITC	删除该题项后Cronbach's α系数	Cronbach's α系数
基于技术边界的跨界搜寻	PT1	6.04	1.325	0.591	0.873	0.880
	PT2	6.15	0.953	0.840	0.831	
	PT3	6.01	1.114	0.847	0.822	
	PT4	6.00	1.150	0.727	0.852	
	PT5	5.85	0.947	0.634	0.894	

表 4.7 跨界搜寻量表的信度检验（2）

变量	编号	均值	标准差	CITC	删除该题项后Cronbach's α系数	Cronbach's α系数
基于组织边界的跨界搜寻	SS1	4.88	1.165	0.565	0.778	0.796
	SS2	4.79	1.109	0.583	0.757	
	SS3	5.06	1.119	0.667	0.719	
	SS5	5.65	1.152	0.730	0.679	
	MS1	5.14	0.997	0.386	0.785	0.799
	MS2	4.49	1.203	0.667	0.732	
	MS3	5.09	0.945	0.619	0.753	
	MS4	4.36	1.195	0.647	0.739	
	MS5	4.44	1.146	0.605	0.753	
基于技术边界的跨界搜寻	GT1	6.03	1.015	0.655	0.728	0.796
	GT3	5.53	0.964	0.596	0.751	
	GT4	4.98	1.408	0.672	0.725	
	GT5	4.46	1.624	0.566	0.784	
	PT1	6.04	1.325	0.817	0.847	0.894
	PT2	6.15	0.953	0.877	0.818	
	PT3	6.01	1.114	0.762	0.867	
	PT4	6.00	1.150	0.628	0.880	

4.4.4 研究样本

样本选取与收集数据是否符合研究的基本要求，将直接关系到本书的质量。

为了获取高质量的数据样本,本书对问卷发放对象与渠道进行了严格控制,并采用多样化数据收集方式,以提升样本数据的可靠性与代表性。

1. 调查对象

调查取样首先需要规定总体,即对调查对象做出明确定义,在确定总体后再运用适当的取样方法从总体中抽取样本。采用随机原则选取样本,可以提高样本的代表性,使研究结果更准确、有效和可靠,总体确定和样本选择的合理与否是数据质量的关键。Alegre 和 Chiva(2008)指出基于多个产业的调查可以提供更加广泛和稳定的结论,因此,本书样本的选取范围比较宽泛,不管技术创新绩效好坏与否,只要求样本企业为从事一定技术创新活动的制造类企业,包括电子及通信设备制造业、制药业、化学原料及制品、纺织业、金属制品、机械制造、交通设备制造、仪器仪表和其他制造业。

基于上述标准,本书选择科技、经济发展水平较高的山东、广东、浙江作为样本收集区域,其中,在山东省选择参与产业技术创新联盟企业为研究样本,自 2007 年以来,共有 1000 余家企业参与国家级、省级产业技术创新联盟,为本书提供了丰富的样本企业;在广东选择具有省级以上企业技术中心的企业为研究样本,自 2000 年以来,共有 600 余家企业设立了国家级、省级企业技术中心,作为研发实体与外部主体建立了广泛合作关系,并有效提升了企业自身技术能力;同时,浙江也是全国范围内最早开始产学研合作的地区,近年来在科技与经济结合方面取得了突出成就,尤其是民营经济发展处于全国前列。以该地区企业为样本,并要求企业中研发主管或技术负责人来填写问卷,将能充分反映、判断量表各测度题项的合理程度,为后续数据处理提供客观、可信的基础数据。

此外,本研究选取结构方程模型(structural equation model,SEM)作为本章的分析方法,从而对研究样本有基本的数量要求。足够大的样本容量能够保证分析过程的可靠性,也是进行数理统计的必要前提。从 SEM 理论研究来看,Bagozzi 和 Yi(1988)认为线性结构方程模型所要求的样本数至少要超过 50 个,最好达到估计参数的 5 倍以上;Hair 等(1998)认为用最大似然估计法进行参数估计时,样本数量起码要大于 100,但也不能超过 400,否则将导致最大似然估计法变得非常敏感,从而使所有的适合度指标变得很差;Gorsuch(1983)认为样本量的大小,应保证测度题项与被试的比例在 1∶5 以上,最好达到 1∶10。本章模型共涉及 23 个题项,所以总体研究样本至少要在 115 份以上,另外,温忠麟等(2005)指出若要追求稳定的结构方程模型分析结果,低于 200 的样本数是不鼓励的。综上,本书将努力保证样本容量在 200 以上。

2. 问卷发放与回收

依据前期数据收集经验，单纯依靠邮寄或 E-mail 形式发放问卷的回收率普遍较低。在综合考虑数据可得性与时效性基础上，本书选择现场发放、政府机构代发、邮寄等多种渠道结合的数据收集方式，以提升问卷的回收率与有效性。本书调查问卷从 2012 年 9 月开始发放，至 2012 年 12 月回收截止，共历时 4 个月。先后发放调查问卷 1934 份，回收问卷 432 份，其中有效问卷 338 份，有效回收率为 17.48%。在此期间，笔者主要通过以下四种渠道发放与收集问卷，如表 4.8 所示。

一是对广东省内珠三角地区企业，作者通过直接参与广东省科学技术厅、技术经济研究中心的调研活动，先后在广州、佛山、东莞等地进行实地访谈，不仅与企业技术负责人进行互动，同时也向当地科技主管部门的工作人员了解企业研发情况。通过该方式发放调查问卷 84 份，现场回收 43 份，通过邮件收回 3 份，共回收问卷 46 份。

二是通过山东省科学技术厅、经济和信息化委员会向省内部分企业发放调查问卷，其中，一部分企业为山东省高新技术企业，涉及电子、机械、电器等多个行业领域；另一部分为参与国家级、省级产业技术创新联盟的企业，该类企业具有较多的外部合作研发行为，并且具备较强的技术研发与转化能力。通过上述两种途径发放调查问卷 750 份，以 E-mail 方式回收问卷 154 份，以邮寄方式回收问卷 16 份，总回收率约为 22.67%。

三是通过同学、朋友代为发放调查问卷，发放地区包括广东、浙江部分地市，具体渠道包括：通过佛山、惠州等地区的部分商业协会对电子、陶瓷、纺织等特定领域企业发放问卷，并通过现场、邮寄、电子邮件等多种形式进行回收；通过浙江某大学举办的 MBA、EMBA 培训班进行发放，问卷填写人包括杭州、温州、宁波等地区的企业负责人，涉及行业领域包括服装、机械制造、家电等，并通过现场填写、回收方式收集问卷。通过上述两种方式共发放调查问卷 800 份，以现场填写方式回收问卷 64 份，以 E-mail 方式回收问卷 122 份，以邮寄方式回收问卷 7 份，共回收问卷 193 份，总回收率约为 24.13%。

四是依托广东省级企业技术创新评估研究中心，通过电子邮件形式随机选取 300 家企业发放问卷，经过电话、邮件提醒与催促，共回收问卷 23 份，回收率为 7.67%。

表 4.8 问卷发放与回收情况

发放方式	发放数量	回收数量	回收率/%	有效数量	有效率/%
企业现场发放	84	46	54.76	41	48.81
政府机构代发	750	170	22.67	132	17.6

续表

发放方式	发放数量	回收数量	回收率/%	有效数量	有效率/%
同学、朋友代发	800	193	24.13	148	18.5
电子邮件发放	300	23	7.67	17	5.67
合计	1934	432	22.34	338	17.48

根据 Armstrong 等提出的非回应偏差检验方法，本书比较了 9 月的 44 份问卷和 12 月的 51 份问卷中的三个关键变量：企业规模、所有制和成立时间，t 检验结果未呈现显著差别，说明研究样本不存在严重的非回应偏差。同时，通过单一被试自我报告将不可避免出现共同方法偏差，本书通过反向编码问题、反复修改问项、强调问卷匿名等方式，在一定程度上降低了同源误差。后续 Harman 单因子测试表明，主成分分析所提取的 4 个因子解释了总变异量的 69.3%，其中第一个因子解释了 33.16%，说明样本数据的共同方法偏差问题在可接受范围内。

4.4.5 信度与效度检验

前面问卷预测试环节中，通过探索性因子分析对小样本数据进行了信度与效度分析，但由于本书中跨界搜寻各个维度均没有成熟的测量量表，而是在实地调研与理论研究基础上对现有量表改进而得来，所以为了进一步明确观测变量的内部结构关系，验证相关测度题项的合理性，本章将在前面 EFA 的基础上，进一步对模型中的关键变量做验证性因子分析（CFA）。

1. 组织双元能力

首先对被解释变量探索与开发能力进行信度分析。结果如表 4.9 所示，各个变量的指标均满足前面所述的信度要求，通过了大样本下的信度检验，表明量表中变量测度的一致性良好。

表 4.9 探索与开发能力的信度检验

变量	编号	均值	标准差	CITC	删除该题项后 Cronbach's α 系数	Cronbach's α 系数
探索能力	ER1	5.23	1.194	0.651	0.797	0.828
	ER4	5.17	1.238	0.678	0.773	
	ER5	5.38	1.089	0.736	0.719	

续表

变量	编号	均值	标准差	CITC	删除该题项后 Cronbach's α 系数	Cronbach's α 系数
开发能力	EI1	5.23	1.281	0.790	0.844	0.891
	EI2	5.38	1.181	0.831	0.804	
	EI3	5.25	1.121	0.744	0.880	

下面对探索与开发能力两个变量进行验证性因子分析。探索与开发能力的测量模型及拟合结果分别如图4.2和表4.10所示,从双元能力测量模型的拟合结果来看,χ^2值为24.193(自由度 df=8),χ^2/df值为3.024,小于标准值5;CFI与TLI都大于0.92,并且接近于1;RMSEA的值为0.089,小于0.1;各个路径系数均在0.001水平上具有统计显著性。因此,该测量模型拟合效果较好,图4.2所示双元能力构念的因子结构通过了验证,即本书对组织双元能力的测度是有效的。

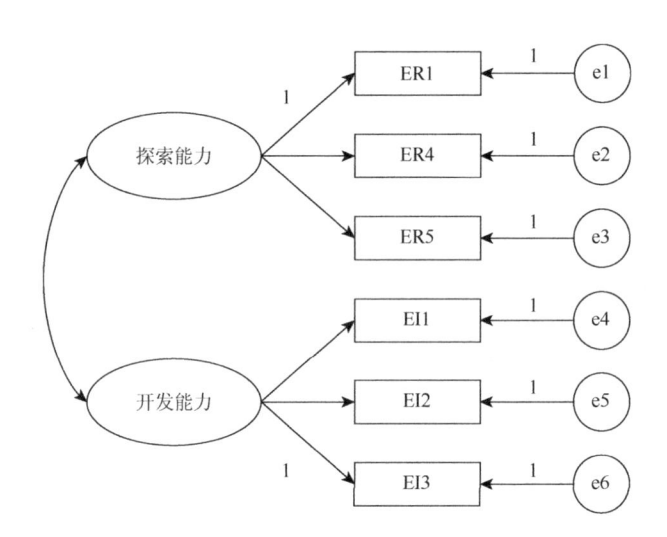

图 4.2 组织双元能力的测量模型

表 4.10 组织双元能力测量模型的拟合结果

路径	路径系数	S.E.	C.R.	p
ER1←探索能力	1.000	—	—	—
ER4←探索能力	0.900	0.060	14.902	***
ER5←探索能力	0.901	0.053	17.081	***

续表

路径	路径系数	S.E.	C.R.	p
EI1←开发能力	0.978	—	—	—
EI2←开发能力	0.936	0.047	20.643	***
EI3←开发能力	1.000	0.052	19.277	***

注：***$p<0.001$，**$p<0.01$，*$p<0.05$，下同。

2. 跨界搜寻

其次对解释变量跨界搜寻进行信度分析。结果如表 4.11 所示，各个变量的指标均满足前面所述的信度要求，表明变量测度具有良好的内部一致性。

表 4.11 跨界搜寻的信度检验

变量	编号	均值	标准差	CITC	删除该题项后 Cronbach's α 系数	Cronbach's α 系数
基于组织边界的跨界搜寻	SS1	4.32	1.493	0.816	0.924	0.934
	SS2	4.32	1.593	0.839	0.917	
	SS3	4.55	1.532	0.881	0.903	
	SS5	4.45	1.561	0.846	0.914	
	MS1	4.41	2.105	0.681	0.715	0.793
	MS2	4.93	1.554	0.465	0.785	
	MS3	4.13	2.031	0.717	0.703	
	MS4	4.27	2.033	0.746	0.692	
	MS5	4.91	1.810	0.684	0.736	
基于技术边界的跨界搜寻	GT1	5.96	1.027	0.779	0.771	0.849
	GT3	5.99	1.017	0.756	0.782	
	GT4	5.95	1.063	0.798	0.761	
	GT5	5.61	1.156	0.763	0.808	
	PT1	5.85	1.218	0.720	0.893	0.900
	PT2	5.82	1.177	0.767	0.875	
	PT3	5.79	1.155	0.818	0.857	
	PT4	5.67	1.169	0.806	0.861	

下面对组织与技术边界的跨界搜寻行为进行验证性因子分析。跨界搜寻的测量模型及拟合结果分别如图 4.3 和表 4.12 所示，从跨界搜寻测量模型的拟合结果

来看，χ^2 值为 337.579（自由度 df = 113），χ^2/df 值为 2.987，小于标准值 5；CFI 与 TLI 都大于 0.9，接近于 1；RMSEA 的值为 0.090，小于 0.1；各路径系数均在 0.001 水平上具有统计显著性。可见，该测量模型拟合效果较好，图 4.3 所示的因子结构通过了验证，即本书对跨界搜寻的测度是有效的。

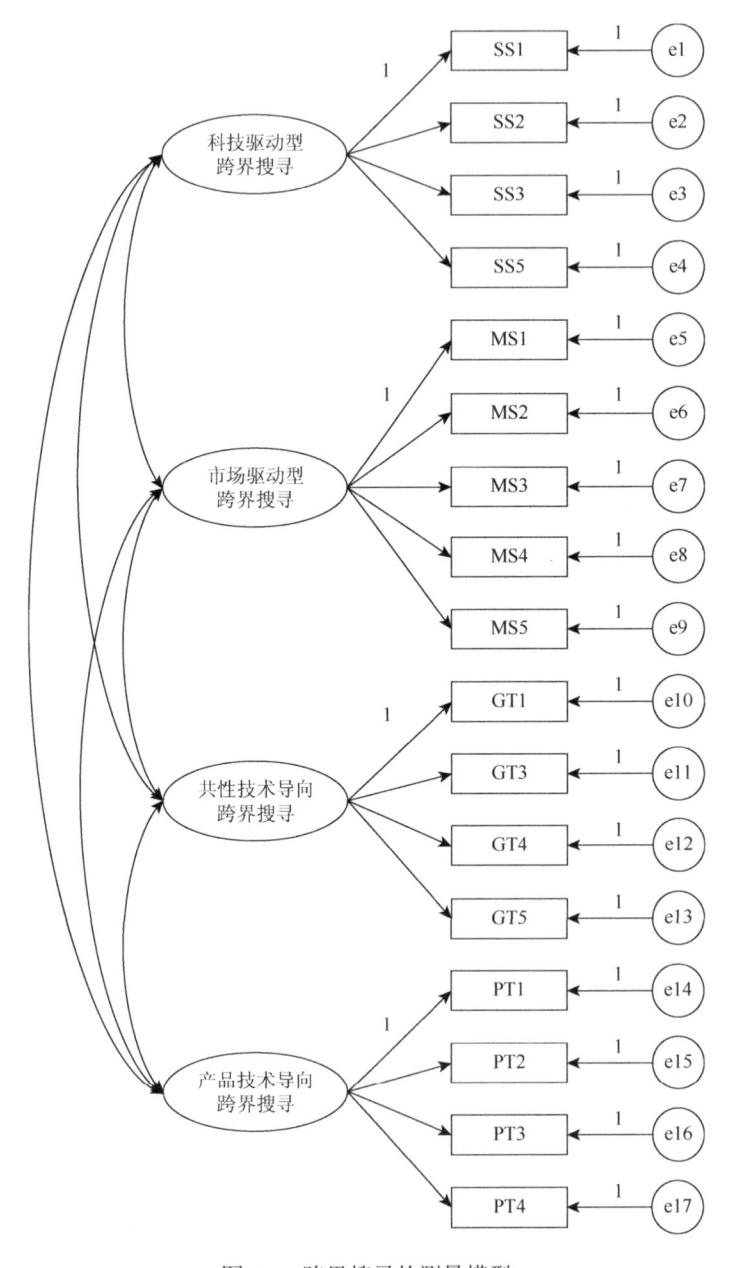

图 4.3　跨界搜寻的测量模型

表4.12　跨界搜寻测量模型的拟合结果

路径	路径系数	S.E.	C.R.	p
SS1←科技驱动型跨界搜寻	0.768	0.050	15.258	***
SS2←科技驱动型跨界搜寻	0.784	0.053	14.938	***
SS3←科技驱动型跨界搜寻	0.226	0.028	8.014	***
SS5←科技驱动型跨界搜寻	0.363	0.033	11.070	***
MS1←市场驱动型跨界搜寻	1.432	0.115	12.462	***
MS2←市场驱动型跨界搜寻	1.934	0.117	16.492	***
MS3←市场驱动型跨界搜寻	1.075	0.100	10.747	***
MS4←市场驱动型跨界搜寻	1.023	0.180	16.830	***
MS5←市场驱动型跨界搜寻	1.047	0.100	10.515	***
GT1←共性技术导向跨界搜寻	0.284	0.023	12.216	***
GT3←共性技术导向跨界搜寻	0.236	0.022	10.937	***
GT4←共性技术导向跨界搜寻	0.226	0.023	9.849	***
GT5←共性技术导向跨界搜寻	1.014	0.062	16.478	***
PT1←产品技术导向跨界搜寻	0.667	0.044	15.075	***
PT2←产品技术导向跨界搜寻	0.513	0.036	14.290	***
PT3←产品技术导向跨界搜寻	0.254	0.026	9.887	***
PT4←产品技术导向跨界搜寻	0.281	0.027	10.460	***

由表4.12可知，跨界搜寻各个维度的信度系数均满足检验标准。从表4.13来看，跨界搜寻四个因子模型的拟合效果都比较好，四个维度的卡方值均未达到5%的显著性水平，同时，拟合系数GFI与IFI均不低于0.95的可接受范围。总体来看，跨界搜寻四个维度在统计上存在较高的信度，也为前面跨界搜寻维度的理论推导提供了实证依据。

表4.13　跨界搜寻验证性因子分析结果

变量	问项数	信度	CFA分析结果			
			χ^2	p	χ^2/df	GFI	IFI
科技驱动型跨界搜寻	4	0.934	3.405	0.000	1.702	0.97	0.95
市场驱动型跨界搜寻	5	0.793	7.821	0.000	1.564	0.98	0.98
共性技术导向跨界搜寻	4	0.849	3.482	0.000	1.741	0.98	0.97
产品技术导向跨界搜寻	4	0.900	3.432	0.000	1.716	0.97	0.98

在此基础上，进一步构建了两两配对的检测模型，从而检验各个维度的区别效度。如表 4.14 所示，每对变量组成的检测模型分别经过约束和未约束两步检测程序，并逐对标记其 χ^2 与 $\Delta\chi^2$ 值。从检验结果来看，6 对模型的未约束模型 χ^2 值都小于约束模型，表明各个变量之间不存在两两完全相关关系，相反具有较高的区别效度。因此，将跨界搜寻行为划分为组织与技术两个维度的前提下，进一步将其细分为科技驱动型与市场驱动型、共性技术与产品技术导向跨界搜寻具有理论与实证方面的合理性，从而验证了本书所提假设 H1。

表 4.14 跨界搜寻的区别效度检验结果

配对检测	约束模型 χ^2	未约束模型 χ^2	$\Delta\chi^2$
SS & MS	87.36	64.58	22.78[***]
SS & GT	94.28	83.45	10.83[***]
SS & PT	101.34	94.83	6.51[***]
MS & GT	93.66	82.97	10.69[***]
MS & PT	96.47	83.15	13.32[***]
GT & PT	86.27	74.16	12.11[***]

总体来看，在信度方面，跨界搜寻、探索能力、开发能力、财务绩效、创新绩效的 α 值分别为 0.863、0.841、0.815、0.917、0.897，均大于 0.70，表明本书所用量表是可靠的。为了确保内容效度，在正式发放前经过了企业访谈、问卷预测试等环节，并聘请本领域的小同行专家、长期参与研发活动的企业管理者参与问卷的开发与修正工作，以确保量表的每个题项能够准确反映构念的真实内涵，并且填写者不会产生任何误解。同时，本书采用验证性因子分析检验建构效度，由表 4.15 可知，各项指标均达到适配标准，表明量表的建构效度具有较高的真实性。

表 4.15 各变量验证性因子分析结果

变量	变量	标准因素负荷量	信度系数	测量误差	组合信度	平均变异量抽取值
跨界搜寻	SS1：与高校联合培养人才	0.769	0.618	0.382	0.796	0.648
	SS2：与政府交流产业政策	0.745	0.662	0.338		
	SS3：向研究机构咨询技术趋势	0.767	0.625	0.375		
	SS4：关注技术标准、专利信息	0.749	0.613	0.387		

续表

变量	变量	标准因素负荷量	信度系数	测量误差	组合信度	平均变异量抽取值
跨界搜寻	MS1：及时跟踪供应商信息	0.816	0.743	0.257	0.879	0.713
	MS2：关注竞争者战略变化	0.863	0.766	0.234		
	MS3：吸纳行业协会/商会信息	0.874	0.769	0.231		
	MS4：采用咨询公司提供的信息	0.822	0.725	0.275		
	MS5：参加设计或产品交流会	0.857	0.737	0.263		
	GT1：通过公共平台了解共性技术发展	0.846	0.759	0.241	0.852	0.706
	GT2：参与政府发起的共性技术攻关项目	0.871	0.760	0.240		
	GT3：联盟内成员面临共性技术难题	0.796	0.628	0.372		
	GT4：参加企业发起的共性技术研发计划	0.782	0.611	0.389		
	PT1：合作创新目标为工艺流程改进	0.890	0.762	0.238	0.894	0.743
	PT2：技术中心以产品检测、改良为主	0.872	0.763	0.237		
	PT3：营销与研发部门及时沟通产品信息	0.851	0.730	0.270		
	PT4：工程师改良产品能力突出	0.753	0.693	0.307		
探索能力	ER1：探索新产品或服务	0.843	0.718	0.282	0.853	0.701
	ER2：发现潜在机会	0.807	0.686	0.314		
	ER3：利用新渠道	0.826	0.703	0.297		
开发能力	EI1：拓展新客户	0.856	0.721	0.279	0.861	0.689
	EI2：改进现有产品与服务	0.793	0.645	0.355		
	EI3：改善现有工艺或流程	0.775	0.633	0.367		
财务绩效	FP1：销售收益率	0.914	0.824	0.176	0.920	0.765
	FP2：资产回报率	0.895	0.753	0.247		
	FP3：总资产周转率	0.916	0.808	0.192		
	FP4：销售额增长率	0.907	0.796	0.204		
创新绩效	IP1：专利数量	0.912	0.831	0.169	0.924	0.770
	IP2：新产品数量	0.856	0.736	0.264		
	IP3：研发项目数量	0.879	0.740	0.260		
	适配指标	0.50-0.95	>0.50		>0.60	>0.50

4.5 跨界搜寻影响双元能力的实证分析与结果讨论

4.5.1 描述性统计

在构建初始模型之前,除了要对样本容量分布状态以及信度效度进行分析,还需对所涉及变量的样本特征、相关关系进行简要描述。本章运用SPSS19.0对各变量数据进行了描述性统计分析,从而得到各个变量的均值、标准差、Pearson相关系数,如表4.16所示。

表4.16 各变量的均值、标准差与 Pearson 相关系数

变量	均值	标准差	1	2	3	4	5	6
1. 科技驱动型跨界搜寻	4.44	1.29	1.000					
2. 市场驱动型跨界搜寻	4.65	1.24	0.412**	1.000				
3. 共性技术导向跨界搜寻	5.57	0.85	0.272**	0.353**	1.000			
4. 产品技术导向跨界搜寻	5.61	0.91	0.181**	0.216**	0.141**	1.000		
5. 探索能力	5.26	1.011	0.192**	0.145**	0.013	0.038	1.000	
6. 开发能力	5.23	1.086	0.151**	0.097*	0.056	0.043	0.648**	1.000

4.5.2 初始结构方程模型构建

结构方程模型是结合变量协方差矩阵和路径分析思想来分析变量之间关系的一种统计方法。一般而言,结构方程可分为三类分析过程:纯粹验证、选择模型以及产生模型,本书是常见的产生模型分析,即先提出一个或多个模型,并检验该模型是否拟合样本数据,基于相关理论和样本数据进行模型修正,直至产生一个符合样本数据的最佳模型(侯杰泰等,2004)。

基于图4.1所构建的跨界搜寻对组织双元能力影响机制的概念模型,本书初步设立了如图4.4所示结构方程模型。该模型通过17个外生显变量(如SS1、MS2、GT3、PT4等)来对4个外生潜变量(科技驱动型与市场驱动型跨界搜寻、共性技术与产品技术导向跨界搜寻)进行测量,设置6个内生显变量(如ER1、ER4、EI1等)来测量2个内生潜变量(即探索能力、开发能力)。

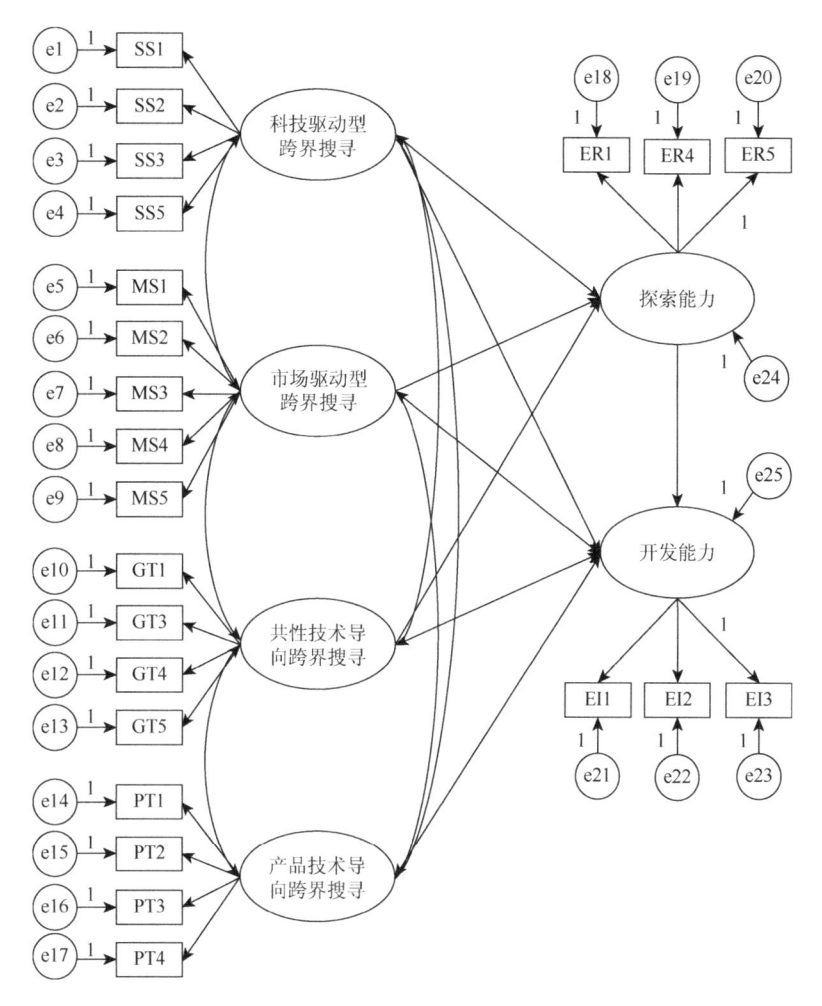

图 4.4 跨界搜寻与组织双元能力关系的初始模型

4.5.3 初始结构方程模型拟合

本章利用 AMOS 软件对初始结构方程模型进行分析运算，初步拟合结果如表 4.17 所示。

从拟合结果来看，初始结构模型的 χ^2 值为 348.047（自由度 df = 215），χ^2/df 值为 1.619，RMSEA 系数为 0.071，小于 0.10；NFI、GFI 系数分别为 0.895 和 0.884，均小于 0.9。除了 χ^2/df、RMSEA、CFI 和 TLI 等拟合指标达到了可接受范围，其他拟合指标（如 NFI、GFI）均不在拟合接受范围内，说明初始结构模型的拟合效果并不理想。正如温忠麟等（2005）所指出的，很少有模型只经过一次运算就能够拟合成功，这对于产生模型的分析更为常见，其原因可能是所构建的概念模型本身的确存在一些问题，也可能是因为通过调查问卷所获得的数据造成的偏差。因此，针对以上初始模型的拟合结果不合格的情况，以及部分不能通过路径系统检验的结果，有必要对初始模型进行微调与修正，并检测其各项拟合指标是否可以达到标准的模型要求。

表 4.17 初始结构模型的拟合结果

路径	路径系数	S.E.	C.R.	p
探索能力←科技驱动型跨界搜寻	0.367	0.039	3.926	***
探索能力←市场驱动型跨界搜寻	0.037	0.028	1.306	0.192
探索能力←共性技术导向跨界搜寻	0.452	0.050	1.052	***
开发能力←科技驱动型跨界搜寻	0.016	0.037	0.153	0.278
开发能力←市场驱动型跨界搜寻	0.254	0.026	0.547	***
开发能力←共性技术导向跨界搜寻	0.196	0.046	1.430	*
开发能力←产品技术导向跨界搜寻	0.308	0.046	0.182	***
开发能力←探索能力	0.088	0.059	1.019	***
$\chi^2 = 348.047$		RMSEA = 0.071		CFI = 0.927
df = 215		NFI = 0.895		GFI = 0.884
$\chi^2/df = 1.619$		TLI = 0.915		

4.5.4 整体结构方程模型修正

根据初始模型的拟合结果，本书进一步做了以下两个方面的修正处理。其一，利用 AMOS 软件在模型检验结果中给出的可供参考的修改指标（modification indices，MI），增加残差间的相关关系。如果变量的修改指标比较大，则说明原来模型没有考虑到这些变量间的强相关关系，使得路径分析的条件无法达到，需要对模型做出调整，并承认这些变量之间的相关关系，这一调整主要是增加残差间的协方差关系。一般而言，当 $\alpha = 0.05$ 水平时，对 MI＞3.84 的参数路径进行修改是适当的（侯杰泰等，2004）；其二，根据初始模型检验中的路径系数检验结果，通过增加或删除自变量间的路径关系，对模型进行微调。

针对初始拟合中未通过显著性检验的路径，本书通过先后固定"市场驱动型跨界搜寻→探索能力"、"科技驱动型跨界搜寻→开发能力"作用路径的方式，进一步对模型进行调整与修正，以期达到最佳拟合效果，但是，从修正后的模型来看，整体拟合系数与变量间路径系数均得到显著改善，因此，修正后的结构方程模型最终删除了上述两条路径，如图4.5所示。同时，在简化模型基础上，本书对变量内部的残差关系进行了修正，通过增加残差间协方差关系对模型进行微调，以逐步消除模拟偏差。例如，初始拟合模型中"共性技术导向跨界搜寻→开发能力"的路径系数显著性较低（p为0.038），考虑到GT3与GT5问项中均是关于共性技术攻关计划的内容，在一定程度上存在关联性，便将两个问项的残差项相连，并重新拟合修正后的结构模型。通过重复修正与拟合，最终得到最优模型的拟合结果，如表4.18所示。

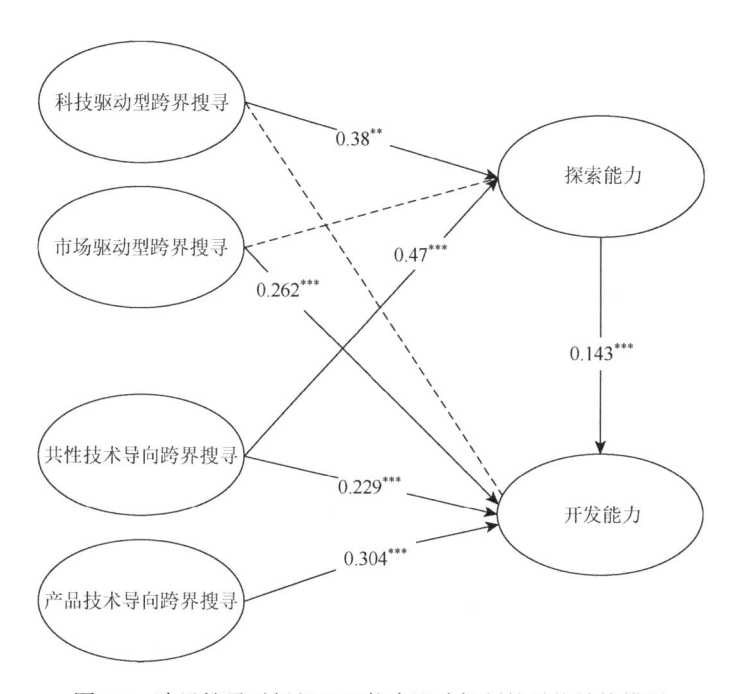

图 4.5 跨界搜寻对组织双元能力影响机制的最终结构模型

表 4.18 模型修改后的拟合结果

路径	路径系数	S.E.	C.R.	p
探索能力←科技驱动型跨界搜寻	0.380	0.042	3.963	**
探索能力←市场驱动型跨界搜寻	0.040	0.028	1.417	0.156
探索能力←共性技术导向跨界搜寻	0.470	0.048	1.025	***
开发能力←科技驱动型跨界搜寻	0.002	0.039	0.062	0.235
开发能力←市场驱动型跨界搜寻	0.262	0.025	1.090	***
开发能力←共性技术导向跨界搜寻	0.229	0.044	1.651	**
开发能力←产品技术导向跨界搜寻	0.304	0.047	0.346	***
开发能力←探索能力	0.143	0.060	1.083	***

下面从模型整体适配度方面对修正后的模型进行评价。整体模型适配度用来检验整个模型与观察数据的适配程度,这方面的适配度衡量标准有多种指标,Hair等(1998)将其分为三种类型:绝对拟合指数(absolute fit measures)、相对拟合指数(relative fit measures)及简约拟合指数(parsimonious fit measures)。本书的整体模型适配度如表 4.19 所示。

(1)整体模型的绝对拟合指数 χ^2/df、GFI、AGFI、RMR 以及 RMSEA 均已达到很好或非常好的范围。只有卡方统计值(χ^2)表现显著而未达到可接受标准,其原因可能是卡方值除了对样本大小特别敏感,对于其他许多因素(如反应变量的类别数目)也具有敏感性,因此,笔者建议研究人员不宜只看卡方统计值,应和其他适配度指标一并考虑。

(2)相对拟合指数 CFI、IFI、NFI、RFI、TLI 均已经达到很好或者非常好的范围。

(3)简约拟合指数中,理论模型的 AIC 小于饱和模型以及独立模型的 AIC,说明理论模型在简约性方面是可以接受的。PNFI 与 PCFI 均达到了很好的范围,卡方值与自由度的比值(χ^2/df)大于 1 而且小于 3,说明理论模型适配良好。

表 4.19 最终结构模型的拟合指数

指标类别	拟合指标	模型估计	解释
绝对拟合指数	χ^2	270.693	显著
	GFI	0.921	非常好,大于 0.90 接近于 1
	AGFI	0.913	很好,大于 0.90
	RMR	0.042	非常好,小于 0.05
	RMSEA	0.055	很好,小于 0.08
相对拟合指数	CFI	0.958	非常好,大于 0.90
	IFI	0.958	非常好,大于 0.90
	NFI	0.936	非常好,大于 0.90
	RFI	0.922	很好,大于 0.90
	TLI	0.949	非常好,大于 0.90
简约拟合指数	AIC(理论模型)	306.693	理论模型的 AIC 小于独立模型,且小于饱和模型的 AIC
	AIC(饱和模型)	552.000	
	AIC(独立模型)	8967.528	
	PNFI	0.770	很好,大于 0.5
	PCFI	0.788	很好,大于 0.5
	χ^2/df	1.301	$1<\chi^2/df<3$

根据模型整体适配度与路径系数，最终得到本书的最优结构模型（图4.5）。从各潜变量之间的路径系数及其显著程度来看，企业跨界搜寻行为对其技术能力提升存在正向影响，从组织维度来看，科技驱动型与市场驱动型跨界搜寻对组织探索、开发能力的路径系数分别为0.38、0.262，且均具有较高显著性（$p<0.01$；$p<0.001$），假设H2-1、H2-4得到验证；共性技术导向跨界搜寻对组织探索、开发能力的路径系数分别为0.470、0.229，且均达到了1%的显著性水平，支持假设H3-1、H3-2；产品技术导向跨界搜寻对组织开发能力的路径系数为0.304，并且具有0.1%的显著性水平，假设H3-3得到验证；探索能力与开发能力之间的路径系数为0.143，且具有显著性（$p<0.001$），支持假设H4。其余假设H2-2、H2-3未能通过显著性检验。

4.5.5 检验结果讨论

本章运用结构方程模型探讨了基于组织与技术边界的跨界搜寻行为对企业探索、开发能力的影响机制。从总体样本拟合结果（表4.20）来看，假设H1、H2-1、H2-4、H3-1、H3-2、H3-3、H4获得了支持，而假设H2-2、H2-3未能得到验证。即在现实情境下，我国企业的跨界搜寻行为包括组织和技术两个维度，以前者为边界可细分为科技驱动型与市场驱动型跨界搜寻，以后者为边界可细分为共性技术导向与产品技术导向跨界搜寻；跨界搜寻对组织双元能力存在显著的正向影响，但各个维度对企业探索与开发能力的影响程度不同，其中，科技驱动型跨界搜寻对于探索能力存在显著的正向影响，但对组织开发能力的影响不显著；市场驱动型跨界搜寻对探索能力的影响关系未能通过显著性检验，但其对企业开发能力具有显著的正向影响；共性技术导向跨界搜寻对企业探索能力和开发能力均具有显著的正向影响，产品技术导向跨界搜寻对企业开发能力具有显著的正向影响；同时，组织双元能力之间也存在显著的相互关系，即企业探索能力对开发能力具有显著的正向影响。

表4.20 子研究一结果汇总

研究假设	实证结果
H1：中国现实情境下，企业跨界搜寻行为包括组织边界和技术边界两个维度	支持
H2-1：科技驱动型跨界搜寻对于企业探索能力具有显著的正向影响	支持
H2-2：科技驱动型跨界搜寻对于企业开发能力具有显著的正向影响	不支持
H2-3：市场驱动型跨界搜寻对于企业探索能力具有显著的正向影响	不支持
H2-4：市场驱动型跨界搜寻对于企业开发能力具有显著的正向影响	支持
H3-1：共性技术导向跨界搜寻对企业探索能力具有显著的正向影响	支持

续表

研究假设	实证结果
H3-2：共性技术导向跨界搜寻对企业开发能力具有显著的正向影响	支持
H3-3：产品技术导向跨界搜寻对企业开发能力具有显著的正向影响	支持
H4：企业探索能力对开发能力具有显著的正向影响	支持

为深入分析各个变量间的影响关系，本书将结合现有国内外文献对本书的相关结论进行进一步讨论。

1. 基于组织边界的跨界搜寻：异质性知识源与能力结构的匹配关系

从组织维度来看，跨界搜寻是企业实施外部知识源战略的重要举措，对不同属性科研主体内部知识的有效整合，在一定程度上体现并深化了开放式创新理论（陈钰芬和陈劲，2008）。Brown 和 Eisenhardt（1997）认为外部知识源具有更强的异质性特征，相比内部研发技术更能促进企业能力结构的革新，Laursen 和 Salter（2004）系统总结了供应商、客户、竞争对手等 16 种企业外部知识源，并将其划分为市场型、机构型、专业型和其他四类，Grimpe 和 Sofka（2009）研究也认同公共/商业实验室、大学、专业会议等是企业主要外部知识来源，对企业创新绩效具有显著的影响。与上述研究一致，本书认为中国企业尤其需要和高校、供应商、客户等外部主体进行协同与互动，并根据各主体属性及其所提供知识类型差异将其划分为科技驱动型与市场驱动型两类机构，并对应于两种类型的跨界搜寻行为，这种分类方式与 Sidhu 等（2007）、Sofka 和 Grimpe（2010）等的研究存在共同点，即考虑了企业技术供给链各个环节参与主体的职能特征，其创新性则在于将维度细分与内容定位相结合，突出了企业技术能力提升过程中内生与外生因素的差异化影响作用。

从现有研究来看，学者大多关注跨界搜寻对组织绩效的影响机制，忽略了其对组织技术能力的影响过程（He and Wong，2004）。本章则是针对性研究了跨界搜寻与组织双元能力之间的关系，探讨了与不同类型研发主体合作所带来的技术能力及结构差异问题。与前人的研究相比，对二者关系研究的意义在于：一方面，针对中国情境进行组织维度的跨界搜寻行为细分。与发达国家相比，中国企业技术能力相对落后，导致其无法吸收高校及科研机构的基础研究成果，而只能停留在以技术为基础的合作创新层次，而以高校、科研院所为代表的科技驱动型主体以及以供应商、竞争对手、商业协会为代表的市场驱动型主体，成为我国企业获取技术与市场信息的重要来源（魏江和冯军政，2009；熊伟等，2011）。另一方面，针对不同层次能力水平的技术能力结构研究。与以往将技术能力作为整体概念研究不同，本书采用了探索与开发能力的细分方式，分别对应对探索新知识与利用旧知识的整合过程（March，1991；李剑力，2009）。基于动态能力理论的研究发现，组织聚焦于相似技术搜寻有利于提升开发能力，即通过本地搜寻构建一阶能力，而通过跨界搜寻与外部整合可以培育组织的探索能力，即构建一阶能力的二阶能力（Danneels，2008）。研究结论验证了跨界搜寻对组织双元能力的影响，并进一步辨识出了不同跨界搜寻类型对技术能力影响的层次差异，是对组织搜寻与组织学习理论的深入延伸。

2. 基于技术边界的跨界搜寻：组织双元能力提升与结构改善的保障机制

从技术维度来看，跨界搜寻是改善组织技术能力结构的关键路径，对不同层次技术知识的搜寻与整合，有助于企业根据自身发展阶段与创新战略，针对性地提升不同层次的技术创新能力（Wagner，2011；王继飞，2010）。与Rosenkopf和Nerkar（2001）、马如飞（2009）等研究结论一致，本章研究结果也证实了技术边界跨界搜寻对企业技术能力的正向影响。与之不同的是，在搜寻维度划分方面进行了重新界定与细分，Li等（2008）认为组织搜寻边界与价值链上的职能环节相关，可以分为科学、技术与市场三个维度，并对应于不同类型的知识类别；Rosenkopf和Nerkar（2001）基于专利信息将搜寻知识类别分为产业内知识与产业间知识；Phene等（2006）研究将搜寻知识分为相似技术和非相似技术两类，其相似程度要根据企业既有知识进行判断；Grimpe和Sofka（2009）等根据知识属性差异，将搜寻知识分为技术知识与市场知识；Köhler等（2009）将搜寻知识分为供应商知识、市场知识与科研知识三类。本书旨在探讨企业技术能力的前因变量，搜寻内容则侧重于技术知识而非市场知识，从技术发展过程来看，企业所需技术可分为基础技术、共性技术、产品技术三个阶段，基于对产业技术供求体系的客观判断，现阶段我国企业处于后两种技术的需求阶段，因此分别界定了共性技术导向、产品技术导向两类跨界搜寻行为，并进一步探讨两种导向搜寻行为对组织双元能力的差异影响。

除了维度界定不同，本书与前人研究结论也存在不同之处，在一定程度上丰富并细化了跨界搜寻领域的研究结论。从技术维度跨界搜寻与技术能力相关研究看，学者大多认同二者之间的正相关关系，但在具体影响路径与效果方面存在差异。Grimpe和Sofka（2009）基于行业技术水平视角研究了中、高、低技术行业公司在搜寻策略上的差异，研究发现，中低技术行业公司的跨界搜寻侧重于市场知识（顾客和竞争者知识），而中高技术行业公司更多关注技术知识（大学和供应商知识）；Köhler等（2009）通过制造业和服务业对比发现，搜寻科研机构、供应商知识有利于突破性创新，而追逐市场知识则有利于渐进性创新，服务业公司的创新主要受益于市场知识。与之相比，本书发现共性技术导向跨界搜寻对探索与开发能力都具有显著的正向影响，并且对前者的影响效果要优于后者；产品技术导向跨界搜寻仅对企业开发能力存在显著促进作用。该研究结论深化了 Sidhu 等（2007）研究中关于组织搜寻与绩效关系的研究结论，通过现实情境下企业所需技术类别定位与能力细分，针对性地解决了由跨界搜寻到绩效提升的路径问题。

3. 组织双元能力之间的关系：二者表现为有条件的协同互动关系

自 March（1991）提出探索与开发概念以来，学者针对二者关系进行了充分的理论探讨，认为二者双元能力之间存在平衡或耦合的互动关系（Fang et al., 2010），但是验证二者关系的针对性实证研究相对较少（Jansen et al., 2006）。在理论研究方面，March（1991）认为探索与开发分别处于同一连续体的两端，由于所需结构、文化、资源差异而无法共存于同一组织内部，但 Gupta（2006）等研究认为二者之间的张力并非不能协调，可以通过构建双元型组织、专业性市场交易等途径打破资源约束，从而实现探索与开发能力的有效互动，Baden-Fuller 和 Volberda（1997）认为外取便是协调组织内部双元张力的有效方式，开放式创新理论也为解决双元张力关系、促进二者互动提供了理论基础。以此为基础，Isobe 等（2004）通过实证研究发现，探索能力与开发能力之间存在显著的正向影响关系，并且开发能力对探索能力的影响效果更大（路径系数分别为 0.29、0.083），后续研究大多考察了双元能力平衡关系对组织绩效的影响，却较少检验二者之间的影响关系。本书中企业探索对开发能力的促进关系得到了验证，而反向影响关系未得到理论支持，这与中国企业技术能力相对偏低、结构单一的现状关系密切，无法通过长期技术积累实现突破性创新，而只能对现有成果进行集成性、渐进性改进，"山寨"产品便是典型实例。

4. 创新能力结构视角：揭示适合中国现实情境的"行为—能力—绩效"提升路径

意识到主体目标差异、技术供求错位等问题，中国企业更加关注搜寻行为与能力结构的匹配，尝试选择与要素禀赋、能力水平相适宜的创新模式，创新能力结构则为深刻揭示中国企业"行为—能力—绩效"提升路径提供了新的视角。从检验结果来看，一方面，基于技术能力势差、主体属性差异的搜寻策略，其技术—组织维度的内容界定与中国现实情境相呼应，H1 通过检验进一步印证了该视角的合理性。与发达国家不同，本书没有将基础技术作为搜寻目标，与高校、科研院所等合作定位于应用性共性技术层面，这与我国企业吸收能力偏弱、能力结构不均衡的现状密不可分；另一方面，不同维度搜寻行为对企业能力层次的提升效果不同，这为企业合作伙伴选择、搜寻策略制定提供了借鉴依据，同时也破除了 R&D 崇拜、无序性合作研发等扭曲行为，H2-1、H3-3 等通过检验说明了"行为—能力—绩效"提升路径的可行性。与中国企业创新分布特点一致（谢伟，2006），与外围创新相关的一阶能力可通过搜寻产品技术、市场信息不断积累，而支撑核心创新、系统创新的二阶能力则需要投身基础研究、攻克共性技术等方式获取，这也为缓解过度搜寻、协调双元张力提供了有价值的解决思路。

4.6 本章小结

本章以案例研究所提命题 3.1 为基础，基于创新能力结构视角，从组织—技术维度解构中国企业的跨界搜寻行为，探讨了不同维度搜寻行为对组织双元能力的差异化影响，并检验了探索与开发能力之间的作用机理，在前人研究基础上取得了一定的进展。第一，虽然现有研究涉及跨界搜寻的维度划分与内容界定，却忽视了新兴市场中企业能力层次与搜寻目标的匹配性（Li et al.，2008）。本书基于当前企业技术供求体系提出创新能力结构视角，从组织—技术维度解构了中国企业的跨界搜寻行为，揭示了不同维度搜寻行为的目标与特点，弥补了组织搜寻在维度界定与情境嵌入方面的不足。第二，以往研究关注跨界搜寻与组织运营、创新绩效的关系，却忽视了跨界搜寻对组织技术能力的影响。本书在重新界定跨界搜寻维度的基础上，关注基于组织—技术边界的跨界搜寻对组织双元能力的差异化影响，发现科技驱动型、共性技术导向跨界搜寻对探索能力的显著正向影响，而市场驱动型、共性技术和产品技术导向跨界搜寻对开发能力呈显著促进作用，从而深化了跨界搜寻和双元能力关系的理论与实证研究。第三，许多研究指出，组织双元能力存在结构、文化与资源方面的本质差异，进而导致二者之间存在张力关系（March，1991）。本书进一步发现，双元能力之间并非绝对排斥或不可协调，探索能力对开发能力具有显著的正向影响，该结论突破了 March 对双元性的理论预设，丰富了组织双元性领域的实证研究成果。上述研究结论证明了"跨界搜寻是提升组织技术能力的前因变量"的理论假设，并验证了双元能力之间的相互关系，为下面从结构视角分析双元能力与企业绩效关系奠定了基础。

基于上述结论，提出如下管理建议。

（1）对于后发企业而言，利用外部资源提升创新能力是其构建核心竞争力的必由路径。跨界搜寻打破了"非此地发明"与"非此地销售"的思维定势，为我国企业技术能力"破壁—实践—跃迁"提供了基础条件，而如何有效搜寻、整合所需的目标知识与合作伙伴成为企业要解决的首要问题。

（2）开放式创新体系内蕴含了丰富的创新资源，企业应根据自身能力水平与发展定位，提升搜寻、整合与转化外部知识的技术能力，尤其注重不同类型搜寻对象、目标知识与能力结构的匹配性。比如，提升探索能力需要企业利用科研机构的前瞻性知识弥补自身技术势差，该类知识多为技术供给链上游的基础技术或共性技术。

（3）企业需依据能力结构客观定位探索与开发活动，合理配置组织内部有限的创新资源。这意味着后发企业需要在双元能力之间做出平衡，并通过互补整合机制促进探索与开发之间的良性互动，避免过度路径依赖而陷入能力陷阱或失败陷阱。

第 5 章　跨界搜寻、双元能力结构与绩效的关系研究

5.1　组织双元能力的成长困境与结构协调

创新驱动是"中国制造 2025"规划的基本方针，也是企业优化技术能力结构、完善创新主体地位的必由之路。改革开放以来，我国持续推进产学研协同创新，以期弥补技术供给体系中的错位与缺位状况，提升企业共性技术与产品技术的研发能力，这也要求企业兼备开发既有产品、探索潜在技术的双元能力，实现企业自主创新能力的根本提升（朱桂龙，2012）。但是，二者所需组织结构、文化等存在差异，组织往往无法同时具备探索能力与开发能力，从而导致组织内部普遍存在双元张力，具体表现为二者对有限资源的无序竞争（Raisch and Birkinshaw，2008）。为解决该困境，国内外学者尝试通过专业性市场交易、构建双元情境、构建互补整合机制等途径，试图从根本上破解有限性与竞争性约束下的资源瓶颈（Gupta et al.，2006；奉小斌和陈丽琼，2010），实现组织内部探索与开发活动的协调发展。尽管该解决机制是针对发达国家企业的情境设计，但对于后发国家的二次创新与技术追赶意义重大，尤其是在组织资源与能力有限的前提下，有效解决双元张力是实现资源优化配置、优化技术能力结构、构建持续竞争优势的重要举措。

如何有效协调组织探索与开发能力？尽管 He 和 Wong（2004）、Lavie 和 Rosenkopf（2006）等研究验证了双元能力平衡或互动关系对组织绩效的影响关系，却未进一步研究协调双元能力的前因变量。前期理论研究发现，通过构建双元型组织（如结构双元、情境双元、领导双元）可以缓解二者在组织文化与架构方面的冲突（Duncan，1976）；Jansen 等（2006）对双元张力的解决方式进行了归纳，认为组织可通过接受、分解和解决三种途径进行协调，通过妥协或外取接受悖论，并利用层级、空间与时间方面的情境分离对其进行分解，最终通过组织设计或资源配置来平衡探索与开发之间的矛盾（Baden-Fuller and Volberda，1997）。上述解决机制多以双元性理论为基础，其根本落脚点在于协调两种创新活动之间的资源配置问题，正如 Katila 和 Ahuja（2002）研究发现，在没有资源有限性约束下，探索与开发之间的互动能显著促进企业新产品开发进程。基于此，利用外部科技资源提升技术能力是企业融入开放式创新体系的必然选择（Chen et al.，2011），而跨越组织与技术边界的组织搜寻成为识别、获取与整合外部知识的逻辑起点。

与此同时，协调双元能力关系能否带来组织绩效的持续提升？对于这一问题

的回答，国内外理论与实证研究存在诸多不一致之处。从理论研究来看，组织通过连续或间断均衡协调组织内部研发活动，能够为企业带来较高的创新效率与绩效，尤其是具备充足"冗余资源"的组织，更能有效促进组织技术创新活动（Stettner and Lavie, 2014）。He 和 Wong（2004）针对马来西亚制造业企业研究发现，组织探索与开发创新战略的交互作用能够显著提升销售增长率，而二者之间的平衡关系则对财务绩效存在负向影响；Cao 等（2009）以中国高新技术企业为样本，研究发现双元能力平衡与互动均对公司绩效产生显著的正向影响，并且两种关系的协同效应也有利于提升企业创新绩效。国内研究方面，李忆和司有和（2008）发现双元能力平衡与互动对企业绩效的影响均不显著，而焦豪（2011）则发现双元能力平衡有利于组织保持长期竞争优势，杨学儒等（2011）发现新创企业和成熟企业中双元平衡对企业绩效的影响有所差异，前者绩效提升得益于间断平衡状态，而后者更多受到连续均衡的调节作用。综观上述研究，不仅国内外研究结论存在较大差异，同样针对中国情境的研究也无法形成一致结论，双元能力结构与组织绩效之间的关系仍有待进一步探讨。

  基于此，本章将在第 4 章的基础上，重点探讨跨界搜寻对双元能力结构、企业绩效的影响机制，试图回答"跨界搜寻是否能够协调组织双元能力关系"、"协调双元能力关系能否带来组织绩效的持续提升"两个关键问题，并在此基础上对研究结果进行讨论，深入分析中国情境下跨界搜寻对双元能力结构、企业绩效的作用效果与路径，为现阶段我国企业创新能力结构改善、产业技术供给体系优化、创新驱动发展战略实施提供参考依据。

5.2 跨界搜寻影响双元能力结构的理论模型与假设推演

5.2.1 创新能力结构视角下跨界搜寻协调双元能力结构的理论基础

  现实情境下，突破自身资源限制是改善企业技术能力结构的重要前提，开放式创新则为组织内外部资源流动与技术融合提供了模式借鉴（陈劲等，2007）。开放式创新意味着有价值的知识呈广泛分布状态，即使最有能力的研发组织也必须把识别、获取和利用外部知识源作为创新的核心过程（Chesbrough, 2003）。同时，在此范式下的组织边界是模糊、可渗透的，企业创新逐渐演变成一种全局性的活动，通过从外部广泛吸纳创新要素，形成以科研机构、供应商、技术中介等创新利益相关者为基准的多主体创新模式（陈钰芬和陈劲，2008）。该模式打破了不同属性主体之间的资源与技术壁垒，把企业科研项目有过程、有目标地向领先用户、供应商、设计公司甚至竞争对手公开，促进创意的输入、输出与碰撞，从高校和科研机构获取技术资源弥补内部资源不足，并将内外部知识有机整合，借助开放的市场力量加快创新速度、提升创新效率,最终形成自身的竞争优势和核心竞争力(Chesbrough,2003)。

开放式创新不仅打破组织间的资源壁垒,也为企业创新活动提供了多元、互补的知识资源。动态能力理论认为,技术领先者在竞争中失去了优势地位,反而被技术追随者超越,根本原因在于缺少促进成果商业化的互补性资产(Teece et al.,1997;Rothaermel,2001),而该类资源的获取渠道通常是企业外部的异质性组织。在技术能力偏弱的情境下,中国企业更多依托与高校、科研院所、商业协会的技术与市场合作,通过转化前沿技术、追踪市场信息来规划内部研发策略,保持开发现有资源与探索潜在机遇的能力平衡,从而构建适合后发国家企业的技术优势(吴晓波和许庆瑞,1995)。在此过程中,企业尝试通过集成式、分布式、网络化等创新模式,不断克服"非此地发明"与"非此地销售"的思维定势,利用外部异质性创新资源促进了企业技术能力的直接提升,并为企业一阶能力与二阶能力的动态构建过程提供了互补性资产,成为开放式创新范式下优化创新能力结构、协调内外部资源的典型策略(Chesbrough,2003)。

创新能力结构是合作主体通过参与不同类型科研活动而处于技术供给链不同职能环节的一种能力状态(肖丁丁和朱桂龙,2016)。企业隶属于"技术王国",受超额利润、垄断地位驱使而从事应用研究与试验发展活动,并通过专利竞赛、商业秘密等方式独占竞争前技术(隋立祖等,2011),其搜寻目标定位于产品技术与应用性共性技术,以支撑其工艺改进、流程再造、产品测试等开发性活动;而学研机构隶属于"科学共和国",以波尔象限、巴斯德象限的科学研究为主,其供给技术具有较强的公共属性、平台属性(隋立祖等,2011),即为企业研发活动提供基础技术、基础性或者应用性共性技术。以硅谷模式为例,高校与公共实验室积累了丰富的前瞻性技术,而行业协会、专业会议等媒介提供了前沿理念与顾客信息,企业之间也可以开展关键共性技术的联合攻关,以推动不同领域、行业之间的技术融合(Laursen and Salter,2006),与之对应,企业通过与不同研发主体合作获得技术供给链上的异质知识,从高校、公共实验室获得基础技术与基础性共性技术,而从私人实验室、合作企业获得应用性共性技术与产品技术(Tassey,1991)。因此,组织跨界搜寻的目标与策略取决于其创新能力结构与水平,如何实现搜寻内容与主体的匹配,还受到产业环境与技术发展阶段的共同约束。

基于创新能力结构视角的剖析,为解构中国企业的合作创新策略、能力优化方式提供了新的思路,即企业深度嵌入协同创新的技术供给体系,学研机构成为关键外部知识源,以期缩小技术势差、改善研发能力,同时,企业亟需私有属性较高的产品技术,更需要具备共性技术的整合与应用能力。基于此,本书将跨界搜寻定位于技术和组织两类边界,其中,基于技术边界可划分为共性技术导向跨界搜寻和产品技术导向跨界搜寻,分别对应于技术供给链环节、私有化程度不同的两类技术；而基于组织边界可以划分为科技驱动型跨界搜寻和市场驱动型跨界搜寻，分别定位于学研机构与行业协会、工业企业等不同社会属性的组织机构（肖丁丁和朱桂龙，2017），这与我国企业的技术层次、能力结构与要素禀赋等基础条件相匹配，从而体现为适合中国情境的"搜寻行为—能力结构—企业绩效"提升路径。

5.2.2 跨界搜寻对双元能力结构的影响机理

从创新模式演化过程来看，不仅技术本身处于快速变化之中，技术创新过程也呈现出多元化、复杂化特征（Rothwell，1992）。创新模式由线性、离散模式转变为一体化、网络化的复杂模式，进一步促进了企业内外部多主体、多元素的高度融合，尤其为以企业为主体的创新网络创造了多层次联结关系，带动了供应商、用户、大学、竞争对手等多个节点的深入合作，为企业搜寻、整合与吸收互补性创新资源提供了前提基础（Utterback，1994；陈钰芬和陈劲，2008）。

开放式创新体系为企业提供了多种异质性知识源，降低了企业技术创新的成本与风险。从组织属性来看，企业与高校、科研院所是完全不同的系统组织，其行为特征与目标存在根本差异，但从众多跨国企业的成长历程来看，与大学及科研机构合作是其获取专业人才、技术信息与知识产权的必要步骤，硅谷与128公路高科技产业集群便是消除地理、空间边界进行产学研合作的典型。对于中国企业而言，面对自身制造能力强、研发能力弱的现实，一直以来行业科研院所便肩负着产业共性技术的供给重任，在科技体制改革之后，产学研合作成为企业获取前沿技术的重要途径，二者的合作完全体现了创新资源互补、过程依赖的特殊关系。对异质性组织的知识搜寻直接导致了企业技术能力及其结构的改变，一方面，由于组织属性与目标不同，合作双方不存在直接竞争关系，企业占据了能力异质性、交易费用低、技术独占性等合作优势，能够满足最大化弥补企业资源与能力结构的缺陷，为协调组织内探索与开发活动的张力关系提供了关键支撑（Jansen et al.，2012）。另一方面，高校和科研机构注重科技知识的前沿性，与企业技术能力水平存在较大势差，能够使企业加强实验设备、技术转化等方面的研究投入，并对现有知识结构进行重新评估与整合，有效地促进企业探索与开发能力的互动提升。因此，对高校、科研机构等知识的搜寻与整合将最大化体现互补优势、规模优势与重组优势，是实现企业技术能力提升与结构改善的重要路径之一。

除高校、科研机构等技术供给端外，组织间网络还包含竞争对手、供应商、用户等多个节点，是企业获取产业、市场等多方面信息的关键渠道（Vanhaverbeke等，2006）。产业组织理论认为，企业间合作创新是技术外溢内部化的有效途径，与竞争对手合作研发的前提是双方在资源与技术方面存在互补优势，通过共同承担开发成本与风险，发挥创新资源的规模效应与协同效应。其中，供应商参与是企业外部搜寻策略的合作典型，对跟踪技术动态、反馈市场需求具有先天优势。Nishiguchi 和 Ikeda（1996）认为前沿产业供应商是技术创新的"温床"，及时搜寻与整合供应商知识能够弥补自身弱点、减少产品开发成本并有效缩短开发周期。Wagner 和 Hoegl（2006）针对汽车制造业的案例研究发现，供应商参与不仅有利于企业新产品开发过程，同时能够提升组织应对产业环境变革的敏捷性，实现企业不同层次研发活动的动态调节。此外，搜寻用户（尤其是领先用户）信息是改进设备、工具、材料等工艺流程的关键路径。领先用户对新产品或服务需求感知相对敏感，具备市场趋势变革的预判能力，是企业了解顾客需求方向、掌握客户隐形信息的重要工具，von Hippel（1986）认为，一些前景看好的技术创新项目失败的原因往往是忽视了用户创新的作用，缺乏及时追踪顾客、市场需求的战略意识，从而遗漏了来自用户的新产品设想、原型设计等重要信息。综上，企业技术能力提升不仅需要加强研发活动的直接投入，更需要及时跟踪与应对市场发展趋势，通过搜寻供应商、竞争对手、顾客等参与主体的市场信息，维持企业内部研发活动与技术能力的协调发展。

综合上述分析，本书认为基于组织边界的跨界搜寻不仅破解了企业自身资源与能力有限性的难题，也为优化企业技术能力结构提供了多层次、多元化渠道，突出了开放式创新过程的全面性、协同性与动态性，是企业整合内外部创新资源、构建创新生态体系的重要途径（Faem et al.，2005；陈钰芬和陈劲，2008）。基于此，提出如下假设。

H5-1：科技驱动型跨界搜寻对于组织双元能力平衡具有显著的正向影响。

H5-2：市场驱动型跨界搜寻对于组织双元能力平衡具有显著的正向影响。

H5-3：科技驱动型跨界搜寻对于组织双元能力互动具有显著的正向影响。

H5-4：市场驱动型跨界搜寻对于组织双元能力互动具有显著的正向影响。

与跨组织边界搜寻相匹配，基于技术边界的跨界搜寻侧重于不同主体与搜寻内容的重新定位，并对应于不同层次技术能力的提升过程（朱桂龙，2012）。根据U-A 技术创新动态模型，一个产业或一个产品的技术创新过程需要经历变动阶段、过渡阶段和特定阶段，分别对应产品创新、工艺创新、平台创新三种创新类别（Utterback and Abernathy，1975；陈钰芬和陈劲，2008），每个阶段的知识特征和所需关键资源存在较大差异，其外部搜寻对象、策略与影响效果也不尽相同。

如前所述，基于组织边界的跨界搜寻行为弥补了企业的资源缺陷，从整体上提升了企业技术创新能力。但与发达国家情境相比，我国企业在搜寻策略、内容、整合方面均存在较大差距，从而导致目标知识转化率低、自身能力提升缓慢等突出问题（朱桂龙，2012），具体表现在：一方面，技术供给主体（如高校、科研院所）侧重于前沿技术研发，即侧重于技术发展阶段前端的基础技术供给，同时随着共性技术供给主体的长期缺失，企业逐渐疏于提升共性技术获取与转化能力，对高校、科研院所的成果利用也仅仅停留在产品技术层面，限制了企业自主创新能力提升的路径与层次（刘民义，2009）；另一方面，企业作为创新主体的地位未能体现，作为技术需求主体，其能力结构远不能满足对基础技术、共性技术的吸收与转化，从而长期停留在产品技术搜寻与应用阶段，与企业的合作研发始终未能突破专有技术的直接需求，不利于技术能力的直接提升与结构改善。综上，改变技术供求层次是提升企业技术能力的直接途径，强化基础技术、共性技术搜寻与转化将加快企业技术能力结构改善过程，确立企业在创新系统中的主体地位。

从实证研究来看，大多数学者认同跨界搜寻提升企业技术能力的积极效果，并对搜寻维度、内容、程度方面做了深入探讨。Rosenkopf 和 Nerkar（2001）认为技术维度跨界搜寻突破了企业原有的技术边界，获得了大量异质性的技术知识，避免了依赖原有技术的"熟悉性"陷阱，促使企业突破原有的技术轨道开发全新的产品，对企业能力与产品结构均有显著的提升效果；Gupta 等（2006）认为探索与开发行为在本质上存在共性，对思科公司的案例研究发现，企业运营过程中探索与开发互动是完全可以共存和互补的，其前提条件在于组织具备充裕的科技资源，或者有稳定的外部资源输入渠道，能够覆盖组织现有创新活动，并对潜在领域进行延伸；Baum 等（2005）将资源看作协调探索与开发活动的重要前提，建议同时关注组织内外部的冗余资源，通过内外部资源互补寻求组织双元能力的内部融合，其中，对前沿技术的辨识与转化在一定程度上强化了企业研发活动，促使企业不断深入供给链前端的技术探索活动；马如飞（2009）从地域和认知两个维度分析了不同类型知识对企业创新的影响，与认知维度相比，地域维度技术知识跨界搜寻对企业技术创新有更大的正向影响，与地域维度相比，认知维度市场知识跨界搜寻对企业商业模式创新有更大的正向影响；赵亚普（2012）进一步发现了组织冗余资源对技术与市场知识搜寻策略的调节效应，高度柔性组织结构与丰富冗余资源是促进两种搜寻战略互补效应的必要条件。综上，针对不同层次技术的搜寻能够有效协调企业研发活动，并将技术与市场知识、探索与开发活动进行有序匹配，促进企业技术能力的结构提升。

综合上述分析，本书认为基于技术边界的跨界搜寻更加针对企业技术能力的结构问题，尤其是在中国企业技术能力偏弱的现实背景下，对共性技术、产品技术甚至基础技术的重点搜寻与整合有利于提升企业吸收能力，弥合技术供求主体之间的能力差距，从根本上促进产学研合作主体职能的重新界定（Rosenkopf and Nerkar，2001；魏江和冯军政，2009）。基于此，提出如下假设。

H6-1：共性技术导向跨界搜寻对于组织双元能力平衡具有显著的正向影响。

H6-2：产品技术导向跨界搜寻对于组织双元能力平衡具有显著的正向影响。

H6-3：共性技术导向跨界搜寻对于组织双元能力互动具有显著的正向影响。

H6-4：产品技术导向跨界搜寻对于组织双元能力互动具有显著的正向影响。

5.2.3 双元能力结构与绩效的关系

双元能力平衡是指企业在探索与开发活动之间相对平衡的资源分配，保证双元能力在组织内部的协调性，从而有效提升企业绩效（Levinthal and March，1993）。相反，如果过分偏重其中一种创新活动，由于路径依赖的存在和核心刚性的作用，企业将容易陷入过度探索或开发的能力陷阱，从而阻止企业学习与更新现有能力（March，1991；焦豪，2011）。为了避免陷入两难困境，March（1991）、Utterback（1994）等研究认为企业应同时进行探索式创新和利用式创新，并尽量寻求二者的平衡，从而避免二者无序争夺资源引发的低配置效率。

从实证研究来看，多数学者认为双元能力平衡有利于企业构建持续竞争优势，但在不同情境下会受到企业发展阶段、能力水平、战略导向等因素限制。Kortmann（2015）基于高阶梯队理论与战略过程理论分析了双元导向决策与创新绩效的关系，发现双元导向决策能够提升团队管理能力、改善组织创新绩效，而创新导向与成本导向在二者之间起到了部分中介作用，即战略导向能够部分影响双元平衡的作用效果；Stettner 和 Lavie（2014）对比了内部组织、外部并购与联盟模式下的双元平衡效果，发现单一模式下追求双元能力平衡将负向影响创新绩效，而在不同模式之间寻求双元能力平衡能够显著提升企业创新绩效，当处于平衡状态时，探索活动主要通过外部搜寻模式提升组织绩效，而开发活动则主要依靠内部搜寻改善组织绩效；Bauer 和 Leker（2013）发现兼顾探索式创新与开发式创新不仅有利于新产品开发过程，也能促进产品创新与过程创新，与产品创新相比，维持过程创新中的探索行为需要更多成本投入，若双元能力处于不平衡的状态，则会大大减弱对产品创新过程的影响效果；Levinthal 和 March（1993）认为企业既要构建长期竞争优势，也要在短期内获得足够的财务收益，过多地强调探索而忽略利用，将导致成本的浪费和收入的损失，而过多地强调利用而忽略探索，将导致短视和僵化，有效平衡两种创新行为才能同时保证长期与短期绩效；He 和 Wong（2004）针对马来西亚制造业企业研究发现，组织探索与开发式创新的内部匹配，无论是调节关系还是平衡关系，都对企业财务绩效产生正向影响；Jansen 等（2006）、李剑力（2009）、焦豪（2011）研究发现双元能力平衡有利于组织保持长期竞争优势；Cao 等（2009）以中国高新技术企业为样本，研究发现双元能力平衡与互动均对公司绩效产生显著的正向影响，并且两种关系的协同效应也有利于提升企业创新绩效。

然而，也有学者持不同观点，Kim 等（2012）检验了双元学习及其均衡状态对创新绩效的影响，发现开发式、本地化学习能够带来更多的专利产出，但却负向影响专利质量提升，而探索式、实验导向学习的影响效果却恰恰相反，即以技术能力、基础研究强度为代表的开发式创新与探索式创新分别作用于不同类型的创新绩效，其均衡状态也决定了组织能力的不同提升层次；Menguc 和 Auh（2008）认为两种创新活动对应完全不同的组织结构和文化，追求二者平衡需要高昂的人力与时间成本，可能给企业带来负面影响；李忆和司有和（2008）发现双元能力平衡与互动对企业绩效的影响并不显著；杨学儒等（2011）发现新创企业和成熟企业中双元平衡对企业绩效的影响有所差异，前者绩效提升得益于间断平衡状态，而后者更多受到连续均衡的调节作用，采用哪种主导策略受到企业发展阶段、自身能力水平、资源禀赋状况的共同作用。

从长期发展来看，双元能力平衡是避免陷入创新困境、提升环境应变能力的重要途径，解决二者之间张力的关键在于突破资源有限性的束缚，为企业创新活动提供充足、必要的外部资源支撑（Katila and Ahuja，2002）。在此情况下，企业既能够关注当下生存的开发活动，又能从事未来布局的探索活动，从而实现长期与短期利益的有效协调（March，1991）。基于此，提出如下假设。

H7-1：双元能力平衡关系对企业创新绩效具有显著的正向影响。

H7-2：双元能力平衡关系对企业财务绩效具有显著的正向影响。

双元能力互动是指企业探索与开发能力均处于较高层次，对组织稀缺资源的竞争强度减弱，更多地表现为不同结构能力之间的互补与协同（Gupta et al.，2006；Cao et al.，2009）。维持该结构关系，需要组织具备充裕的资源禀赋与结构柔性，将探索与开发活动定位于正交、独立的二维空间中，同时追求较高层次的能力结构状态（Brown and Eisenhardt，1997），与 Gupta 等（2006）观点一致，在不考虑资源约束的前提下，双元能力互动能够有效促进企业新产品开发进程，同时呈现出二者相互促进的杠杆效应。

基于动态能力理论，Cao 等（2009）发现高强度开发活动能够改善企业探索新知识与开发新资源的效率，并有效缩短科研成果产业化与市场化的周期，英特尔凭借在存储芯片领域的技术优势，提前进入并占据了微处理器行业的领先地位（Burgelman，2002）；而高强度探索活动能够促进对现有产品和营销渠道的渐进性改善，为产品或服务的进一步改进提供互补性资产，如前面的苹果案例所述，iPod、iPhone 产品的成功为苹果品牌注入了新的活力，在一定程度上拓展了相关硬件与软件业务（Cao et al.，2009；焦豪，2011）。对于高校衍生企业，市场与技术、探索与开发策略的不同组合将直接影响其创新效率，相对于技术—市场探索战略而言，企业技术—市场开发战略更能促进创新绩效，市场增长战略（即技术开发—市场探索）能够在短期内提升创新绩效，并且高校创业支持对二者关系具有正向调节作用，而产品发展战略（即技术探索—市场开发）对短期创新绩效的影响效果较小，且高校网络支持能够显著改善二者之间的影响关系（Soetanto and Jack，2016）。

从相关案例来看，Knott（2002）对丰田系列产品研究发现，企业探索与开发能力之间表现为互补关系，过分偏重于二者之一将无法达到最优能力结构；郑晓明等（2012）对海底捞案例进行了深入剖析，研究发现双元能力互动能够有效提升服务敏捷性，并促进企业学习和创新能力从上往下、平级之间、从下往上流动，知识不断从隐性转化为显性。从实证研究来看，He 和 Wong（2004）针对马来西亚制造业的研究发现，探索与开发创新战略的互动能够有效提升组织财务绩效；Cao 等（2009）以中国高新技术企业为样本，研究发现双元能力互动有效提升了组织创新与财务绩效，并且组织规模与环境包容性能够正向调节二者之间的关系；Lin 等（2013）基于战略业务部门层面，分析了中国台湾地区企业管理双元张力的方式，发现独立认知模式能够显著促进战略业务部门内部的学习效果，而反应认知模式则有效促进了战略业务部门之间的学习进程，更重要的是，两种认知模式的互动间接培育了企业双元创新能力。然而，焦豪（2011）、李忆和司有和（2008）则认为双元能力互动对企业短期财务绩效、长期竞争优势的影响均不显著。

综上所述，双元能力互动促进了组织内部知识与资源的协调配置，并逐步形成了二者之间的互补与杠杆效应。企业重复不间断地利用现有知识与资源，使得管理层有计划地开展重构能力结构的探索活动（Kogut and Zander，1992），同时，企业对利用式创新流程的精通有利于对外部知识源的有效吸收，这种吸收能力能够促进新产品和新技术的商业化进程（Cohen and Levinthal，1990）。基于此，提出如下假设。

H8-1：双元能力互动关系对企业创新绩效具有显著的正向影响。

H8-2：双元能力互动关系对企业财务绩效具有显著的正向影响。

进一步分析，既然双元能力平衡与互动关系均有利于提升组织绩效，同时追求二者必将在组织内部产生协同效应，即企业内部同时具有高度的双元平衡与互动关系将促进绩效整体提升（Cao et al.，2009）。如前所述，具备一定水平的资源禀赋与技术能力是企业考虑双元能力关系的前提，二者互动或平衡有利于企业合理利用互补性资产，进一步利用既有资源与知识拓展潜在技术能力（Jansen et al.，2006）。如果企业处于开发能力较低的非平衡状态，则意味着组织吸收能力处于较低水平（Zahra and George，2002），不能充分转化与利用现有科技资源，从而将前沿技术与知识闲置为冗余资源（George，2005）；与之相对，低水平探索能力预示着企业无力改变现有技术轨道，只能依靠深化既有知识结构的搜寻深度，维持当前主导设计下的技术与市场优势（Menguc and Auh，2008），因此，两种非均衡关系均在一定程度上限制了双元能力的互动效果。与之相反，在具备较高水平的双元平衡状态下，企业不仅能够最大化地利用既有知识与资源，将其有效地内化于企业开发能力，也能够将新知识、新技术整合到现有知识体系中，实现企业技术能力结构的优化过程（Cao et al., 2009）。基于此，本书认为同时追求高层次的双元能力互动与平衡关系将显著提升企业绩效，并提出如下假设。

H9-1：企业同时追求双元能力平衡与互动对创新绩效具有显著的正向影响。

H9-2：企业同时追求双元能力平衡与互动对财务绩效具有显著的正向影响。

根据前面对跨界搜寻、双元能力结构与企业绩效关系的论述，以及跨界搜寻是双元能力平衡、互动关系前因变量，双元能力结构又是企业财务、创新绩效前因变量的基本假设，本书认为双元能力结构在跨界搜寻影响企业绩效过程中起到了中介作用，即跨界搜寻对企业绩效的影响有一部分可能通过双元能力结构关系的作用而产生。基于此，本书提出如下假设。

H10-1：双元能力平衡关系在跨界搜寻与企业绩效之间起到了显著的中介作用。

H10-2：双元能力互动关系在跨界搜寻与企业绩效之间起到了显著的中介作用。

综合上述研究假设，构建本书的理论模型，如图5.1所示。

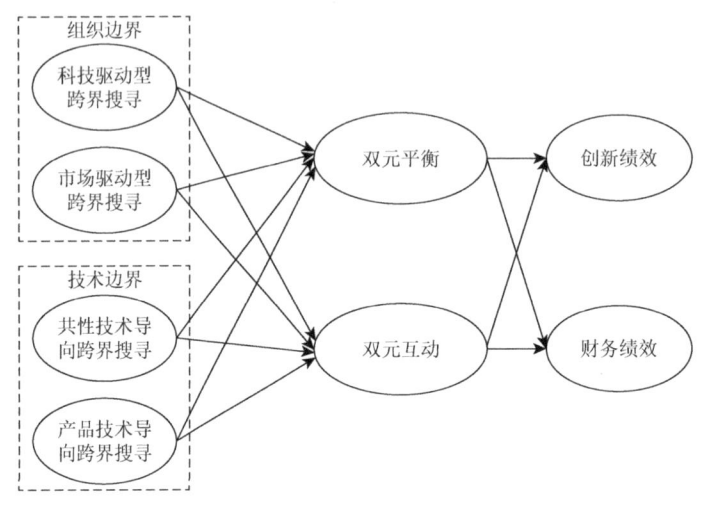

图5.1 跨界搜寻、双元能力结构与企业绩效关系的理论模型

5.3 变量设计、量表的信度与效度

本章所用研究数据与第4章为同一研究样本，仅在原始数据基础上对变量测量做了进一步处理，并增加了企业财务绩效和创新绩效作为被解释变量，因此，本章研究设计仅对新增变量的测量方式、信度与效度进行分析，对前面变量的相关指标情况不再赘述。

5.3.1 变量测量

1. 被解释变量

绩效是企业创新活动与能力提升的直接结果，是一个多维度、多层次的构念。现有对企业绩效的测量涉及市场、财务、战略、运营、创新等多个层面，在测量方法上也存在主观与客观之分。根据本章研究目标，采用创新绩效与财务绩效衡量企业绩效状况，其中，创新绩效是企业参与研发活动的直接效果，能够完整体现企业在一段时间内的创新水平与改善情况，通常用申请专利、开发新产品、工艺改进等指标来表征（马如飞，2009；Cao et al.，2009）；财务绩效不仅是企业产品认可度、市场盈利能力的集中体现，也反映了企业重视研发情况下的整体运营状况，一般通过企业获利率、营业额增长率、利润增长率、投资回报率或资产回报率等财务指标来衡量。

在参考 Lin 等（2007）、Jansen 等（2012）、Wu 和 Shanley（2009）、焦豪（2011）等研究的基础上，本章结合企业实地考察与专家建议对上述量表进行了部分修改，最终采用 5 个题项、Likert-7 级量表形式来测度企业创新与财务绩效，具体测度题项如表 5.1 所示。

表 5.1 企业财务与创新绩效的初始测试题项

变量	编号	题项	测度依据
财务绩效	FP1	销售收益率较高（ROS = 利润/销售总额×100%）	Isobe 等（2004）；Alegre 和 Chiva（2008）；Cao 等（2009）；焦豪（2011）
	FP2	资产回报率较高（ROA = 利润/资产总额×100%）	
	FP3	总资产周转率较高（TAT = 主营业务收入/资产总额×100%）	
	FP4	利润增长率较高	
	FP5	销售额增长率较高	
创新绩效	IP1	每年申请（或维护）的有效专利数量较多	Lin 等（2007）；Cao 等（2009）；Wu 和 Shanley（2009）；焦豪（2011）
	IP2	每年开发新产品（或新服务）的速率较快	
	IP3	每年新产品（或新服务）产值占销售总额的比例较大	
	IP4	经常引进或开发一些改善产品质量或工艺流程的新技术	
	IP5	所参与技术研发或改造项目的成功率较高	

如前面预测试处理步骤，本章对被解释变量企业财务与创新绩效进行信度检验。结果如表 5.2 所示，变量的 Cronbach's α 系数大于 0.75，CITC 系数都远大于

0.35，除了 FP4、IP2 题项，其他删除某个测量题项后的 Cronbach's α 系数均比子量表总的 α 系数要小，说明 FP4、IP2 两个题项与其他探索、开发能力测度题项的一致性存在差异。根据信度检验标准，删除 FP4、IP2 题项后再进行信度检验，结果如表 5.3 所示，变量的 Cronbach's α 系数大于 0.7，CITC 值均远大于 0.35，但删除 IP4 测量题项后 Cronbach's α 系数均比子量表总的 α 系数要小，重复上述处理步骤，删除 IP4 题项后再进行信度检验，结果如表 5.4 所示。经过信度分析，企业财务与创新绩效量表题项分别由原来的 5 题删减为最终的 4 题和 3 题。

表 5.2　企业财务与创新绩效量表的信度检验（1）

变量	编号	均值	标准差	CITC	删除该题项后 Cronbach's α 系数	Cronbach's α 系数
财务绩效	FP1	6.00	1.000	0.772	0.900	0.916
	FP2	5.77	1.069	0.798	0.895	
	FP3	5.84	1.080	0.863	0.881	
	FP4	5.71	1.022	0.669	0.920	
	FP5	5.74	1.062	0.829	0.889	
创新绩效	IP1	6.14	0.800	0.718	0.892	0.898
	IP2	6.15	0.807	0.688	0.916	
	IP3	5.80	1.446	0.854	0.852	
	IP4	5.76	1.57	0.875	0.852	
	IP5	6.09	1.227	0.774	0.870	

表 5.3　企业财务与创新绩效量表的信度检验（2）

变量	编号	均值	标准差	CITC	删除该题项后 Cronbach's α 系数	Cronbach's α 系数
财务绩效	FP1	6.00	1.000	0.809	0.899	0.920
	FP2	5.77	1.069	0.812	0.898	
	FP3	5.74	1.062	0.773	0.911	
	FP5	5.84	1.080	0.874	0.876	
创新绩效	IP1	6.14	0.800	0.902	0.819	0.896
	IP3	5.80	1.446	0.887	0.820	
	IP4	5.76	1.573	0.634	0.924	
	IP5	6.09	1.227	0.770	0.867	

表 5.4　企业财务与创新绩效量表的信度检验（3）

变量	编号	均值	标准差	CITC	删除该题项后 Cronbach's α 系数	Cronbach's α 系数
财务绩效	FP1	6.00	1.000	0.809	0.899	0.920
	FP2	5.77	1.069	0.812	0.898	
	FP3	5.74	1.062	0.773	0.911	
	FP5	5.84	1.080	0.874	0.876	
创新绩效	IP1	6.14	0.800	0.910	0.835	0.924
	IP3	5.80	1.446	0.927	0.824	
	IP5	5.76	1.573	0.733	0.907	

2. 中介变量

本章中介变量双元能力平衡与互动是对第 4 章中探索与开发变量的结构化处理，由于前面已对双元能力量表进行了预测试、信度与效度检验等环节，本章将不再重复进行相应测试环节，仅对双元能力结构的衡量方式与处理方法进行简要辨析。

从现有研究来看，对双元能力平衡与互动的衡量方式仍存在分歧。He 和 Wong（2004）将双元能力关系分为平衡与不平衡两种，分别用探索与开发能力的乘积项表示二者之间的平衡关系，用探索与开发能力的绝对差值表示二者之间的不平衡关系，李忆和司有和（2008）、李剑力（2009）、杨学儒等（2011）的研究均沿用了该测量方式；与之不同，Jansen 等（2006）、Cao 等（2009）的研究则将二者结构分为平衡与互动两种关系，用探索与开发能力的乘积项表示二者之间的互动关系，用探索与开发能力的绝对差值表示二者之间的平衡关系，焦豪（2011）沿用了上述关系分类与测量方式。二者对比来看，本书更加认同用探索与开发能力的绝对差值来表征平衡关系，差值的大小同时反映了组织内部双元能力平衡与不平衡两种关系，而二者之间的乘积更适合表征双元能力的互动程度。

基于上述分析，本章采用 Jansen 等（2006）、Cao 等（2009）、焦豪（2011）等研究的双元能力结构分类与数据处理流程。首先，计算了探索与开发能力各个测量项目差值的绝对值，发现数值大小从 0～5 分布，然后用 5 减去各个测量项目差值的绝对值，从而用来表征各个研究样本的双元能力平衡情况，数值高则表示企业内部探索与开发能力的平衡状况良好，反之亦然；其次，将探索与开发能力各个测量项目相乘表征二者之间的互动关系，为了避免多重共线性问题，必须事先对探索与开发能力各个测量项目进行标准化处理，用标准化后的乘积数值来表征各个样本的双元能力互动关系，数值高则表示企业内部探索与开发能力的互动状况良好，反之亦然。

3. 控制变量

本书的控制变量包括：①公司规模，用企业去年销售收入总额来表征，划分为 300 万元以下、300 万～2000 万元、2000 万～5000 万元、5000 万～1 亿元、1 亿～4 亿元、4 亿～20 亿元、20 亿元以上共七个阶段；②公司年龄，划分为 5 年及以下、6～10 年、11～15 年、16～20 年、21 年及以上共五个阶段；③所属行业，根据本书研究样本划分为电子/通信设备、生物医药、化学化工、汽车/交通设备、电气/机械制造、纺织服装、IT 服务业、仪器仪表、食品/饮料/卷烟、其他行业等十类行业；④所有制属性，划分为国有企业（含国有控股）、集体企业、私营企业、中外合资企业、外商独资企业共五种类别；⑤公司所在地，根据本书总体样本来源分为山东、浙江和广东共三个地区。在将控制变量代入整体模型之前，通过单因素方差分析检验发现，在检验跨界搜寻与双元能力结构关系时，需考虑规模、年龄、行业作为控制变量，在检验双元能力结构与绩效关系时，需将规模、所有制属性、地区作为控制变量。

5.3.2 信度与效度检验

前面问卷预测试环节中，通过探索性因子分析对小样本数据进行了信度与效度分析，但由于本书对企业创新与财务绩效的测量量表进行了部分修改，为了进一步探究观测变量之间的内部结构关系，验证相关测度题项的合理性，本章将在前面 EFA 的基础上，进一步对模型中的关键变量做验证性因子分析。

对被解释变量企业创新与财务绩效进行信度分析。结果如表 5.5 所示，各个变量的指标均满足前面所述的信度要求，通过了大样本下的信度检验，表明量表中变量测度的一致性良好。

表 5.5 企业创新与财务绩效的信度检验

变量	编号	均值	标准差	CITC	删除该题项后 Cronbach's α 系数	Cronbach's α 系数
财务绩效	FP1	5.22	1.679	0.491	0.741	0.847
	FP2	5.29	1.547	0.588	0.764	
	FP3	5.79	1.198	0.463	0.852	
	FP5	5.76	1.179	0.429	0.670	
创新绩效	IP1	5.42	1.430	0.859	0.806	0.900
	IP3	5.44	1.472	0.858	0.807	
	IP5	5.76	1.278	0.702	0.893	

第 5 章 跨界搜寻、双元能力结构与绩效的关系研究

下面对创新绩效、财务绩效两个变量进行验证性因子分析。企业创新与财务绩效的测量模型及拟合结果分别如图 5.2 和表 5.6 所示，从企业绩效测量模型的拟合结果来看，χ^2 为 23.801（自由度 df = 11），χ^2/df 为 2.164，小于标准值 5；CFI 与 TLI 分别为 0.992、0.985，接近于 1；RMSEA 为 0.060，小于 0.1；各路径系数均在 0.001 水平上具有统计显著性。可见，企业绩效测量模型拟合效果较好，图 5.2 所示的因子结构通过了验证，即本书对创新与财务绩效的测度是有效的。

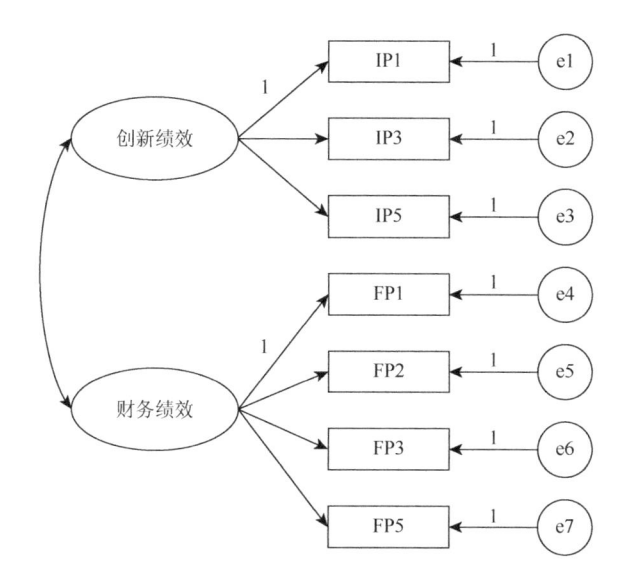

图 5.2 企业创新与财务绩效的测量模型

表 5.6 企业创新与财务绩效测量模型的拟合结果

路径	路径系数	S.E.	C.R.	p
IP1←创新绩效	1.000	—	—	—
IP3←创新绩效	1.085	0.055	19.724	***
IP5←创新绩效	0.741	0.047	15.924	***
FP1←财务绩效	1.000	—	—	—
FP2←财务绩效	1.540	0.356	4.330	***
FP3←财务绩效	5.663	2.019	2.805	***
FP5←财务绩效	5.504	1.961	2.806	***

5.4 跨界搜寻、双元能力结构与绩效关系的实证分析

为检验本章假设,利用 AMOS、SPSS 软件对大样本调查数据进行统计分析,并运用分层回归方法检验跨界搜寻、双元能力结构与企业绩效的关系,特别是对双元能力平衡与互动的中介效应进行假设检验,并结合理论与实践进行深入论证。

5.4.1 描述性统计

本节运用 SPSS19.0 对跨界搜寻、创新绩效、财务绩效等变量数据进行了描述性的统计分析,从而得到各个变量的均值、标准差、相关系数,如表 5.7 所示。

表 5.7 各变量的描述性统计结果汇总

变量	均值	标准差	1	2	3	4	5	6	7	8
1. 科技驱动型跨界搜寻	4.44	1.29	1.000							
2. 市场驱动型跨界搜寻	4.65	1.24	0.412	1.000						
3. 共性技术导向跨界搜寻	5.57	0.85	0.272	0.353	1.000					
4. 产品技术导向跨界搜寻	5.61	0.91	0.181	0.216	0.141	1.000				
5. 双元能力平衡	5.39	0.76	0.033	0.031	0.016	0.035	1.000			
6. 双元能力互动	5.16	0.78	0.232	0.193	0.076	0.001	0.608	1.000		
7. 财务绩效	5.64	1.03	0.011	0.008	0.038	0.642	0.045	0.060	1.000	
8. 创新绩效	5.56	0.98	0.054	0.029	0.036	0.395	0.014	0.093	0.455	1.000

注:表中相关系数均具有显著性($p<0.01$)。

5.4.2 分层回归分析

1. 跨界搜寻与双元能力结构

本章首先对跨界搜寻与双元能力结构之间的关系进行检验。考虑到样本容量、变量形式、控制变量差异与研究假设的特殊性,尤其是双元能力结构为标准化后的处理数据,并且要进一步检验双元平衡与互动乘积项的影响效果,为保持检验方法的统一性,本章将不使用结构方程模型来检验假设,而是采用 Aiken 和 West (1991) 提出的多元分层回归来检验变量之间的直接影响与交互效应,该方法依次将控制变量、自变量、乘积项代入回归模型,能够步骤清晰、准确直观地呈现检验结果,为本章后续的分析讨论提供数据基础。具体步骤为:①分析各个控制变量(如公司规模、年龄、所属行业)与双元能力平衡、互动之间的关系,如模

型 1.1 和模型 1.2 所示；②将科技驱动型跨界搜寻、市场驱动型跨界搜寻等自变量放入回归模型，分析不同维度的跨界搜寻行为对组织双元能力结构的影响，如模型 2.1 和模型 2.2 所示，具体检验结果见表 5.8。

从检验结果来看，四个模型的 F 值都在 $p<0.001$ 显著性水平上显著，说明在与样本数据的拟合检验下，这四个回归方程都是成立的，并且与模型 1.1 和模型 1.2 两个基础模型相比，调整后模型 2.1 和模型 2.2 的系数 R^2 均有显著增加（ΔR^2 分别为 0.308 和 0.320），从而表明调整后模型比基础模型具有更合理、充分的解释程度。具体来看，以双元能力平衡为因变量的模型中，科技驱动型跨界搜寻与双元能力平衡存在正相关关系（$\beta=0.129$，$p<0.001$），即企业从事该类搜寻行为的活动越多，组织内部探索与开发活动的平衡效果越好，因此，假设 H5-1 得到了数据支持；假设 H6-2 假定企业越多采取产品技术导向的跨界搜寻行为，越有利于组织双元能力的平衡效果，模型 2.1 的统计结果表明产品技术导向跨界搜寻与双元能力平衡之间呈正相关关系（$\beta=0.130$，$p<0.001$），表明假设 H6-2 获得支持。以双元能力互动为因变量的模型中，科技驱动型跨界搜寻与双元能力互动存在正相关关系（$\beta=0.175$，$p<0.001$），即企业从事该类搜寻行为的活动越多，组织内部探索与开发活动的互动效果越好，因此，假设 H5-3 得到了数据支持；假设 H6-3 假定企业越多采取共性技术导向的跨界搜寻行为，越有利于组织双元能力的互动效果，模型 2.2 的统计结果表明产品技术导向跨界搜寻与双元能力平衡之间呈正相关关系（$\beta=0.288$，$p<0.01$），表明假设 H6-3 获得支持。

此外，假设 H5-2 和 H5-4 未得到验证，即市场驱动型跨界搜寻对双元能力结构改善的影响并不显著，其原因在于，双元能力平衡与互动需要企业储备足够的知识基础，实现对异质性创新资源的充分整合，而依靠市场驱动的创新活动往往停留在技术供给链下游，无法实现基础技术、共性技术等研发能力的根本提升，从而使企业呈现制造能力强、研发能力弱的非均衡状态，产业发展也面临着逆向技术成长路径，这也是假设 H6-4 未能得到验证的根本原因，也是中国企业技术能力结构缺陷的直观体现。共性技术导向跨界搜寻对双元能力平衡的影响效果不显著，即假设 H6-1 未获得支持，共性技术兼顾公共与私有两个方面的属性，对应于技术供给链的不同发展方向，同样面临资源配置、思维方式等特征差异，可能会加剧双元张力的竞争关系，甚至破坏双元能力的平衡状态（肖丁丁和朱桂龙，2017）。

表 5.8 分层回归分析结果汇总（1）

因变量		双元能力平衡（BD）		双元能力互动（CD）	
		模型 1.1	模型 2.1	模型 1.2	模型 2.2
	常数项	5.283***	5.072***	4.492***	4.458***
控制变量	公司规模	0.146**	0.272	0.210***	0.223

续表

因变量		双元能力平衡（BD）		双元能力互动（CD）	
		模型 1.1	模型 2.1	模型 1.2	模型 2.2
控制变量	公司年龄	0.215**	0.173*	0.114**	0.108*
	所属行业	0.204**	0.241	0.105**	0.234
自变量	科技驱动型跨界搜寻		0.129***		0.175***
	市场驱动型跨界搜寻		0.124		0.183
	共性技术导向跨界搜寻		0.265		0.288**
	产品技术导向跨界搜寻		0.130***		0.107
参考指标	R^2	0.172	0.480	0.147	0.467
	ΔR^2	—	0.308	—	0.320
	Adjusted R^2	0.170	0.479	0.142	0.463
	F	9.306***	6.285***	9.519***	5.840***

2. 双元能力结构与企业绩效

本章进一步对双元能力结构与企业绩效关系进行了检验。根据温忠麟等（2005）提出的存在交互项的检验方法，本书设计了如下检验步骤：①对控制变量（如公司规模、所有制属性、所属地区）与企业财务绩效、创新绩效关系进行回归，如模型 3.1 和模型 3.2；②将自变量双元能力平衡、互动加入基础模型，检验其与因变量的相关关系，如模型 4.1 和模型 4.2；③对双元能力平衡与互动两个变量进行中心化处理（Aiken and West, 1991），并将二者的交叉项加入模型 4 中进行回归分析，如模型 5.1 和模型 5.2，具体检验结果见表 5.9。

从检验结果来看，六个模型的 F 值都在 $p<0.001$ 显著性水平上显著，说明在与样本数据的拟合检验下，这六个回归方程都是成立的，同时，与基础模型 3.1 和模型 3.2 相比，调整后模型 4.1 和模型 4.2 的系数 R^2 均有显著增加（ΔR^2 分别为 0.109 和 0.124），从而表明调整后模型比基础模型具有更合理、充分的解释程度。从具体模型来看，以财务绩效为因变量的模型中，双元能力平衡与财务绩效之间存在显著的负相关关系（$\beta=-0.477$，$p<0.001$），即企业同时追求探索能力与开发能力之间的平衡，将不利于组织财务绩效的显著提升，这与本章的初始假设 H7-2 恰好相反，即假设 H7-2 未能得到数据支持，财务绩效提升是双元能力平衡的间接结果，而协调双元张力必然带来运营、研发与市场成本上升，甚至抵消双元能力平衡的直接收益，而在短期内呈现负向影响效果；假设 H8-2 未通过显著性检验，说明双元能力互动提升市场绩效的效果并不理想，这与企业技术能力水平和层次偏低有直接联系，进一步抑制了其市场与财务绩效的显著提升。以创新绩

效为因变量的模型中,双元能力平衡与创新绩效之间存在显著的正相关关系($\beta=0.272$,$p<0.001$),即企业同时追求探索能力与开发能力之间的平衡,将有利于提升组织创新绩效,因此,假设 H7-1 得到了数据支持,同时,假设 H8-1 认为双元能力互动关系对企业创新绩效具有显著的正向影响,模型 4-2 的统计结果表明双元能力互动与创新绩效之间呈正相关关系($\beta=0.151$,$p<0.01$),表明假设 H8-1 获得支持。

此外,虽然模型 5.1 和模型 5.2 的拟合系数 F 值通过了显著性检验($p<0.001$),但是新增加的交叉项(BD×CD)对模型 4.1 和模型 4.2 的解释程度改善极少(ΔR^2 分别为 0.000 和 0.001),不能充分表明交叉项对因变量的贡献程度,即 H9-1、H9-2 未得到验证。这与 Cao 等(2009)的结论不同,其原因可能是研究样本与变量测量的差异,高科技企业具备更优的能力水平与结构,能够充分展现双元互动与平衡的优势,而针对普通制造业企业的提升效果则不太理想,同时,本书将公司绩效细分为财务与创新绩效,也可能会分散双元能力关系的整体作用效果,但也更加客观地反映了企业技术能力结构及其影响程度的真实状况。

表 5.9 分层回归分析结果汇总(2)

	因变量	财务绩效			创新绩效		
		模型 3.1	模型 4.1	模型 5.1	模型 3.2	模型 4.2	模型 5.2
	常数项	1.069***	2.256***	2.279***	1.035**	1.533***	1.492***
控制变量	公司规模	0.109***	0.055*	0.054*	0.040	0.055	0.056
	所有制属性	0.353***	0.370***	0.370***	0.854***	0.918***	0.918***
	所属地区	0.598**	0.742**	0.743**	0.009	0.010	0.012
自变量	双元能力平衡(BD)		−0.477***	−0.476***		0.272***	0.271***
	双元能力互动(CD)		0.037	0.036		0.151**	0.149*
交叉项	BD×CD			−0.001			0.002
参考指标	R^2	0.404	0.513	0.513	0.382	0.506	0.507
	ΔR^2	—	0.109	0.000	—	0.124	0.001
	Adjusted R^2	0.401	0.508	0.508	0.379	0.501	0.500
	F	130.026***	120.541***	100.300***	118.536***	78.437***	65.293***

3. 双元能力结构的中介效应

以上述关系分析为基础,参考温忠麟等(2005)的检验方法,进一步对双元能力结构在跨界搜寻与企业绩效之间的中介效应进行检验,具体过程分为三个步骤:①对自变量与因变量的相关关系进行检验,通过系数 β_1 判断是否进行下一步检验；②对自变量与中介变量的相关关系进行检验，通过系数 β_2 判断是否进行下一步检验；③将自变量、中介变量与因变量同时放入模型进行关系检验，通过系数 β_3、β_4 判断中介效应是否成立。具体检验结果如表 5.10～表 5.12 所示。

1）双元能力平衡在跨界搜寻与企业绩效之间的中介效应检验

根据前面的分析结论，双元能力平衡可能在科技驱动型跨界搜寻、产品技术导向跨界搜寻与财务绩效、创新绩效之间起中介作用，本书依据上述步骤分别进行验证。从表 5.10 来看，双元能力平衡在科技驱动型跨界搜寻与财务绩效之间起部分中介作用，其实现路径为：科技驱动型跨界搜寻→双元能力平衡→财务绩效，而双元能力平衡在产品技术导向跨界搜寻与财务绩效之间的中介作用未能通过显著性检验（$\beta_{1\text{-}1}$ 不显著）。由表 5.11 看，双元能力平衡在科技驱动型跨界搜寻与创新绩效之间起完全中介作用，其实现路径为：科技驱动型跨界搜寻→双元能力平衡→创新绩效，而双元能力平衡在产品技术导向跨界搜寻与创新绩效之间的中介作用未能通过显著性检验（$\beta_{2\text{-}2}$ 不显著）。综上，双元能力平衡在跨界搜寻与企业绩效之间的中介效应得到了部分支持，即假设 H10-1 部分成立。

表 5.10　双元能力平衡在跨界搜寻与财务绩效之间的中介效应

步骤	解释变量	被解释变量	β	成立条件
步骤一	自变量	因变量	$\beta_{1\text{-}1}$ $\beta_{1\text{-}2}$	回归系数 β_1 显著
	科技驱动型跨界搜寻	财务绩效	−0.033	
	产品技术导向跨界搜寻		0.690***	
步骤二	自变量	中介变量	$\beta_{2\text{-}1}$ $\beta_{2\text{-}2}$	回归系数 β_2 显著
	科技驱动型跨界搜寻	双元能力平衡	0.016	
	产品技术导向跨界搜寻		2.254***	
步骤三	自变量	因变量	$\beta_{3\text{-}1}$ $\beta_{3\text{-}2}$	1. 回归系数 β_4 显著；
	科技驱动型跨界搜寻	财务绩效	−0.031	2. $\beta_1 > \beta_3$；
	产品技术导向跨界搜寻		0.410**	3. β_3 不显著，完全中介效应成立；β_3 显著，部分中介效应成立
	中介变量		β_4	
	双元能力平衡		−0.124**	

表 5.11　双元能力平衡在跨界搜寻与创新绩效之间的中介效应

步骤	解释变量	被解释变量	β	成立条件
步骤一	自变量	因变量	$\beta_{1\text{-}1}$ $\beta_{1\text{-}2}$	回归系数 β_1 显著
	科技驱动型跨界搜寻	创新绩效	0.063***	
	产品技术导向跨界搜寻		0.709*	

续表

步骤	解释变量	被解释变量	β	成立条件
步骤二	自变量	中介变量	$\beta_{2\text{-}1}\ \beta_{2\text{-}2}$	回归系数 β_2 显著
	科技驱动型跨界搜寻	双元能力平衡	0.016^{**}	
	产品技术导向跨界搜寻		-2.254	
步骤三	自变量	因变量	$\beta_{3\text{-}1}\ \beta_{3\text{-}2}$	1. 回归系数 β_4 显著； 2. $\beta_1 > \beta_3$； 3. β_3 不显著，完全中介效应成立；β_3 显著，部分中介效应成立
	科技驱动型跨界搜寻	创新绩效	0.057	
	产品技术导向跨界搜寻		0.862	
	中介变量		β_4	
	双元能力平衡		0.068^{**}	

2）双元能力互动在跨界搜寻与企业绩效之间的中介效应检验

根据前面的分析结论，双元能力互动可能在科技驱动型跨界搜寻、共性技术导向跨界搜寻与创新绩效之间起中介作用，本书同样依据上述步骤分别进行验证。从表 5.12 来看，双元能力互动在科技驱动型跨界搜寻与创新绩效之间起部分中介作用，其实现路径为：科技驱动型跨界搜寻→双元能力互动→创新绩效；同时，双元能力互动在共性技术导向跨界搜寻与创新绩效之间起完全中介作用，其实现路径为：共性技术导向跨界搜寻→双元能力互动→创新绩效。因此，双元能力互动在跨界搜寻与企业绩效之间的中介效应得到了部分支持，即假设 H10-2 部分成立。

表 5.12 双元能力互动在跨界搜寻与创新绩效之间的中介效应

步骤	解释变量	被解释变量	β	成立条件
步骤一	自变量	因变量	$\beta_{1\text{-}1}\ \beta_{1\text{-}2}$	回归系数 β_1 显著
	科技驱动型跨界搜寻	创新绩效	0.064^{**}	
	共性技术导向跨界搜寻		0.289^{***}	
步骤二	自变量	中介变量	$\beta_{2\text{-}1}\ \beta_{2\text{-}2}$	回归系数 β_2 显著
	科技驱动型跨界搜寻	双元能力互动	0.091^{**}	
	共性技术导向跨界搜寻		0.071^{***}	
步骤三	自变量	因变量	$\beta_{3\text{-}1}\ \beta_{3\text{-}2}$	1. 回归系数 β_4 显著； 2. $\beta_1 > \beta_3$； 3. β_3 不显著，完全中介效应成立；β_3 显著，部分中介效应成立
	科技驱动型跨界搜寻	创新绩效	0.061^{*}	
	共性技术导向跨界搜寻		0.287	
	中介变量		β_4	
	双元能力互动		0.032^{***}	

5.4.3 检验结果讨论

为深入分析各个变量间的相互关系,针对上述数据处理结果,对相关研究结论作进一步阐述与说明。

1. 基于组织—技术边界的跨界搜寻：协调双元能力结构的外部补偿机制

本章所提假设 H5 和 H6 分别描述了不同维度跨界搜寻行为与双元能力平衡、互动之间的相互关系,从实证检验结果来看,假设 H5-1、H5-3、H6-2、H6-3 分别得到了统计支持。

假设 H5 从组织维度描述了跨界搜寻对双元能力平衡、互动的影响效果,假设 H5-1 和 H5-3 表明企业加强科技驱动型的跨界搜寻行为,有利于提升组织双元能力平衡、互动的层次与水平。这一研究结论与众多开放式创新范畴的观点具有一致性,如 Jansen 等（2006）、Laursen 和 Salter（2006）、Sidhu 等（2007）、Li 等（2008）、Cao 等（2009）、Chen 等（2011）、Wagner（2011）、陈钰芬和陈劲（2008）、马如飞（2009）等,这些研究都指出高校、科研院所等外部创新资源是企业技术创新过程中的一个重要因素,对提升企业技术能力、弥补组织资源约束具有互补性支撑作用。

然而,上述研究的不足之处在于未曾考虑跨界搜寻行为对组织能力结构的影响,基于对假设 H2-1 的理论拓展,本书检验了科技驱动型跨界搜寻对双元能力平衡、互动关系的正向影响,验证了高校、科研院所等机构的科技资源对企业技术能力结构的影响机制。一方面,作为企业外取互补性资产的重要途径,对高校、科研院所等机构创新资源的搜寻与整合有利于弥补组织内部的资源与知识势差（Baden-Fuller and Volberda,1997；Sofka and Grimpe,2010）,通过有效协调探索与开发活动中的科技资源配置,缓解由此引致的双元张力,从而保持内外部协调下的双元平衡状态；另一方面,在技术势差长期存在的前提下,高校、科研院所等技术供给主体将为企业提供相对前沿的基础技术与共性技术,从结构上弥补了企业制造能力强、创新能力弱的非均衡现状,同时冲击了企业以产品技术为主的知识结构,从而达到组织内部新旧知识融合的效果,即促成企业探索与开发式创新互动的局面（He and Wong,2004；Cao et al.,2009）。进一步来看,由于知识属性存在差异,市场驱动型跨界搜寻侧重于潜在客户需求、设计趋势等市场信息,企业既有技术能力无法将其转化为重大原始创新或主导产品设计,仅能据此进行渐进性工艺流程改进,从而在创新分布的外围领域占据一定优势,山寨产品便是其中的典型事例（谢伟,2006）。

假设 H6 从技术维度描述了跨界搜寻对双元能力平衡、互动的影响效果,假设 H6-2 和 H6-3 支持了跨界搜寻行为与双元能力结构正相关关系的前提假设，但不同类型搜寻行为影响双元能力结构关系的路径与程度存在差异。上述研究结论与跨界搜寻、开放式创新领域的诸多观点相一致，如 Rosenkopf 和 Nerkar（2001）、Laursen 和 Salter（2004）、Phene 等（2006）、Grimpe 和 Sofka（2009）、Köhler 等（2009）、Rothaermel 和 Alexandre（2009）、马如飞（2009）、王继飞（2010）等，上述研究均认同跨技术边界的组织搜寻行为对企业创新活动的积极影响，并将获取外部异质性技术资源作为提升企业技术能力的重要路径，通过广泛、深入的技术搜寻促进技术能力结构的动态优化（Chen et al., 2011）。

与上述维度界定不同，本书并非以现有的时间、产业、属性等为边界，而是基于技术发展过程分为共性技术导向和产品技术导向两类跨界搜寻行为（Tassey, 1991；李纪珍，2006），并检验了二者对双元能力结构的影响，研究发现共性技术导向跨界搜寻有利于双元能力之间的互动，而产品技术导向跨界搜寻对于双元能力平衡具有显著的正向影响。该差异化效果产生的根本原因在于企业间技术能力或吸收能力水平不同，限制了其搜寻与转化不同层次知识的效率，进一步陷入非平衡结构下的能力陷阱（Zahra and George, 2002）。以搜寻共性技术为主的企业，自身具备较高水平的吸收能力，能够独立实现共性技术的研发与转化过程，并带动企业参与技术供给链上下游的技术创新活动，从而维持组织内部探索与开发活动的有序互动（Chesbrough and Crowther, 2006；李纪珍和邓衢文，2011）；而产品技术导向搜寻行为则定位于获取产品技术、平台技术等专有技术，寻求对现有产品系列与技术体系的渐进性改进，保证企业在短期内获得稳定的财务与市场绩效，避免了组织过分注重探索式创新而导致的"核心刚性"，从而维持组织内部探索与开发式创新的平衡状态（Desai, 2010；周国林，2009）。尤其在动态环境中，市场需求变动和技术革新周期相对较快，跨界搜寻行为能够帮助企业识别技术与市场发展趋势，提升组织应对外部竞争环境的适应性与敏感性，并促使企业针对性地调整研发活动的重点与周期，从而保证企业探索与开发能力、长期与短期绩效的协调（Cao et al., 2009）。

2. 组织双元能力的平衡与互动：持续提升企业绩效的内部适应机制

本章所提假设 H7、H8 和 H9 分别描述了双元能力平衡、互动及其交互效应对企业绩效的影响效果，从实证检验结果来看，假设 H7-1 和 H8-1 分别得到了统计支持。

假设 H7-1 和 H8-1 表明，企业内部探索与开发能力处于平衡、互动关系时，均有利于组织创新绩效的显著提升，这与 March（1991）、Gupta 等（2006）、朱朝晖和陈劲（2007）等研究的理论推导结论相一致，同时与大多数双元能力和绩效关系的实证研究结果相同，如 He 和 Wong（2004）、Jansen 等（2006）、Cao

等（2009）、焦豪（2011）、郑晓明等（2012），这些实证研究都认同协调组织双元能力对企业创新绩效的积极影响，并试图通过外取、职能分离等方式维持探索与开发活动的平衡性（Benner and Tushman，2003）。

组织双元能力处于平衡状态，一方面反映了企业科技资源配置的合理性与有效性，避免了二者无序竞争所引致的低配置效率，有利于企业灵活安排不同层次的研发活动（Beckman，2006），从而保持企业内部处于最优能力结构水平；另一方面则反映了组织长期与短期发展战略的匹配性，开发是对既有知识与资源的深度利用，而探索侧重于对新技术、新知识、潜在机会的尝试性拓展过程，二者平衡是组织内部一阶能力与二阶能力相互协同的重要体现（Danneels，2008；熊伟等，2011）。在此基础上，企业更容易发挥双元能力互动的协同效应，探索能力与开发能力不仅具有自我增强的性质，二者之间也存在一定程度的互动效果（如假设 H4 所示）。从资源视角来看，二者互动是对组织创新资源、冗余资源的再配置过程（Huang and Li，2012），缓解探索式创新与开发式创新之间的资源竞争，提升科技资源利用效率；从能力视角来看，探索能力与开发能力分别隶属于动态能力的不同层次（Eisenhardt and Martin，2000；焦豪，2011），对应于同一组织内部不同水平、结构的创新活动，二者互动过程对于完善组织能力结构、提升整体能力水平具有促进作用。

然而，双元能力结构与企业财务绩效的相关假设均未得到验证，相反得到双元能力平衡负向影响财务绩效的研究结论，这与 He 和 Wong（2004）、Cao 等（2009）等研究结论存在较大差异。结合中国技术创新现实情境，本书认为可能存在以下原因：首先，大多数企业没有充裕的科技资源，对研发强度的过分追求将带来极高的财务风险（Perretti and Negro，2006），迫使企业安于渐进性改进的保守现状；其次，囿于自身技术能力水平限制，企业在协调双元能力过程中投入了过多的物力与财力，以透支资源为代价换来了能力结构的相对平衡（凌鸿等，2010）；最后，面对越来越激烈的竞争环境，中国企业在战略层面很难兼顾探索式创新策略与开发式创新策略，而是选择相对稳妥的模仿、集成创新方式，继续承受低附加值、低技术含量、高财务风险的生存压力。也因此，本章未能验证 Cao 等（2009）研究中双元能力平衡与互动关系的协同效应，即现阶段中国企业不适合同时追求双元能力的平衡与互动状态，而应在合理利用外部资源、巩固既有能力基础上，通过间断均衡或双元平衡形式寻求能力与绩效的渐进提升，避免陷入过度开发或过度探索的能力陷阱中。

3. 双元能力结构的中介作用：联结全面创新管理流程的关键过渡环节

本章所提假设 H10-1 和 H10-2 分别描述了双元能力平衡、互动关系在跨界搜寻与企业绩效之间的中介作用，从实证检验结果来看，假设 H10-1 和 H10-2 均得到部分支持。

现有实证研究大多检验双元能力平衡或互动对组织绩效的直接影响，对双元能力结构的中介效应仅仅停留在理论阐述层面，比如，臧金娟等（2012）基于跨层视角研究了双元型组织的运作机制，认为平衡型与组合型双元结构在领导者网络拓展能力（个人层面）、组织资源柔性（组织层面）、网络中心度（组织间层面）与企业绩效之间起到了中介作用。同时，组织搜寻领域的相关研究侧重于论证与检验跨界搜寻对企业绩效的直接影响，忽视了对二者之间的中介作用机制研究（郭利娜，2011；陈君达和邰爱其，2011）。为弥补该研究不足，本书在综合 Rosenkopf 和 Nerkar（2001）、Laursen 和 Salter（2006）、焦豪（2011）等研究的基础上，尝试性地探讨双元能力结构在跨界搜寻与企业绩效之间的中介作用，并发现了如下作用路径：①科技驱动型跨界搜寻→双元能力平衡→财务绩效；②科技驱动型跨界搜寻→双元能力平衡→创新绩效；③科技驱动型跨界搜寻→双元能力互动→创新绩效；④共性技术导向跨界搜寻→双元能力互动→创新绩效。

尽管上述路径的中介效果不同，在发现双元能力结构完全或部分中介作用的同时，再次验证了"跨界搜寻是协调双元能力结构、提升组织绩效的前因变量"这一重要结论。该中介机制不仅反映了企业创新与能力结构的外因问题，也进一步体现了组织各部间的内部协调状况。在动态环境下，企业依靠外取方式获得互补性创新资源，但识别与定位目标资源则需要营销、研发与生产等部门协同进行，从而保证以最低交易成本获得最优科技资源（Nelson and Winter，1982）；对目标知识的整合过程不仅限于研发部门的职能范围，同时要有设计、制造、质检部门共同参与，并受到财务部门的预算约束；直到产品中试与生产阶段，研发部门仍然要实时应对制造、营销等部门的反馈意见，以保证新产品尽快被潜在客户群接受，从而带来可观的财务与市场绩效（Smith and Tushman，2005）。上述创新流程反映了组织内部技术能力与外部环境之间的匹配过程，企业通过协调探索与开发活动实现对外部搜寻资源与自身运营惯例的重构，促使企业技术能力结构从稳定状态过渡到动态协调状态，以提升组织应对环境变化的适应性与敏感性，为构建长期竞争优势奠定基础。

5.5 本章小结

本章以案例研究所提"命题3.2"为基础，基于组织搜寻理论与双元性理论，探讨了基于组织—技术边界的跨界搜寻行为对组织创新与财务绩效的影响效果，并厘清了双元能力结构在二者关系中的作用机制，研究表明跨界搜寻行为是协调双元能力结构的重要方式，科技驱动型跨界搜寻对双元能力平衡与互动均有显著的正向影响，共性技术导向跨界搜寻、产品技术导向跨界搜寻分别对双元能力互动、平衡产生显著的正向影响；双元能力平衡与互动对企业创新绩效具有显著的正向影响，但双元能力平衡对企业财务绩效存在显著的负向影响，同时，双元能力平衡在科技驱动型跨界搜寻与企业绩效之间起部分或完全中介作用，双元能力互动分别在科技驱动型跨界搜寻、共性技术导向跨界搜寻与创新绩效关系中起部分或完全中介作用，如表5.13所示。上述结论验证了跨界搜寻与双元能力结构之间的作用机理，同时发现了协调双元能力结构关系对于整合外部创新资源、优化企业创新绩效的中介作用，为下面针对企业技术能力成长模式的动态研究奠定了基础。

在前人的研究基础上，本书取得了一定的理论进展。第一，尽管大多数学者关注双元能力的平衡状态及其对绩效的影响，却较少归纳协调双元能力结构关系的前因变量并实证检验。本书借鉴外取思想解决双元张力悖论，将跨界搜寻作为协调双元能力结构的重要方式，发现了跨界搜寻协调探索与开发之间结构关系的内在机理，从而揭示了组织—技术维度跨界搜寻行为对双元能力结构的差异影响，拓展了组织搜寻理论中双元张力的协调机制。第二，以往研究注重双元平衡对组织绩效的影响，却忽视了双元互动及其对不同类型绩效的作用效果。本书综合考虑了双元能力结构对创新、财务绩效的影响，发现其提升企业绩效的内部适应机制，厘清了双元平衡与互动正向影响创新绩效而追逐平衡状态负向影响财务绩效的关系，繁衍了关于双元性的理论研究成果。第三，许多研究指出，双元能力的连续或者间断均衡对组织绩效存在直接影响，本书进一步发现，双元平衡、互动关系在跨界搜寻与绩效关系中存在完全或部分中介作用，组织能力结构状态在外部资源利用效果、内部绩效优化类别方面存在差异，丰富了双元能力结构协调路径与作用效果的实证研究。

在我国政府积极倡导"大众创业、万众创新"的大背景下，上述研究结论对企业自身和相关政府部门均具有一定启示作用：①跨界搜寻是协调双元能力结构关系的外部补偿机制，尤其在资源有限、能力势差约束下，对于参与合作创新的企业，更应清楚合作动机与搜寻目标的层次性、准确性，通过产品技术导向、科技驱动型跨界搜寻平衡双元张力，而注重共性技术导向、科技驱动型跨界搜寻对双元能力协调的促进作用；②对于后发企业而言，兼顾双元能力难以实现提升创新与财务绩效的双赢局面，需要组织寻找双元能力的最优平衡点，强化双元能力结构改善对创新绩效的提升效果，同时规避双元平衡过程中引致的财务风险，从而构建起协调职能部门、内外部合作、长短期目标关系的自适应机制；③开放式创新是组织协调双元张力悖论的重要途径，但不同维度搜寻行为作用于双元能力结构的效果与路径存在差异。基于组织—技术边界的跨界搜寻解决了能力陷阱与资源门槛的困境，弥合了供求体系中共性技术、产品技术甚至基础技术的能力差距，从根本上促进了合作创新主体职能的重新界定，成为企业能力结构优化、绩效持续提升的必要条件。

诚然，该子研究也存在如下局限性。第一，研究视角方面，本书解析的创新能力结构仅包括科技与市场信息、产品技术与共性技术，后续研究可以考虑把共性技术细分为基础性与应用性共性技术，并检验其对双元能力与结构的影响效果，这将丰富创新能力结构视角，并可能得到更富启发性的结论。第二，维度划分方面，本书只关注了跨越组织与技术维度的搜寻行为，未能考虑时间、空间、认知、供应链等搜寻边界，未来可尝试两个或三个维度的组合搜寻行为，将更全面、更准确地刻画中国情境下的跨界搜寻内涵。第三，研究框架方面，本书仅考虑了协调双元能力结构的前因与结果变量，没有引入情境要素分析差异影响效果，后续可加入反映中国情境的制度距离、开放度等作为调节变量，相信会得到更有意义的发现。

表 5.13 子研究二结果汇总

研究假设	实证结果
H5-1：科技驱动型跨界搜寻对于组织双元能力平衡具有显著的正向影响	支持
H5-2：市场驱动型跨界搜寻对于组织双元能力平衡具有显著的正向影响	不支持
H5-3：科技驱动型跨界搜寻对于组织双元能力互动具有显著的正向影响	支持
H5-4：市场驱动型跨界搜寻对于组织双元能力互动具有显著的正向影响	不支持
H6-1：共性技术导向跨界搜寻对于组织双元能力平衡具有显著的正向影响	不支持
H6-2：产品技术导向跨界搜寻对于组织双元能力平衡具有显著的正向影响	支持
H6-3：共性技术导向跨界搜寻对于组织双元能力互动具有显著的正向影响	支持
H6-4：产品技术导向跨界搜寻对于组织双元能力互动具有显著的正向影响	不支持
H7-1：双元能力平衡关系对企业创新绩效具有显著的正向影响	支持
H7-2：双元能力平衡关系对企业财务绩效具有显著的正向影响	不支持
H8-1：双元能力互动关系对企业创新绩效具有显著的正向影响	支持
H8-2：双元能力互动关系对企业财务绩效具有显著的正向影响	不支持
H9-1：企业同时追求双元能力平衡与互动对创新绩效具有显著的正向影响	不支持
H9-2：企业同时追求双元能力平衡与互动对财务绩效具有显著的正向影响	不支持
H10-1：双元能力平衡关系在跨界搜寻与企业绩效之间起到了显著的中介作用	部分支持
H10-2：双元能力互动关系在跨界搜寻与企业绩效之间起到了显著的中介作用	部分支持

第 6 章　组织双元能力动态成长的潜变量混合增长模型

6.1　组织双元能力的动态成长模式

技术能力是企业维持与拓展竞争优势的基础，如何改善能力水平与结构成为理论界与企业界共同关注的焦点（魏江和许庆瑞，1996；王毅等，2011）。从华为、海尔等领先企业的发展历程来看，中国企业大多经历了引进、消化吸收直至自主研发的创新道路，而具备一定水平的技术能力成为构建后发竞争优势的必要条件（吴晓波和许庆瑞，1995）。然而，在技术与产业环境剧烈变化的情境下，技术创新能力演化过程却表现出路径依赖、资产专用、传统科学范式主导等刚性特征，在一定程度上阻碍了企业技术能力的有序更新与梯度优化进程。因此，处于开放创新时代的企业如何破解整合能力难题，兼顾开发既有技术、探索潜在知识的双元能力，成为企业管理者极度关心也迫切需要解决的问题。

双元能力源于 Duncan 提出的双元性概念，指企业在权衡复杂情境时，同时兼顾两种差异化甚至竞争性战略行为的能力，探索与开发则是研发策略双元性的典型表现。企业通过长期创新实践构建的双元能力，其外在表现为不同层次、不同结构的创新能力，隶属于广义技术能力范畴（吴晓波，1995）。自 20 世纪 60 年代以来，国内外学者对技术能力成长做了如下探索。一方面，针对后发国家的阶段性特点，重点探讨其创新方式、能力形态和技术追赶等关键问题。例如，Kim 从创新方式演化角度提出复制模仿、创造性模仿到创新的成长过程（O'Reilly and Tushman，2013）；Xie 等（2016）从能力形态角度提出从制造能力到创新能力的成长轨迹；Mu 和 Lee（2005）从技术追赶角度提出了路径创造、跳跃与跟踪三条技术能力成长路径。另一方面，基于开放式创新理论，探讨二次创新的机理、能力成长阶段、技术能力与创新战略的演化等。例如，吴晓波（1995）认为二次创新体现为企业从第 Ⅰ 类技术引进（成套、成熟技术）跃迁到第 Ⅱ 类技术引进（非成套、新兴技术），技术学习模式也相应地从过渡型、创造型学习向维持型、发展型学习演化；毛蕴诗和汪建成（2006）发现技术能力对 OEM 企业的升级和国际化至关重要，并提出了基于产品升级来实现自主创新的路径。

现有研究丰富了企业技术能力成长理论，却在以下三个方面留下了深入研究空间：一是研究视角方面，上述学者注重对国家产业技术能力成长的宏观刻画，忽视了针对微观企业技术能力演化规律的深入剖析；二是研究内容方面，现有研究多将技术能力作为一个整体概念，进而探讨其在某一周期内的成长轨迹，缺乏对不同层次技术能力成长特征的跟踪研究，未能归纳出研究整体中亚类样本的成长轨迹；三是研究方法方面，大多数实证研究以截面数据验证技术能力的影响效果，缺少纵向跟踪数据的动态研究，无法整体反映技术能力的成长趋势，更难以判断不同模式下相关因素的动态影响效果。为弥补上述研究不足，本章以167家上市公司为样本，运用潜变量混合增长模型刻画企业探索能力与开发能力的动态成长轨迹，进一步分析了不同成长模式下搜寻特征、吸收能力对双元能力成长的影响效果。对双元能力成长过程的探究，不仅有效地识别了不同层次技术能力的成长过程与特征，同时针对性地剖析了搜寻策略与技术能力结构的匹配性问题，为开放式创新体系下企业规划搜寻策略、协调自身能力结构提供了参考依据，具有重要的理论与现实意义。

6.2 开放式创新体系下组织双元能力的成长过程与关键因素

6.2.1 双元能力成长过程的理论分析

双元能力内化于企业技术能力的成长过程，宏观层面侧重于其提升模式与阶段特征的理论探讨。从技术能力积累方式来看，多数企业采取纵向与横向相结合的积累模式，纵向通过自主研发与引进吸收来积累技术能力，而横向则依靠组织间合作、兼并和学习方式增强创新能力（毛义华和陈劲，2000）。两种方式均将外部资源作为优化自身能力结构的重要途径，与宏观层面"技术引进—消化吸收—自主创新"的区域技术能力演化模式相匹配（Kim，1998）。当前情境下，相比自主研发方式，中国企业依靠协同创新获取新技术的需求更加迫切，以产学研合作为主的供给体系为企业提供了关键共性技术与产品技术，但从技术能力层次来看，现阶段企业技术能力仅停留在研发产品技术与转化共性技术层面，缺乏对高校所提供基础技术的吸收与应用能力，其技术优势偏重于产业链的下游环节，呈现出"重开发、轻探索"的非均衡状态。因此，合理选择研发重点、有效提升基础性技术研发能力，成为后发国家企业参与国际竞争的必要前提。

关于后发国家技术能力演化轨迹的研究，存在以下两种代表性观点。一是单纯从技术角度考虑，呈现由技术获取能力到自主开发能力的演化趋势（苏敬勤和洪勇，2009）。该过程以生命周期理论为基础，尝试性地阐述企业技术能力的线性积累过程，但从理论与实践探索来看，企业技术能力的演进并非简单的线性过程，而是呈现持续性积累与间断性跃迁相结合的"平台—台阶"增长轨迹，从而打破了对技术能力成长轨迹的线性范式。二是将技术活动与价值链活动相结合，根据不同功能组织活动的能力次序来定位技术能力的成长过程。这种成长模式与发达国家在中国技术转移过程紧密相关，促成了中国企业由 OEM 到 ODM 再到 OBM 的独特成长模式，基于该视角的阶段划分是对价值链各个环节的能力划分，忽视了技术能力的自我增强特性与路径依赖特征，无法全面刻画某一方面能力的整体成长过程。总体来看，前期理论在研究视角、能力环节划分等方面为本书提供了重要基础，但要实现对不同层次能力成长轨迹的准确刻画，仍然需要多角度、多层次理论共同支撑。

6.2.2 外部资源作用下组织双元能力的成长模式

企业技术能力成长是组织内部研发、制造、设计等多个职能部门之间的协调过程，现有研究大多将技术能力作为一个整体概念，基于资源与知识视角分析技术能力成长过程与影响因素（Ahuja and Katila，2004）。然而，现有成果缺乏针对不同层次能力的成长研究，尤其是在依靠外部创新资源提升技术能力的背景下，生命周期理论已无法诠释技术能力的动态成长趋势与特征，因此，该研究领域亟需引入新的理论与视角，并对不同层次技术能力进一步细分，从而更加系统、全面地阐述企业技术能力的成长过程与特点。

在资源有限性约束下，对外搜寻异质创新资源并构建外部研发网络，成为后发企业提升技术能力的重要路径（柳卸林和李艳华，2009）。根据"破壁—实践—跃迁"成长模型，改善能力结构并非简单的外部资源输入过程，还需要组织内部持续性的创新活动作为支撑，通过提升吸收能力实现外部知识的有效嵌入，以推动技术结构优化与技术轨道重建流程（吴贵生，2000），反之，如果企业本身技术基础薄弱，识别与转化新知识的能力较差，必将影响技术学习中"示范—模仿"效应的发挥，从而无法体现外部资源对企业技术能力的促进作用。另外，根据路径依赖理论，为了降低交易成本与潜在风险，企业倾向于从熟悉、固定的外部主体获取知识，而忽视了目标知识与自身能力结构的匹配性，从而造成新、旧知识无法融合的尴尬局面。以 ERP 引进为例，部分企业花费巨大成本引进领先的 ERP 系统，但却无法针对生产体系进行自我优化，最终成为"标榜"制造能力提升的"鸡肋"。因此，在技术势差存在前提下，外部创新资源引入未必能实现企业技术能力提升的预期目标，相反会造成创新资源误置、能力结构错位的后果，从而陷入能力水平停滞不前的困境。

在消除技术势差的情境下，跨界搜寻成为企业获取创新资源、优化能力结构的重要方式，企业通过合作研发、联盟或并购等渠道获取外部知识，并快速完成知识解码、分析、整合与转化过程，使外部知识逐步内化为员工、部门层面的专属知识，最终实现技术能力的累积与提升过程（Kogut and Zander，1992）。通过外部知识源内化过程，企业技术能力形成了"搜寻技术—学习技术—创造技术"的增长链模式，并将外部知识作为优化企业知识、能力结构的核心要素。与此同时，基于能力视角的双元性理论认为，尽管企业探索与开发分别隶属于不同层次的动态能力，却都具有自我增强的特性（Leonard-Barton，1992；凌鸿等，2010）。由于组织文化与惯例的影响，企业往往习惯在现有范式中搜寻解决问题的方法，并充分发挥现有知识存量的杠杆作用，从而在短时间内呈现技术能力持续提升的有利局面（奉小斌和陈丽琼，2010）。因此，在具备一定吸收能力的前提下，企业对外部创新资源的准确定位与有效转化，同时弥补了企业在资源与技术方面的结构缺陷，推动了企业技术能力呈现稳步增长的发展趋势。

然而，持续增长模式是企业技术能力发展的理想状态。从后发国家技术发展历程来看，即使在并购、引进行业领先技术的情况下，企业仍然会陷入"引进—落后—再引进—再落后"的怪圈之中，未能实现"市场换技术"模式下的能力提升目标（路风，2006），其引致原因除了技术"势差"的内在影响，知识属性差异也是技术层次与结构发展缓慢的重要原因，这一点在当前产学研合作中的表现尤为明显（朱桂龙，2012）。由于合作主体目标导向不同，其技术供求层次也存在较大差异，以产品技术研发为主的企业无法有效转化共性技术或基础技术知识，如果企业继续依托以产学研合作为主体的技术供给体系，必然导致资源配置低效率以及技术能力水平的整体下滑。在此过程中，外部创新资源在某种程度上降低了组织技术学习能力，并迫使企业在短期内偏离原有技术轨道，但这种"破坏性"是相对短暂的。根据连续理论，组织自身具备自我调整功能，能够进一步实现目标知识与自身知识体系的深度融合，并构建与之相匹配的技术轨道，最终实现企业技术能力的再次提升。在此情境下，企业技术能力呈现前期下降、后期上升的 U 形成长趋势，自身能力结构也随着外部资源整合效率的提升而不断优化。

综上，基于路径依赖理论、双元性理论、连续理论等分析发现，组织双元能力呈现了不同趋势的成长轨迹，这与生命周期视角下技术能力成长规律差异巨大。尤其在外部资源嵌入情境下，组织双元能力并未遵循技术进步的"S 形曲线"，而是在一定时间内偏离了既定技术轨道，从而出现跃迁、平缓或者反复的亚类成长模式。基于上述分析，提出如下假设。

H11：在外部创新资源作用下，组织双元能力将存在三种不同的成长模式，其中，第一种模式为能力未呈现显著性变化的发展趋势，即图 6.1 中的"稳定模式"；第二种模式中能力呈现显著增长趋势，即"增长模式"；第三种模式为前期能力下降、后期能力增长的成长趋势，即"U 形模式"。

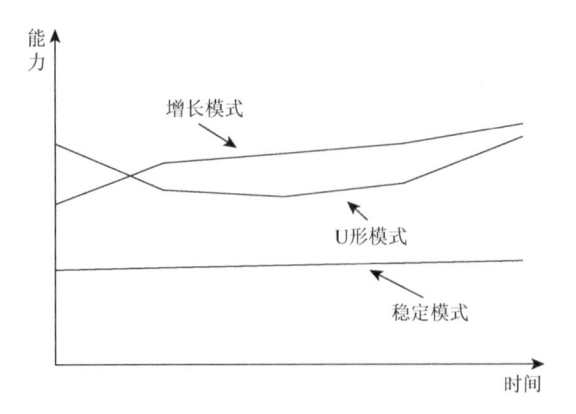

图 6.1　外部创新资源影响下的组织双元能力成长模式

6.2.3　跨界搜寻对双元能力成长的外在影响

跨界搜寻是企业为提升现有知识和产品技术水平而从事的问题解决活动（Nelson and Winter，1982），搜寻策略的制定决定了其获取外部知识源的类型与顺序（Laursen and Salter，2006），而搜寻广度与深度则是表征搜寻策略、影响搜寻结果的关键特征。然而，现有研究主要集中在搜寻特征与绩效之间的作用效果（Katila and Ahuja，2002；Köhler et al.，2009），缺乏对搜寻行为与能力之间内在机理的进一步探讨，同时，当前研究方法大多数停留在静态层面，未曾针对搜寻行为与企业能力、绩效关系进行跟踪研究（陈君达和邬爱其，2011）。基于此，有必要从动态视角对搜寻行为与双元能力成长之间的作用机理进行深入研究。

搜寻广度是企业利用外部知识源的种类与数量（Laursen and Salter，2006），内部创新资源单一、匮乏是企业进行跨界搜寻的首要原因，拓宽搜寻广度、寻求异质资源成为开放式创新范式下企业提升技术能力的重要手段。从现有理论研究来看，增加外部搜寻广度能够从以下两个方面提升企业技术能力。①向多元化创新主体搜寻知识，丰富了企业现有知识结构，为企业提供了多层次、多途径解决瓶颈问题的新方法，有利于增强企业延伸产品类别、拓宽现有市场的能力（Laursen and Salter，2006）。尤其对技术跟随者而言，拓展搜寻广度意味着潜在的冗余资源增加，能够为企业带来更多的模仿或集成创新的机会，巩固自身的开发能力优势（Wu and Shanley，2009）。②对异质性知识源的深度整合可以增强企业开发复杂产品的能力，从而为研发与转化供给链前端的基础技术与共性技术打下坚实基础（邬爱其和李生校，2011）。培养探索能力是企业着眼于持续竞争优势的基础准备，多元化知识源的交叉与融合更有利于催生重大原始创新，从而保证企业长期占据技术优势地位。总体来看，拓宽搜寻广度意味着企业知识存量与结构的进一步优化，能够增加企业提升技术能力、转化潜在机会的可能性，但需要指出的是，扩大搜寻范围也将承受协调多元主体、整合复杂知识、辨识潜在机遇等活动的额外成本，需适当把握"最优开放点"的限度问题。

国内外学者大多认同外部创新资源对企业技术能力的正向促进作用，搜寻渠道越广泛、搜寻强度越高，企业获得外部知识的数量和质量也越高，对二者关系的深入研究可归纳为横向与纵向两个方面。从横向搜寻来看，通过企业间合作创新实现互补知识的有效转移与利用，构建多层次、多节点的合作网络关系。根据社会网络理论，更宽、更深的外部搜寻策略能够显著改善创新绩效，合作伙伴之间实现资源共享、风险共担，提升知识转化效率与产品研发周期，并促进了不同行业之间的知识交叉与融合，从而形成不同主体、不同行业、不同目标导向之间的协同效应（Wagner，2011；朱桂龙，2012）。从纵向搜寻来看，企业与用户、供应商、制造商等供应链伙伴进行合作研发，能够将用户需求与创意及时反馈到研发部门，增强企业应对市场环境变化的能力（von Hippel，1986），同时，能够利用制造商、供应商的技术能力与资源，从研发与设计成本、产品开发周期等方面提升竞争优势。进一步从技术供给链来看，通过搜寻高校、科研院所等组织的异质性知识，企业能够以较低交易成本获取关键竞争前技术，从结构层次弥补了组织对基础技术、共性技术的迫切需求，从而有效提升了组织的研发与吸收能力，形成技术能力提升与搜寻广度扩展的良性互动（Voss et al.，2008）。

从实证研究来看，不同搜寻策略对企业技术能力的提升层次存在差异，并且受到外在市场环境、内在吸收能力等多个因素影响。Wu 和 Wei（2013）发现同时考虑地理搜寻的广度与深度，集群企业可以实现本地搜寻与非本地搜寻的平衡，相对本地搜寻深度和相对非本地搜寻广度有助于促进集群企业的产品创新，并且对于稳定性集群企业的作用要大于动态性集群企业；张峰和刘侠（2014）认为搜寻渠道种类（搜寻广度）和对某类渠道搜寻力度（搜寻深度）显著影响创新绩效，在竞争性较强的市场环境中拓宽搜寻广度更加有效，外部搜寻广度与创新策略的匹配性显著影响创新绩效；Terjesen 和 Patel（2015）认为搜寻广度对过程创新产生了负向影响，但是产业过程异质性能够缓和该影响，即产业过程异质性越高，采取多渠道搜寻战略所获得的创新绩效越好；Ferreras-Méndez 等（2016）深层次分析了外部知识搜寻策略与吸收能力的关系，发现搜寻策略的开放程度对探索、转化与开发式学习存在差异影响，外部搜寻策略广度与探索、开发式学习之间呈倒 U 形关系，而搜寻深度则对转化式学习存在显著的正向影响。此外，技术机会、知识基础、管理者纽带等因素能够显著改善过度搜寻的负面影响（Wu et al.，2014），并增强机会解释与外部知识搜寻广度的正向关系，减弱威胁解释与外部知识搜寻广度的负向关系（Liu et al.，2013）。

基于上述分析，提出如下假设。

H12-1：提升跨界搜寻的广度对企业开发能力成长具有显著的正向影响。

H12-2：提升跨界搜寻的广度对企业探索能力成长具有显著的正向影响。

搜寻深度是指企业与外部知识源合作的层次（Laursen and Salter，2006），对目标知识重复、深入的搜寻过程，有利于企业深层次挖掘知识属性与应用范围，尤其提升对隐性知识的吸收与转化效率，从而实现企业技术能力增长的根本目标。从理论分析来看，增加跨界搜寻的深度或强度，能够从以下三个方面提升自身技术能力：①在熟悉的技术领域内重复利用特定知识，使得搜寻结果更具可预测性，从而形成低误差、高效率的组织搜寻惯例，有利于企业生产与工艺流程的渐进性改进（Benner and Tushman，2002）；②增加搜寻深度能够增强企业识别与利用潜在机会的能力，对特定知识领域的重复、深入挖掘，会加深企业对知识特性和应用价值的理解，进而增强将目标知识整合到现有知识结构中的能力（Katila and Ahuja，2002）；③深度搜寻有助于企业提升转化现有知识、探索潜在技术的吸收能力，在合作网络内形成知识共享的组织惯例，促进对外部复杂知识、默会知识的消化吸收，从而有助于形成联合技术攻关、共同解决难题的协同机制（邬爱其和李生校，2011）。因此，深度搜寻在识别潜在机会、提高搜寻效率以及提高吸收能力方面强化企业技术创新能力，尤其对于企业跨领域知识整合、探索能力提升具有重要作用。

拓宽本地与远程搜寻深度有助于企业提升自主创新能力，但在实现路径与作用效果方面存在明显差异。一般而言，远程搜寻能够获取异质性更高的专业知识，从而为企业整合异质性知识、重构现有知识结构提供了可能性，有助于企业突破成长瓶颈并实现持续创新（Eisenhardt and Martin，2000）。与之相对，拓展本地搜寻深度具有成本低、转化率高等比较优势，能够实现对熟悉技术的深度开发，但却容易陷入过度开发的陷阱，无法突破现有知识结构的屏障约束，从而在有限空间内提升企业的开发能力（Levinthal and March，1993）。Eisenhardt 和 Tabrizi（1995）认为对已有知识进行重复搜寻时，由于对目标知识相对熟悉并且了解产品需求，增加搜寻深度将有效提升结果可预测性与搜寻效率，并大大降低搜寻过程中的交易成本，Levinthal 和 March（1993）也认同提升搜寻深度的积极效果，并将其作为构建搜寻路径、提升可信任性的关键步骤。Katila 和 Ahuja（2002）发现深度搜寻将加强企业对现有知识的理解，提升企业从中辨识有价值知识的能力，从而强化企业整合旧知识、创造新技术的能力。此外，搜寻深度也面临"最优开放点"的限度问题，促使企业恰当把握搜寻成本与能力水平、本地搜寻与远程搜寻的平衡问题，以实现企业内部不同层次能力的共同提升。

从实证研究来看，搜寻深度与外部市场环境、内部知识特征共同影响企业创新过程，分别作用于产品创新、过程创新的不同环节。Terjesen 和 Patel（2015）认为搜寻特征将改变过程创新的效果，搜寻深度对产业过程创新存在显著的正向影响，产业生产率对二者关系产生了正向调节效应，即产业生产率增长越明显的企业，拓展搜寻深度对产业创新绩效的影响效果越好；Xu（2015）针对生物制药企业研究发现，在平衡渐进式创新与突破性创新过程中，知识搜寻深度能够显著调节搜寻广度与突破性创新之间的关系，而知识搜寻广度则负向调节搜寻深度与渐进性创新之间的关系；Stanko 和 Henard（2017）研究了开放度在众筹项目中的影响效果，发现众筹项目支持者数量显著影响市场绩效，而搜寻深度能够显著提升产品绩效，搜寻广度则会阻碍突破性创新的产生，并且众筹产品完成时间将影响企业家进行产品创新的战略规划；Liu 等（2013）基于威胁刚性假设发现，管理者纽带可以减弱机会解释与外部知识搜寻深度的正向关系，但是增强威胁解释与外部搜寻深度的负向关系；Wu 等（2014）从权变视角分析了技术搜寻深度、知识特征与产品创新绩效之间的关系，发现搜寻深度与产品创新绩效之间呈倒 U 形关系，并且知识深度负向调节二者之间的关系，而知识广度、技术机会则正向调节二者之间的关系。此外，外部知识搜寻与市场环境（竞争性、动态性）的匹配显著影响创新绩效，在顾客需求和产品技术频繁变化的市场环境中加强搜寻深度更加有效，且搜寻深度与开发式创新的交互作用正向影响创新绩效。

基于上述分析，提出如下假设。

H12-3：提升跨界搜寻的深度对企业开发能力成长具有显著的正向影响。

H12-4：提升跨界搜寻的深度对企业探索能力成长具有显著的正向影响。

6.2.4 吸收能力对双元能力成长的内在影响

吸收能力是企业识别、评价、吸收与应用外部新知识的综合能力，对于承接与转化外部创新资源、提升企业技术能力意义重大（Cohen and Levinthal，1990）。以外源型技术供给为主的中国企业，面临将外部知识转化并融入自身知识体系的难题，更需兼顾旧知识深度开发、新知识有效转化的双重过程，而吸收能力则成为企业实施搜寻战略、优化技术结构的基础，在外部知识获取与内部知识转化之间起到了纽带作用（Fabrizio，2009）。

吸收能力与技术能力之间具有良好的互动基础，企业技术能力提升有赖于对外部知识的转化与应用，而自身技术能力提升则进一步促进了组织识别、吸收与融合外部知识源的能力（Tsai，2009）。在双元型组织中，突出的吸收能力能够提升外部知识与内部资源的利用效率，从而有效地缓解双元张力关系所引致的资源竞争，成为协调探索与开发之间的结构关系的关键环节。具体到不同层次能力而言，开发能力侧重于对组织既有知识的深度利用，着眼于满足现有市场与顾客的短期需求，在此过程中，组织现实吸收能力促进了内部知识、创意向现实产品、生产工艺的转化过程，进一步提升了组织利用现有知识的开发能力（Kogut and Zander，1992）；探索能力侧重于对外部新知识的识别与获取过程，立足于满足未来市场与顾客的长期需求，对潜在目标知识的获取与吸收过程则需要企业潜在吸收能力，从而完成对企业现有知识库的更新与优化流程，为企业研发新产品、新技术提供前沿技术支撑（Yli-Renko et al.，2001）。因此，潜在与现实吸收能力分别作用于企业创新活动的不同阶段，并对应提升了组织不同层次的技术能力水平。

从实证研究来看，大多数学者认同吸收能力对企业创新能力与绩效的促进作用。Arora 和 Gambardella（1994）认为吸收能力有利于企业识别、评价和利用外部新知识，并将其融入企业已有知识体系中；Jansen 等（2006）发现高水平的吸收能力更有助于企业跨越组织与技术边界，提高组织搜寻的宽度和深度，从而获取更多不同类型的知识，为企业提供更多样化的知识基础，从而有利于企业通过知识重构进行探索与开发式创新活动，与之相反，吸收能力较弱的企业一般难以进入全新的技术领域，只能以技术追随者身份维持在现有行业领域内的市场份额，无法突破成熟技术发展轨道的约束；Fabrizio（2009）以 83 家生物技术和制药企业为样本，发现以产学研合作创新培养吸收能力的方式，更有利于企业对前沿知识的辨识与搜寻，在搜寻时机与质量上占有相对优势，也进一步构建了企业在产品与服务研发中的技术能力优势；Jansen 等（2009）研究了吸收能力与企业探索、开发式创新的影响关系，发现潜在吸收能力对组织探索能力具有显著的正向影响，而现实吸收能力对组织探索与开发能力均有显著的正向影响，并且两类吸收能力的交互作用对探索能力具有显著的正向影响。

基于上述分析，提出如下假设。

H13-1：吸收能力对企业探索能力成长具有显著的正向影响。

H13-2：吸收能力对企业开发能力成长具有显著的正向影响。

6.2.5　内外交互作用对双元能力成长的影响

与双元性理论研究一致，跨界搜寻行为也面临搜寻广度与深度之间的平衡问题，从而到达利于组织能力提升的"最优开放点"。一定程度的深度与广度拓展将带来企业知识存量、结构的共同优化效果，但超越了某一临界点之后，过度搜寻不仅造成较高的成本与风险负担，同时也不利于组织对多领域、深层次知识的有效整合，从而导致搜寻、获取与转化过程中的低效率状态（魏江和冯军政，2009）。这种低效率均衡破坏了组织内部探索与开发互动的稳定状态，并进一步引起两种创新行为对有限资源的无序竞争（March，1991；熊伟等，2011），因此，如何协调搜寻广度与深度、探索与开发两组活动，成为能否有效利用外部资源、合理提升双元能力的关键环节。

过度搜寻的直接后果是企业无法有效转化所获取的新知识，而企业自身的吸收能力在一定程度上缓解了搜寻失衡所带来的资源竞争压力（Sofka and Grimpe，2010）。跨界搜寻的关键在于识别、获取异质性的目标知识源，但定位外部知识源仅仅是绩效提升的前提，而非充分条件（Rothaermel and Alexandre，2009），企业需要进一步完成外部知识吸收、内化直至应用的完整创新过程，而自身具备较好的吸收能力对于实现该创新流程意义重大。吸收能力缓解过度搜寻的作用体现在：一方面，吸收能力能够帮助企业识别、定位更多备选的外部知识源；另一方面，对于目标知识源，企业对其知识整合程度取决于自身吸收能力的高低。国内外学者将该过程定位为吸收能力的调节效应，并通过实证研究检验了其对组织搜寻与创新绩效关系的影响效果（Sofka and Grimpe，2010），大多数研究认同吸收能力对二者关系的正向影响，但在作用路径与程度方面仍存在诸多不同之处。

以搜寻特征与能力匹配研究为例，Chiang 和 Hung（2010）认为，搜寻深度增加意味着对知识源更深层次的辨识与开发过程，能够为企业提供本领域内更前沿、应用领域更广阔的基础性技术，实现当前产品系列下生产与工艺流程的有效改进，并同步提升企业开发、改进现有产品的技术能力，即拓展搜寻深度更有利于企业开发能力的提升（Fang et al.，2010）；而拓宽搜寻广度则为企业提供了多元化、多层次的异质性知识源，有利于企业将不同领域知识应用到现有技术体系中，从而为催生重大原始创新奠定了基础，即拓展搜寻广度更有利于提升企业探索能力（Benner and Tushman，2003）。然而，实现上述过程的前提条件在于企业自身具备一定水平的吸收能力，从而保证外部知识整合与内部能力提升的协同效果，否则，企业不仅要承担过度搜寻所带来的成本负担，还强制性占用了组织内部有限的科技资源，从而导致研发、生产与设计等部门均承担极高的运营风险，Jansen 等（2006）、Tsai（2009）等研究也进一步证实了搜寻策略与组织绩效提升的协同问题，发现吸收能力在二者之间起到了关键的调节效应。

基于上述分析，提出如下假设。

H14-1：吸收能力与搜寻广度的交互作用对企业探索能力具有显著的正向影响。

H14-2：吸收能力与搜寻深度的交互作用对企业开发能力具有显著的正向影响。

6.3 研究方法、变量设计与观测样本

6.3.1 研究方法

在追踪研究中，研究者不仅关心某一特质随时间的发展趋势，还关注个体之

间发展趋势的差异及其产生的原因（刘红云，2007），潜变量混合增长模型是实现该分析过程的重要方法（Wang and Hanges，2011）。该模型用增长特征参数（如截距和斜率等）的均值来描述增长趋势，用增长特征参数的随机效应（方差）大小来描述个体之间增长趋势的差异（刘红云，2007），并且能够进一步识别总体中不同子样本的发展趋势，即区别不同特征的潜在变化类，同时对每个亚类的轨迹差异成因、样本个体数量与比例进行综合评估（Muthen，2004）。这与本章分析组织双元能力不同成长模式及其内外部影响因素的研究目标相契合，也将弥补当前缺乏技术能力动态跟踪研究的缺陷。

下面简要介绍该模型的基本原理。图 6.2 构建了一个含有五个时间节点的潜变量混合增长模型，其中，Y_1、Y_2、Y_3、Y_4、Y_5 分别表示对同一研究样本的五次重复测量，潜变量 I 和 S 分别表示每次测量的变化值，实际应用中可以通过定义 I、S 到 Y_1、Y_2、Y_3、Y_4、Y_5 的路径系数，使潜变量 I 和 S 描述不同的变化趋势。例如，对于五次等时间距离的重复测量，可以分别将 I、S 到 Y_1、Y_2、Y_3、Y_4、Y_5 的路径系数固定为 1、1、1、1、1 和 0、1、2、3、4，那么 I 描述四次测量的初始状态，称为截距项；S 描述五次测量的线性变化速度，称为斜率项；这一部分相当于一个潜变量增长曲线模型；C 是潜在分类变量，即描述潜在变化类的分类变量，用于描述变化趋势可能存在的类别，$C = 1, 2, \cdots, N$ 表示变化趋势存在 N 个不同的潜类别，包含潜变量 I、S 和潜变量 C 的模型是最基本的潜变量混合增长模型。此外，模型中还包含一个协变量 X，对潜变量 I、S 有直接和间接的影响，可以用来表征外部影响因素对增长趋势的影响效果[①]。

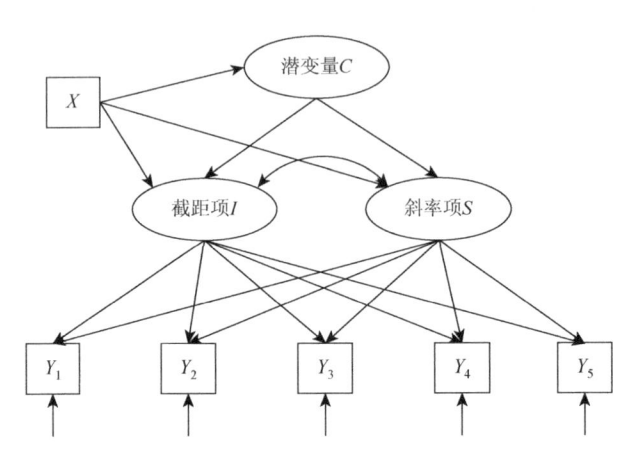

图 6.2　潜变量混合增长模型简介图

[①] 由于篇幅所限，本章仅对潜变量混合增长模型的基本原理进行简要介绍，有兴趣读者可详细阅读 Duncan（1976）、Wang 和 Hanges（2011）等参考文献。

模型估计与修正过程中，将采用多项 Logistic 回归对样本数据进行拟合。伴随国内外学者对最优模型拟合标准的持续争议，目前大多数研究采用 LRT 似然比检验方式确定最优分类模型（Muthen，2004），该方法通过对比 K 类与（K-1）类模型的 LRT 修正系数，若系数显著则说明样本拟合为 K 个亚类是合理的，若不显著则接受（K-1）类的拟合结果，并通过报告模型的熵值[①]来判断潜变量分类的准确性（Jedidi et al.，1993）。同时，修正模型还通过对比 AIC、BIC、SSAIC 等指数来判断模型的整体拟合状况。

6.3.2 变量测量[②]

本章所涉及的变量包括探索与开发能力、搜寻广度与深度、吸收能力，与前面通过量表形式衡量变量不同，本书未能取得观测周期内每个样本的跟踪调查数据，限于样本同质性与可得性的基本条件，在借鉴 Laursen 和 Salter（2006）、Sofka 和 Grimpe（2010）等研究基础上采用客观指标表征上述变量。

1. 组织双元能力

根据 Benner 和 Tushman（2003）、Jansen 等（2006）研究设计，一般采用调查问卷形式获得探索与开发能力的测量数据，但上述研究均采用截面数据，无须考虑双元能力在样本期内的动态变化情况，这与本章的研究目标存在较大差异。基于此，本章借鉴 Vanhaverbeke 等（2006）的研究设计，采用发明专利数据来表征企业的探索与开发能力。在观察年度授权专利中，以 3 年内的引用次数为标准，选择质量最高的 8 个发明专利，并与前一观察年度的授权专利逐一对比，判断企业是否曾经涉足过该项技术领域，若前一观察年度没有在该技术领域内申请专利，则用该专利表征企业探索能力，其取值为 1，开发能力取值为 0，反之亦然。该过程主要通过授权发明专利的分类号对比来完成，最终分别用观察年度内两类发明专利的得分情况来测度企业探索能力与开发能力。

2. 跨界搜寻特征

关于跨界搜寻特征，本书采用 Laursen 和 Salter（2006）对搜寻广度的测量方法，将企业利用外部知识源的数量作为搜寻广度的考量标准，包括与外部机构技术交易、合作研发、引进设备等多种技术搜寻活动，其中，外部知识源具体包括

[①] 熵值的取值范围为（0，1），越接近于 1 表明模型拟合效果越好。从现有统计实例来看，模型熵值高于 0.8 已是非常好的拟合效果（Wang，2007）。

[②] 除了五个核心变量，本书还添加了企业年龄、行业与所属地区作为控制变量，但检验结果发现上述变量均不存在显著影响，故在后续表格中不再报告控制变量的相关结果。

供应商、客户、竞争者、中介服务机构、行业协会、会议及专业论坛等16种类型（Laursen and Salter，2004），以二元变量0和1对企业实际搜寻情况进行标记，然后将各知识源得分相加即为搜寻广度，其取值范围将处于 0~16。同时，搜寻深度用来描述企业对不同外部创新来源知识的利用程度，一般采取评分法判断企业搜寻深度，但是该测量方法主观性较强，并且难以获得可靠的动态数据，因此，本书采用合作次数来描述知识利用程度，第 K 次合作于同一机构则将搜寻深度记为 K，然后将各知识源得分相加即搜寻深度，某一机构得分或总分越大表示企业对其知识利用程度越高。搜寻广度与深度的数据来源于样本企业在证券交易所的信息披露资料，通过对样本期内上市公司公告（季报、年报、重大信息披露等）中技术交易、研发合作等信息的进一步处理，并通过公司网站、证交所网站等媒体资料进行验证核实，判断企业是否合作、合作次数，从而对样本企业外部搜寻特征进行衡量。

3. 吸收能力

基于不同的内涵定位与维度划分，学者对吸收能力的测量方法存在较大差异。从客观材料指标来看，Cohen 和 Levinthal（1990）、George（2005）、Ahuja 和 Katila（2004）、吴晓波和陈颖（2010）等研究分别采用 R&D 投入、R&D 强度、人力资本存量、是否设有研发机构等指标来表征吸收能力；而 Jansen 等（2006）、陈钰芬和陈劲（2008）等研究则采用问卷调查形式测量企业吸收能力，并对吸收能力的维度做了进一步细分。本书旨在获得吸收能力的纵向动态数据，故采用企业观察年度的 R&D 投入作为测量指标，具体数据来源于上市公司年报中直接与间接研发支出总额。

6.3.3 研究样本

本书样本为总体样本企业中的 139 家上市公司，其中，深圳证券交易所与上海证券交易所企业分别为 53 家、86 家；从分布地域来看，来自广东、浙江、山东的企业分别为 43 家、36 家、59 家，对三个地区的样本企业进行 t 检验和卡方检验，未发现不同地区样本之间存在显著差异，这也满足潜变量混合增长模型对样本同质性的基本要求。

在时间参照点选择上，综合考虑了宏观与微观经济环境的变化，将 1999 年作为初始观测点，选择该时间节点的依据在于，1998 年亚洲金融危机唤醒了中国企业家的创新意识，使其坚定了通过创新驱动构建核心竞争力的发展思路（路风，2006），并通过产学研协同创新、战略联盟等方式广泛参与合作研发，从而成为中国企业开始重视并投身研发的重要参照点。由于研发活动具有时滞性特点，其后追踪测量均设置了 3 年的间隔时间,即将第 2~5 个观测点分别设在 2002 年、2005 年、2008 年和 2011 年。

6.4 组织双元能力动态成长模型的实证分析

本章将使用 Mplus 6.11 对样本数据与模型进行拟合,具体包括以下步骤:首先,对各个变量的均值、标准差、相关系数进行描述性统计;其次,对四次测量的探索能力与开发能力分别进行无条件潜变量增长模型拟合,考察双元能力的动态增长趋势,并从能力起始水平、增长速度等方面描述亚类之间的差异;再次,将搜寻广度、搜寻深度及其与吸收能力的交互项加入无条件模型中,考察这些变量对组织双元能力的影响差异;最后,结合国内外相关文献与理论基础,对数据处理结果作进一步讨论。

6.4.1 描述性统计

本节运用 SPSS19.0 对组织双元能力、吸收能力、搜寻广度与搜寻深度等变量数据进行了描述性的统计分析,从而得到各个变量的均值、标准差、相关系数,如表 6.1 所示。

表 6.1 各变量的描述性统计结果汇总

变量	均值	标准差	探索能力	开发能力	吸收能力	搜寻广度	搜寻深度
探索能力	4.523	1.032	1.000	—	—	—	—
开发能力	6.135	0.671	0.226	1.000	—	—	—
吸收能力	2807.592	0.840	0.071	0.197	1.000	—	—
搜寻广度	13.163	0.711	0.067	0.065	0.117	1.000	—
搜寻深度	12.471	0.636	0.131	0.046	0.075	0.241	1.000

注:表中相关系数均具有显著性($p<0.01$)。

6.4.2 初始模型拟合

本节将使用 Mplus 6.11 对无限制条件的潜变量混合增长模型进行逐步拟合,结果见表 6.2。

首先,对未分类的增长模型进行估计,即在模型中定义潜在分类变量 C 只含有一个潜在类,相当于传统的潜变量增长曲线模型,估计结果表明,两个模型均得到了较好的拟合结果,探索能力模型中,χ^2 值为 11.48,p 值小于 0.01(CFI = 0.97,

RMSEA = 0.04); 开发能力模型中, χ^2 值为 13.69, p 值小于 0.05 (CFI = 0.96, RMSEA = 0.05)。

其次, 对两种分类的增长模型进行估计, 借鉴 Wang (2007) 等研究设计, 用固定因子载荷的方法设定不同趋势的增长模型, 从而将增长模式设定为 (0, 1, 2, 3, 4), U 形模式设定为 (1, -1, -2, -1, 1), 稳定模式设定为 (1, 1, 1, 1, 1), 对探索能力进行增长和 U 形两种模式估计发现, AIC、BIC 等拟合系数均有显著减小趋势, 熵值大于 0.90, 修正 LRT 系数为 128.65 且 p 值小于 0.05; 对开发能力进行增长和稳定两种模式估计发现, AIC、BIC 等拟合系数同样有显著减小趋势, 熵值大于 0.90, 修正 LRT 系数为 107.36 且 p 值小于 0.05。上述结果表明, 具有两类潜变量的增长模型能够达到更好的拟合效果, 从而拒绝一类模型的基本假设。

最后, 将稳定模式和 U 形分别加入探索、开发能力的潜变量模型中, 从而对具有三个潜在类的增长模型进行拟合。从检验结果来看, 尽管两个模型中的 AIC、BIC 等拟合系数均有相对减小趋势, 熵值也处于相对合理水平, 但关键指标修正 LRT 未通过显著性检验 (p 值均大于 0.1), 从而拒绝存在三个潜在类的分类模型, 而接受两个亚类的划分方法。

表 6.2 混合增长模型的拟合指数汇总

因变量	混合增长模型	AIC	BIC	SSABIC	Entropy	修正 LRT
探索能力	一类	123.60	129.77	125.30	—	—
	二类	124.76	127.47	125.23	0.93	128.65*
	三类	117.32	119.61	118.37	0.86	74.16
开发能力	一类	136.54	142.17	139.35	—	—
	二类	124.31	128.44	127.49	0.95	107.36*
	三类	121.27	124.19	123.33	0.90	42.27

为了直观地展示双元能力的成长趋势, 本节对不同模式下相关参数与样本比例做了进一步估计, 并分别用折线图描绘了三种不同的成长轨迹, 分别如表 6.3、表 6.4 和图 6.3、图 6.4 所示。从图表结果来看, 组织双元能力均存在增长模式的亚类成长轨迹, 表明企业应用外部创新资源产生了积极的影响效果; 组织探索能力还存在 U 形模式的成长轨迹, 表明企业经历了由能力下降到上升的适应阶段; 组织开发能力还呈现稳定模式的成长趋势, 表明外部搜寻行为对部分企业开发能力提升无明显影响。综上, 本书所提假设 H11 得到了支持, 以探索能力为因变量的模型, 可进一步分为增长和 U 形两种成长模式; 以开发能力为因变量的模型, 可进一步分为增长和稳定两种成长模式。

表 6.3 基于两类成长模式的混合增长模型估计结果（1）

因变量	增长模式			U 形模式		
	—	估计值	标准差	—	估计值	标准差
探索能力	截距均值	5.06**	0.13	截距均值	3.75**	0.30
	一次项均值	0.19**	0.06	一次项均值	0.04**	0.01
	—	—	—	二次项均值	0.25**	0.05
	截距方差	0.32**	0.22	截距方差	0.22**	0.13
	一次项方差	0.52**	0.16	一次项方差	0.14**	0.02
	—	—	—	二次项方差	0.46**	0.26

注：总体样本中，属于增长模式亚类的样本为103，约占总样本的61.68%；属于U形模式亚类的样本为64，约占总样本的38.32%。

表 6.4 基于两类成长模式的混合增长模型估计结果（2）

因变量	增长模式			稳定模式		
	—	估计值	标准差	—	估计值	标准差
开发能力	截距均值	5.28**	0.18	截距均值	6.48**	0.19
	一次项均值	0.22**	0.02	截距方差	0.47**	0.12
	截距方差	0.16**	0.07	—	—	—
	一次项方差	0.46**	0.19	—	—	—

注：总体样本中，属于增长模式亚类的样本为111，约占总样本的66.47%；属于稳定模式亚类的样本为56，约占总样本的33.53%。

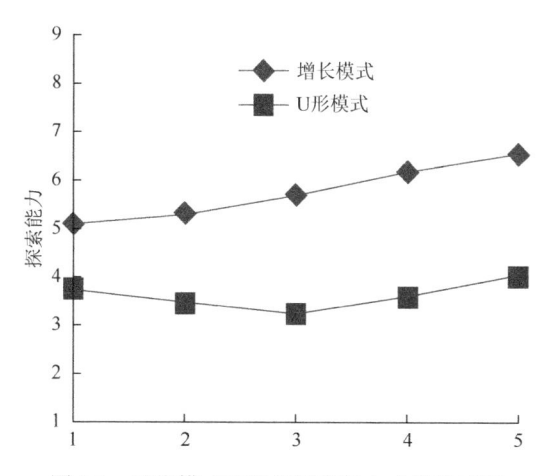

图 6.3 两类模式下组织探索能力成长轨迹图

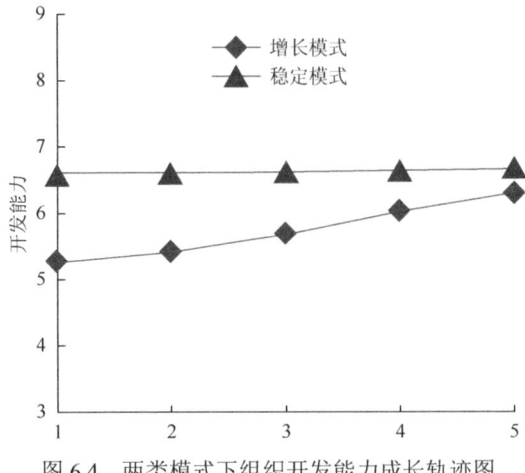

图 6.4 两类模式下组织开发能力成长轨迹图

6.4.3 修正拟合模型

在总结三种能力成长模式基础上,本节将综合运用 logistic 回归与混合增长模型,进一步检验不同模式下搜寻特征与吸收能力的影响效果,检验结果如表 6.5～表 6.7 所示。

首先,分析增长模式下跨界搜寻特征与吸收能力的影响作用。从检验结果来看,AIC、BIC 等拟合系数均在理想的范围与变化趋势之内,表明整体模型的拟合情况良好。其中,搜寻广度对企业探索能力、开发能力均存在显著的正向影响,搜寻深度对企业开发能力具有显著的正向影响,而对探索能力的影响未通过显著性检验;吸收能力及其与搜寻广度和搜寻深度的交互项对组织双元能力都呈现显著的正向影响,并且加入交互项后对能力成长的作用效果显著提升,说明吸收能力能够显著促进跨界搜寻与双元能力成长之间的关系。

表 6.5 增长模式下组织双元能力成长的影响因素

变量与参数	探索能力 估计值	探索能力 标准差	开发能力 估计值	开发能力 标准差
搜寻广度	0.28**	0.13	0.27**	0.07
搜寻深度	0.36	0.23	0.19*	0.45
吸收能力	0.47**	0.18	0.57**	0.25
搜寻广度×吸收能力	0.34**	0.11	—	—
搜寻深度×吸收能力	—	—	0.32**	0.17
AIC	87.47		91.02	
BIC	90.53		93.43	
SSBIC	88.16		92.12	

其次，分析 U 形模式下搜寻特征与吸收能力对企业探索能力成长的影响。从表 6.6 来看，AIC、BIC 等拟合系数均在理想的范围与变化趋势之内，表明整体模型的拟合情况良好。其中，搜寻广度对企业探索能力具有显著的正向影响，而搜寻深度对探索能力的影响未通过显著性检验；吸收能力及其与搜寻广度的交互项对企业探索能力都呈现显著的正向影响，并且加入交互项后对能力成长的作用效果显著提升，说明在企业具备一定水平吸收能力时，提升跨界搜寻广度更有利于企业探索能力成长。

表 6.6 U 形模式下企业探索能力成长的影响因素

变量与参数	探索能力	
	估计值	标准差
搜寻广度	0.14***	0.20
搜寻深度	0.24	0.17
吸收能力	0.45**	0.06
搜寻广度×吸收能力	0.27**	0.11
AIC	51.46	
BIC	57.72	
SSBIC	53.43	

最后，分析稳定模式下搜寻特征与吸收能力对企业开发能力成长的影响。从检验结果来看，AIC、BIC 等拟合系数均在理想的范围与变化趋势之内，表明整体模型的拟合情况良好。其中，搜寻广度、搜寻深度对企业开发能力均具有显著的正向影响；吸收能力及其与搜寻深度的交互项对企业开发能力都呈现显著的正向影响，并且加入交互项后对能力成长的作用效果显著提升，说明吸收能力能够显著促进搜寻深度与企业开发能力成长之间的关系。

表 6.7 稳定模式下企业开发能力成长的影响因素

变量与参数	开发能力	
	估计值	标准差
搜寻广度	0.13*	0.20
搜寻深度	0.16*	0.12
吸收能力	0.35*	0.10
搜寻深度×吸收能力	0.19**	0.03
AIC	47.11	
BIC	50.02	
SSBIC	49.16	

综合上述结果发现，在三种模式下，搜寻广度对组织双元能力均呈现显著的正向影响，说明实施多元化搜寻战略有利于企业维持、提升一定水平的技术能力，以促进企业自主创新的能力提升与结构优化，从而支持假设 H12-1、H12-2；搜寻深度对企业开发能力存在显著的正向影响，而对探索能力的影响效果未通过显著性检验，表明与同一组织持续合作能够深化对相关技术领域的认识，但在一定程度上却限制了企业知识结构的根本性革新，从而支持假设 H12-3、不支持假设 H12-4；吸收能力对组织双元能力成长有显著的正向影响，并且吸收能力能够显著提升搜寻广度对探索能力以及搜寻深度对开发能力的影响效果，从而支持假设 H13-1、H13-2、H14-1、H14-2。

6.4.4 检验结果讨论

为深入分析各个变量之间的影响关系，基于上述统计检验结果，本书结合现有国内外文献对相关研究结论做进一步讨论。

（一）组织双元能力存在差异化的亚类成长模式

开放式创新体系下，企业技术能力呈现差异化的成长轨迹。从检验结果来看，企业技术能力可进一步分为增长模式、稳定模式和 U 形模式三种不同的成长轨迹，而对于不同层次能力也存在部分差异，探索能力成长过程存在增长模式和 U 形模式两个潜在亚类，而开发能力成长过程则存在增长模式和稳定模式两个潜在亚类。与 Kim（1998）、柳卸林和李艳华（2009）等研究不同，该研究结论从动态视角界定、检验了企业技术能力的成长过程，并识别出不同层次能力的潜在亚类成长模式，弥补了当前侧重于静态视角、缺乏能力层次细分的研究不足。

对于后发企业而言，技术能力提升表现为一个反向技术追赶过程，尤其是以探索活动为主的技术创新能力，遵循由低水平制造、模仿向高水平技术创新演化的成长路径。在此背景下，企业探索能力成长过程逐渐突破了生命周期理论的限制，而是表现为技术势差条件下的间断性跃迁过程（Rothaermel，2001），并在较短时间内脱离现有技术发展轨道。尤其在外部创新资源嵌入企业创新体系过程中，一部分企业凭借突出的技术优势与吸收能力，实现对高校、科研院所前沿知识的快速整合过程，并直观表现为企业探索能力的持续提升过程，即隶属于增长模式；另一部分企业囿于知识结构与资源禀赋的限制，必将经历由难以整合、尝试整合再到逐步整合的阵痛阶段，并最终实现企业探索能力的根本提升，这一过程直观表现为企业技术能力先下降后上升的成长轨迹，即 U 形模式。由于探索式创新与新知识、新市场相关，也决定了其搜寻目标为高校、科研院所的竞争前技术，对该类知识的有效整合终将从根本上革新企业知识结构，实现构建持续技术优势的战略目标，而不会仅仅停留于能力成长的稳定模式，这与前面对跨界搜寻与探索能力关系的分析结论相呼应。

与探索能力不同，企业开发活动定位于对现有产品、技术、工艺流程的渐进性改进（March，1991；李剑力，2009），其所需知识与企业既有知识具有较强同质性，可通过增加知识存量实现能力提升的目标。与我国产业、企业发展阶段相适应，开发能力成为当前中国企业技术创新的重要依托，基于对激光视盘机产业的案例研究，谢伟（2006）识别并描述了中国企业创新分布的特点，认为中国企业技术创新的优势在于活跃的外围创新，而非系统创新或核心创新等内部环节，在一定程度上培养了利于集成创新的开发能力，"山寨"产品是该创新分布特征的典型（银路等，2010）。尤其在制造能力突出的背景下，企业开发能力成长趋向于"稳定模式"或者"增长模式"，对同质性知识的获取与整合有利于技术能力的维持与增长，而较少出现能力减退的成长趋势。同时，从图6.3与图6.4对比来看，企业开发能力在起始水平、成长速度上均优于探索能力，进一步印证了中国企业创新的分布与能力特点，也为企业制定研发策略、优化能力结构指明了方向。

亚类成长模式的存在性协调了不同理论背景下的研究冲突，外部资源作用下企业不再局限于传统的技术进步路径，从而演化出了相互独立的亚类成长模式，并且，三种模式在成长速度、嵌入资源类型、外部依赖程度等方面各有其特点。从表6.3和表6.4标记结果来看，稳定模式下企业外部合作关系较少，但其研发投入与专利产出水平相对稳定，注重既有专利技术的交叉利用而非深入探索新技术；大多数企业隶属于高新技术行业，高校、科研院所等外部创新资源嵌入程度较高，一定水平的技术存量使其兼顾双元能力成长，并且在短时间内成长速度较快，从而形成了增长模式；U形模式下企业与外部科研机构保持了适度合作，但由于行业技术变化剧烈，迫使其降低外部技术依赖程度，提高研发投入以强化自主创新能力，从而呈现出先下降后上升的成长趋势，革命性技术可能导致技术能力成长停滞，其轨迹将呈现出跃迁性或周期性。

（二）搜寻特征与双元能力成长的匹配关系

与现有文献不同，本书关注搜寻特征对企业技术能力的影响，而未将影响结果定位于组织绩效层面（Laursen and Salter，2006；陈君达和邬爱其，2011）。从检验结果来看，跨界搜寻特征对组织双元能力的影响存在差异，其中，拓展搜寻广度对企业探索、开发能力均有显著的正向影响，而提升搜寻深度仅对企业开发能力存在显著的促进作用。该结论与 Katila 和 Ahuja（2002）、Chiang 和 Hung

（2010）、王继飞（2010）、张峰和刘侠（2014）等部分研究结果相一致，并在其基础上细化了搜寻特征对不同层次能力的影响效果，丰富了跨界搜寻和双元能力关系的理论与实证研究。

根据组织学习理论，双元能力分别对应不同渠道、不同范围的知识源，并且定位于不同层次的创新类别（March，1991）。探索式创新侧重于变异、柔性、试验与冒险等活动，能够最大限度地丰富组织知识结构，为解决瓶颈问题提供多层次的备选方案，该创新过程必然需要多属性、多渠道的知识源（Levinthal and March，1993）。以新产品开发为例，研发人员不仅要具备行业前沿技术知识，还需要准确把握潜在用户、供应商与制造商等主体的相关信息，从而提升企业应对动态环境的适应性。在此过程中，拓宽搜寻广度有利于企业接触多层次、多元化知识源，为组织内部技术革新、知识结构优化提供了基础，从而成为企业构建探索能力的重要途径。

与之相对，开发式创新与提炼、改进、复制、效率等活动相关，是对组织既有知识基础的深层次利用，或者对外部同质性知识的重新整合，以满足已有市场或顾客需求（March，1991）。开发能力构建不仅需要企业持续关注产业领域内的技术发展动态，还要将搜寻行为拓展到不同产业领域、不同属性主体之中，通过产业间技术融合、不同属性知识互补实现开发式创新。基于社会资本理论，Dyer 和 Nobeoka（2000）发现优势企业往往同时在横纵向维度构筑社会网络，以促进不同属性、不同层次主体之间的知识流动，为企业获取目标知识提供多元化途径，同时，知识整合效果也将反馈于设计、营销等职能部门，从而有利于识别潜在的、近似的市场机遇。基于此，Mom 等（2007）发现拓展组织搜寻广度与深度，有助于培养优化技术、渠道、设计等方面的技术能力，从而在一段时间内占据技术与市场的优势地位，这与本书的实证结果相一致。

（三）吸收能力：整合外部知识、矫正过度搜寻的保障机制

不同成长模式下，吸收能力对组织双元能力成长均存在显著的正向影响，这与 Torre（2008）、Rothaermel 和 Alexandre（2009）、Sofka 和 Grimpe（2010）等绩效层面的研究结论相一致。吸收能力既可以帮助企业识别、获取与整合更多的外部知识，还能够协调不同类型搜寻行为、合作类型与企业绩效之间的内在关系，Torre（2008）基于空间视角研究发现，具备较强吸收能力的企业更有可能获取集群外部相对分散、异质性较强的知识源，Tsai（2009）验证了吸收能力对不同类型合作网络与产品创新绩效关系的调节效应，吸收能力能够提升企业内化外部知识的能力与效率。尤其针对跨界搜寻而言，企业只能获得无序的、琐碎的知识"碎

片",而无法在数量与质量上满足企业的直接需求,此时,吸收能力成为整合目标知识、提升组织能力的必要前提。

同时,吸收能力还具备"矫正"过度搜寻的重要职能。与双元能力陷阱类似,企业也会面临过度搜寻的两难困境,从而将平衡组织搜寻广度与深度作为创新管理的重要议题(Laursen and Salter,2006)。搜寻广度与深度的过度拓展,不仅导致两种搜寻策略之间的资源张力,同时会因过度利用异质性知识而加大整合难度,反而对企业创新绩效产生负向影响。March(1991)认为资源有限性是导致类似困境的重要约束,究其根源在于,组织技术能力不足以支撑多元化、深层次的外部知识内化过程,从而出现资源利用率与技术转化率双重低下的局面(Fabrizio,2009)。为摆脱上述困境,企业一方面要从搜寻策略角度协调广度与深度之间的内在张力,另一方面则需要强化组织吸收能力,从而到达缩短转化周期、提升利用效率的目标。从检验结果来看,搜寻广度、搜寻深度与吸收能力的交互项能够显著提升组织双元能力,并且比搜寻特征对能力成长的直接影响效果更加明显。这一结论也通过吸收能力的调节效应得到了验证,Escribano等(2009)发现吸收能力正向调节组织搜寻与创新绩效之间的影响关系;Sofka和 Grimpe(2010)认为吸收能力的重要来源——内部研发——对市场驱动型搜寻战略与创新绩效关系存在显著的调节效应。综上,吸收能力是企业更高程度整合外部知识的重要前提(Rothaermel and Alexandre,2009),也将成为协调不同搜寻方式与特征关系的有效途径之一。

6.5 本章小结

本章以案例研究所提"命题3.3"为基础,基于开放式创新理论,以总样本中的139家上市公司为研究对象,通过构建组织双元能力成长的潜变量混合增长模型,探讨了组织双元能力的差异化成长模式,并厘清了不同模式下跨界搜寻特征与吸收能力对其成长过程的影响机制。研究表明,在外部创新资源作用下,组织双元能力将存在三种不同的成长模式,其中,探索能力成长过程存在增长模式和U形模式两个潜在亚类,而开发能力成长过程则存在增长模式和稳定模式两个潜在亚类;不同模式下,跨界搜寻特征对组织双元能力的影响存在差异,拓展搜寻广度对企业探索能力、开发能力均有显著的正向影响,而提升搜寻深度仅对企业开发能力存在显著的正向影响,对探索能力的正向影响作用未能通过显著性检验;吸收能力对组织双元能力成长均存在显著的正向影响,并且其与搜寻广度、搜寻深度的交互项分别对企业探索能力、开发能力具有显著的正向影响,如表6.8所示。上述研究结论刻画了外部创新资源作用下组织技术能力的动态成长过程,识别出不同层次能力的差异化成长模式,同时检验了吸收能力与跨界搜寻对企业技术能力成长的内外部影响效果，弥补了企业技术能力研究在方法与视角方面的研究缺陷，丰富了跨界搜寻和组织双元能力关系的理论与实证研究。

表 6.8 子研究三结果汇总

研究假设	实证结果
H11：在外部创新资源作用下，组织双元能力将存在三种不同的成长模式，其中，第一种模式为能力未呈现显著性变化的发展趋势，即图 6.1 中的稳定模式；第二种模式中能力呈现显著增长趋势，即增长模式；第三种模式为前期能力下降、后期能力增长的成长趋势，即 U 形模式	支持
H12-1：提升跨界搜寻的广度对企业开发能力成长具有显著的正向影响	支持
H12-2：提升跨界搜寻的广度对企业探索能力成长具有显著的正向影响	支持
H12-3：提升跨界搜寻的深度对企业开发能力成长具有显著的正向影响	支持
H12-4：提升跨界搜寻的深度对企业探索能力成长具有显著的正向影响	不支持
H13-1：吸收能力对企业探索能力成长具有显著的正向影响	支持
H13-2：吸收能力对企业开发能力成长具有显著的正向影响	支持
H14-1：吸收能力与搜寻广度的交互作用对企业探索能力具有显著的正向影响	支持
H14-2：吸收能力与搜寻深度的交互作用对企业开发能力具有显著的正向影响	支持

与既有文献相比，本书做出了如下理论贡献：第一，虽然现有研究涉及技术能力的培养方式与评估机制，却忽视了不同层次能力的差异化成长轨迹（王毅，2013）。本书刻画了外部资源作用下组织双元能力的成长机制，发现了探索能力与开发能力潜在的稳定、增长和 U 形亚类成长模式，揭示了不同层次技术能力的动态成长过程与规律，弥补了技术能力在研究方法与视角方面的不足；第二，以往研究关注跨界搜寻与组织运营、创新绩效的关系，却忽视了搜寻特征对技术能力成长的动态影响（Katila and Ahuja，2002）。本书在细分技术能力层次的基础上，关注搜寻广度与搜寻深度对组织双元能力的差异化影响，并发现拓展搜寻广度对双元能力的显著正向影响，提升搜寻深度仅对开发能力存在显著的正向影响，从而深化了跨界搜寻和双元能力关系的理论与实证研究；第三，许多研究指出，吸收能力通过促进组织整合外部科技资源，进而提升技术创新能力（Cohen and Levinthal，1990）。本书进一步发现，吸收能力不仅是组织识别、同化与应用外部异质性知识的重要基础，也成为"矫正"过度搜寻行为的保障机制，其与搜寻广度、搜寻深度的交互项分别对探索能力、开发能力具有显著的正向影响，从而为解决最优开放点问题找到了新路径，在一定程度上拓展了组织搜寻策略的研究成果。

基于上述结论，提出如下管理建议。①开放式创新体系下，企业应准确定位自身技术能力层次与成长趋势，提升外部创新资源与组织能力结构的匹配性。尤其是在产学研协同创新时，有效识别合作动机、目标导向与知识属性等内容，将促进合作主体之间的能力互补与资源耦合,规避组织技术能力成长中的潜在风险。②组织双元能力的初始水平与成长速度存在差异,企业应在搜寻广度与搜寻深度之间寻找最优开放点。对于后发企业而言,在无法兼顾双元能力的情况下,更需慎重选择搜寻策略、有序完善自身能力结构。③快速成长企业难免陷入过度搜寻困境,提升吸收能力将有效缓解类似的失衡状态。企业借助技术联盟、并购等方式获取异质性知识,还需加强内部研发体系建设,从而保证外部知识获取、内部技术转化的协同。④政府科技部门应注意技术能力的亚类模式与成长规律,重新思考协同创新的合作模式、动力机制等关键问题,从而制定适合中国企业技术能力结构特点的产业战略与政策体系。

当然,本书也存在以下研究局限:首先,所采用专利、合作信息均为二手数据,难免在搜集质量、数据完整性等方面存在偏差,未来可采用问卷调查、案例研究进一步验证结论的合理性;其次,考虑到研发的时滞性,本书收集了样本企业12年的相关数据,但是尽量扩大样本数据的时间跨度将可能得到更有价值的结论;最后,囿于样本数据限制,本书未能检验行业、所有制等因素的影响,后续研究可深入探讨所属行业、所有制形式对双元能力成长模式的差异影响。

第 7 章　开放式创新体系下企业跨界搜寻的政策启示

产业技术的逆向发展路径，决定了中国企业不能选择资源型或者依赖型的成长模式，而必须要实施创新驱动发展战略。供给侧结构性改革背景下，企业创新体系的参与主体需要优化创新要素配置效率，改善技术供求体系结构，实现创新、协调、开放、共享等发展理念。本章以前面的研究结论为基础，基于创新能力结构视角，从学研机构、企业、政府等角度系统分析创新政策的设计思路与重点任务，结合创新主体需求提出适宜的科技政策，从而为企业协同创新战略实施提供借鉴。

7.1　政 策 框 架

开放式创新体系下，企业创新系统中包含多元化参与主体，既包括以企业为主体的技术需求方，也包括高校、科研院所、公共或私有实验室等技术供给方，尽管双方在社会属性、职能定位、技术层次、能力结构等方面存在差异，但在创新驱动战略中存在着共同目标与利益交集，因此，在合作定位、技术结构等方面需要相互耦合、相辅相成的共性政策。本书的政策建议主要从技术供给方与技术需求方两个方面入手，对比双方在完善技术能力结构方面的共同目标，并针对性地设计优化跨界搜寻策略，具体如图 7.1 所示。

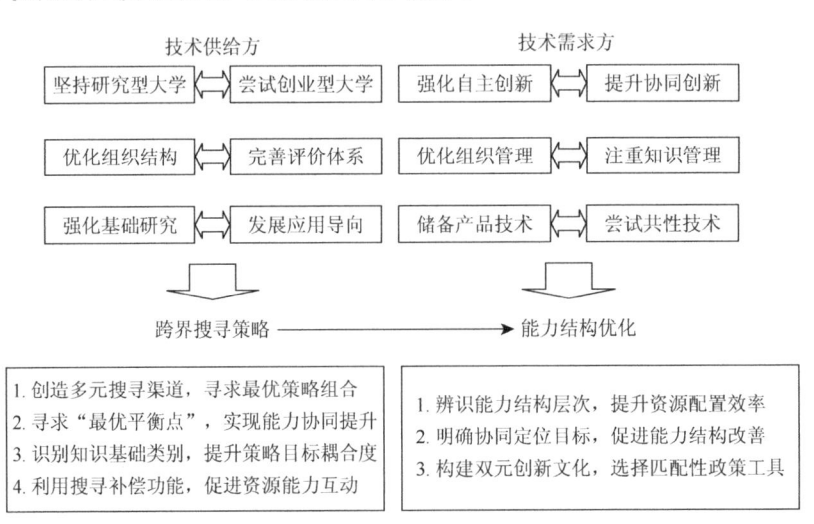

图 7.1　创新能力结构视角下企业跨界搜寻的政策框架

7.2 技术需求方：强化企业自主创新意识，提升共性技术研发能力

7.2.1 企业内部突出自主创新意识，有效整合外部创新资源

企业是实施创新驱动发展战略的主体，技术创新强调科研链与产业链的整合。开放式创新鼓励每个参与者积极自主创新，每个企业员工都要担当重任并关注自主创新的效果。如果企业能将创新过程中碰到的困难，主动拿出来与公司员工、客户或者供应商等参与主体分享，那问题解决方案将会优中选优，解决效率也将大大提升。因此，企业需要优化创新流程，将创新转变为系统性、嵌入型的经营流程，使之成为推动企业持续成长的不竭动力。

自主创新并非企业创新能力的首要战略性资产，更需要高层管理者改变研发即创新的传统认识。改变企业内部研发的封闭模式，在企业内部树立对开放式创新与自主创新关系的正确认识。开放式创新将有效补充自主研发，将创意管理、研发管理、制造管理和营销管理系统整合，在外部技术资源丰富、知识流动频繁的背景下，使研发效率最大化，提升用户、供应商、风险资本家、知识产权工作者的地位，充分利用和整合企业内外部创新资源，构建全局性、持续性的创新生态体系。

广泛整合企业内外部创新资源，实现分阶段、分层次的协同创新策略，避免破坏性创新带来的沉重打击。创新是解决用户问题、满足用户需求的经济行为，视用户为合作伙伴，与领先用户的密切合作能够获得突破性的新产品概念，产生突破性创新产品；与具有互补性技术资源的竞争者合作，可以形成技术组合优势，发挥创新资源的协同效应，实现技术突破，并获得自身不具备的技术、资源和知识；加强产学研合作，共享校企智力资源，企业技术创新将取得更好的成效；加强与政府的联系，通过制度创新培育技术创新和知识创新主体，强化不同主体之间的整合与互动，企业通过与政府的密切联系能够获取创新相关的重要市场资源与技术资源。

企业实施自主创新过程中应根据自身资源的拥有情况，在不同阶段选择最佳的合作伙伴。在产品创新阶段，科技驱动型产业的企业向少数外部创新要素深度开放有利于提升创新绩效，经验驱动型产业的企业向外部组织越开放越有利于提升创新绩效；在工艺创新阶段，更多地依赖于企业内部员工的技术能力、经验积累和工作责任心；在平台创新阶段，企业内部技术能力积累，以及将技术与市场整合满足用户多样化需求的能力是创新成功的关键。通过合作伙伴选择，以及内外部创新要素有效连接，提升创新效率，促进自主创新体系构建。

7.2.2 创新组织与知识的管理机制，协调不同层次的研发策略

跨界搜寻的本质是外部创新资源的获取与利用，通过整合内外部创新资源，提高创新绩效。企业需要根据不同产业类别，创新组织管理方式、协调不同类别的开放策略。对于科技驱动型产业的企业，搜寻广度、搜寻深度与创新绩效之间呈倒 U 形关系，适度增加搜寻深度与广度，将会促进创新绩效提高，但是开放程度超过某一阈值之后，将会损害创新绩效；对于研发密集型或者技术密集型企业，注意有选择地向部分创新要素深度开放将有效地促进创新绩效；对于经验驱动型产业的企业，向外部创新要素开放程度越大，越能提升组织创新绩效。

企业开放式创新的主导组织形式需以行业或技术特点为依据。对于科技驱动型产业，其对基础研究的要求较高，企业更多通过与大学、科研机构密切合作获取领先技术资源，以弥补自身研发力量的不足；传统制造业、产品类和应用类行业领域的企业，可以通过与用户、供应商、竞争者、大学、研究机构等外部创新要素全方位合作，获取外部创新资源。与此同时，企业的组织文化、组织结构和管理流程要素需要与之相适应，从而最大限度地提升创新资源利用效率。

企业所处生命周期阶段影响了外部资源的利用效率，也决定了不同层次的研发策略。以成熟型企业为例，在维持性技术创新方面，该类企业一般总能通过增加研发投资、鼓励内部交流、吸引领先用户等方式，在行业内保持领先地位；而在面临破坏性技术创新时，成熟企业却容易因各种原因而陷入参与过晚、不愿全力投入、缺乏恒心等创新陷阱，给管理精良的成熟型企业带来重大难题，并常常使成熟企业陷入困境。此时，该类企业可以通过设立风险投资基金、外部技术合作和外部技术并购等途径开展破坏性技术创新活动，并尝试构建更有竞争力的双元型组织。

无论组织结构如何，外部知识的利用与探索能力是企业实施开放式创新战略的关键，而知识吸收能力、资源整合能力起到了重要作用。在动态竞争环境中，企业必须确认、了解外部丰富的知识资源，与之结成联系并从中挑选；必须将内部技术与外部资源整合起来，形成更为复杂的技术组合，用来创造新系统和新架构。在开放式创新模式下，企业必须提高监视、评估和利用外部知识的能力，内部研发能力将决定外部创新源的搜寻、识别和整合过程，内部 R&D 也是提升吸收能力的关键。

7.2.3 加快构建共性技术研发体系，促进技术能力结构根本改善

继续发挥行业科研院所在产业共性技术研发中的重要作用，着力构建产业共

性技术研发体系。行业科研院所曾是产业共性技术研发的主力军，转制后的技术优势仍然十分明显，需要通过资源配置和政策引导，继续发挥转制科研院所在共性技术研发中的作用。对行业科研院所开展共性技术研发给予项目资助或稳定支持，以分散研发风险、降低研发成本；对产业共性技术研发投入实行税前抵扣等优惠政策，鼓励有关主体加大对共性技术研发的投入力度；依托转制的行业科研院所启动组建产业共性技术研究院，探索建立重大产业共性技术和关键技术的供给保障体系。

鼓励不同主体共建研发机构，发挥合作研发机构在产业共性技术研发中的生力军作用。近年来，不少大学和科研机构与企业或地方政府共建实验室、研究中心和研究院，例如，深圳市政府与清华大学共建深圳清华研究院，其发展目标在于推出一大批拥有自主知识产权、面向市场的科技成果，加速科技成果转化，培育高科技企业，培养高层次人才。类似合作研究机构承载着为经济社会发展提供共性技术服务的重任，政府部门可以通过专项技术给予资金支持，并在机构设置、人员流动、工资待遇等方面加强政策支持与引导。

支持企业成为产业共性技术研发主体，建立具有区域特色的产业共性技术研发联盟。支持行业龙头企业成为产业共性技术研发主体是我国产业共性技术研发体系建设的首要任务。优先在国家需求迫切、急需突破技术瓶颈制约的领域重点推进企业国家重点实验室建设，开展行业前沿技术研究、关键共性技术研究，以及国际、国家或者行业技术标准的研制工作；通过财税、金融、政府采购等政策措施，鼓励企业开展产业共性技术研发，国家科技计划适当向企业倾斜，优先支持企业开展具有行业全局性、技术前瞻性的科研项目。

基于目标集中、平等自愿、统一规划等原则，选择一些重点产业组建产业共性技术联盟。以 TD-SCDMA 产业联盟为标杆，针对关系国计民生的支柱产业、关系经济增长点的新兴产业和关系产业结构优化升级的高技术产业，组建一批以共性技术研发为主要宗旨的产业技术联盟，带动产业创新能力提升与产业技术进步。同时，以龙头企业为核心，大量中小企业配套协作的特色产业区，可从提高龙头企业经营者创新意识着手，以龙头企业或龙头企业联盟为依托，集合高校、科研机构等多种资源建立特色产业共性技术研发中心。

7.2.4 突出政府部门的组织引导作用，鼓励企业牵头攻关共性技术难题

考虑到不同类型产业共性技术的特点和国家财力的限制，政府对共性技术研发应实行分类支持和引导。为弥补市场失灵导致的基础性共性技术供给不足的问题，政府主要通过设立专门的国家研究院（所）来承担这类研究，由政府承担大部分甚至全部经费，并需要在技术合作和技术转移方面做出具体的规定以进行合

理监督。对于关乎经济与社会发展的共性技术研究，政府应设立专项计划，其遴选机制遵循以市场为导向的指导思想，研究项目由产业界提出或充分征求企业意见；对于一般性共性技术研究，政府应更多地发挥环境建设作用，通过政策引导鼓励企业间、企业与公共研究机构和高校进行合作研究。

构建产业共性技术研究院的可持续发展机制，建立完善的产业共性技术平台评估考核体系。对于以企业为主体的研发平台，可以通过三种渠道获得资金支持：一是股东以资本金方式按比例投入；二是国家以科研项目方式支持的经费拨款；三是通过成果转化、技术许可、专利费方式获取资金。对于国家重点实验室、工程中心等基地开展产业共性技术研发，政府应建立稳定的支持渠道，以保证其持续创新的能力。同时，为了规避重建设、轻管理，重投入、轻产出的现象，必须建立科学合理的评估考核指标体系，采取不同的评估考核方法。评估考核结果要与国家对平台的支持挂钩，实行动态管理。

政府要加大资助技术基础设施建设的力度，建立技术创新包括产业共性技术创新的平台。若没有先进的技术基础设施，企业缺少进行必要的技术开发活动所需的基础技术与配套设施，其研究开发新技术、实现技术创新的难度加大，企业竞争力尤其是技术能力也将陷入低水平而不能提升。因此，政府要大力推动技术基础设施共享机制的建立，提高技术基础设施的利用效率，减小共性技术的研发成本，提高共性技术的研发效率，为攻克共性技术难题奠定基础。

政府的作用在产业发展的不同阶段应当有所变化。在产业发展初期，政府不仅要支持基础研究，还要增加对应用研究和具有商业价值的共性技术研究开发的支持力度，促进应用技术的研究开发；进入产业成熟期，企业对市场的把握能力增强，开始根据自己的发展需要进行一些与自身发展目标相关的基础性研究，政府要重点支持有广泛应用前景的基础性研究和共性应用技术的研究开发。随着技术研发的深入，一些高技术产业的研究开发投入大幅增加，一个企业或者院校难以支撑大规模的攻关项目，政府应考虑重点资助大型协同攻关项目。此外，政府应当更多利用政策来调动企业研究开发的积极性，而不是一味地采用直接资助的方式。

7.3 技术供给方：着力推动"双一流"建设，倡导应用导向基础研究

7.3.1 推动创业型大学建设，研发活动向技术供给链下游延伸

创业型大学是新形势下大学参与全球竞争与职能演化的结果，其注重学校与

社会和外界环境的沟通合作。成立专门的管理机构负责对外交流，特别是工业联络、技术转让、提供咨询和继续教育等工作，以及进行多学科或者跨学科合作；学校利用自身的有利资源发展继续教育和职业培训，或者为创业者提供咨询服务。这些行为强化了大学与社会的联系，给大学生自身发展带来了经济效益，也促使大学走向单纯的理论研究，将科研成果转化为实际生产力，服务于社会进步和经济发展。

开发创业型大学建设工程，突出产学研联盟在创业型大学建设中的功能优势。知识经济是建立在知识和信息再生产、分配和使用基础上的经济。经过两次大学革命之后，知识经济时代的大学职能发生了重大变化，在已有的教学和科研功能基础上增加了社会服务使命，其核心活动是将大学实验室的科学发现转化为产品，并实现商业化的过程。研究型大学实现了从学术研究到实际应用的模式转化，而创业型大学则增加了经济发展的任务，必须使其使命与企业、政府的地位逐渐平等化，使得大学在创新和经济发展中从次要位置转向主要位置。

鼓励大学建立相应的创业机构，注重大学知识创业功能的培养。创业型大学不仅注重研究能力和知识生产能力的提升，更重要的是注重知识创业能力的提高。不仅是为了知识创造和传播以及具体学科的发展，也是在社会发展中起到了越来越重要的作用。在创业型大学发展过程中，衍生出了技术转移办公室、孵化器、大学科技园等组织机构，加强了大学与产业界之间的联系。在强化研究实力的同时，要增强依托政府基金项目与产业合作的意识，形成大学—产业—政府三螺旋创新模式，促进区域乃至国家经济与社会的协调发展。

创业型大学的建设与发展，必将推动大学、科研院所的研发活动向技术供给链下游延伸。创业型大学在具备较高研究能力的基础上，能够通过专利和技术的转移，积极地把已有知识主动进行商业化，更重要的是大学要鼓励教师进行知识创业，可以与外界共建创业企业，也可以自己创建衍生公司等。知识创业是协同创新的最高形式，也是大学在新经济时代面临的新机遇和新挑战。

7.3.2 丰富学研机构研究模式，促进合作层次逐步向应用导向过渡

多元化的科研模式是开放式创新体系构建的关键。不同参与主体从事不同类型的研究活动，对于大学来讲，传统的、单一的科学研究模式已经不再适应新形势的需要，必须改革和丰富大学的科学研究模式。以基础研究、应用研究和试验发展为基础，逐步过渡到以应用为导向的技术研究模式，即新巴斯德象限越来越受到科研人员重视。在此模式下，大学保留了知识创造的基本职能，并在应用性与基础性共性技术开发方面满足了社会需求，而企业也弥补了技术开发方面的劣势，专注于产品商业化阶段的相关活动，从而达到企业与学研机构共赢的目标。

继续强化大学基础研究的功能，增强学研机构的原始创新能力。基础研究是获得关于现象和可观察事实的基本原理及新知识而进行的实验性与理论性工作，当代大学科研模式中基础研究比重较大，其公共属性也决定了产学研合作的本质需求。科技与经济的结合、创新链和产业链的互动必须深入基础研究层次，才能真正实现基础研究与科技进步、经济社会发展的良性循环、互动机制。基础研究需要鼓励人们充分交流、质疑批判、勇于尝试探索的学术环境。因此，继续强化大学基础研究的能力是增强原始创新能力的关键。

鼓励大学开启应用研究和应用导向型基础研究并重的新局面。在继续强化大学基础研究能力的基础上，还必须做到多元化科研模式的开发应用。应用研究旨在获得新知识而进行创造性的研究，主要针对某一特定的实际目标，将理论发展成为实际应用的形式，研究结果一般只影响科学技术的有限范围，具有较强的私有属性，其成果形式为科学论文、专著、原理性模型或者发明专利。应用导向基础研究隶属于新巴斯德象限，不同于应用研究与实验发展，其强调大学应该重视应用导向的基础研究。

企业要适应学研机构的研究模式转变，推动协同创新向着应用导向逐步过渡。企业属性决定了必须从事纯应用研究和开发，以快速商业化和获取利润作为目标。而大学具有人才培养、科学研究和服务社会的多重目标。大学与社会有着紧密的联系，为了服务经济发展的需要，作为知识生产主要机构，必须把大学知识引向商业领域。大学科研模式必须转型，转向重视新巴斯德象限的研究，也就是应用导向的基础研究，从而实现产学研三方主体的有效对接。

7.3.3 完善高校科技评价体系，将成果转化、服务社会纳入考核体系

高校科技创新评价体系将强调基础研究的评价指标放大到所有学科，需要将成果转化、服务社会等功能也纳入评价体系之中。大学与企业通过开展技术转让、共建技术中心、共同开发课题、共办高科技实体等形式合作，大大增强了企业技术创新能力，也最大化地发挥了学研机构作为智库的功能。但是，现有评价体系对于符合应用研究、应用导向的基础研究等学科科研人员特点的产学合作绩效、技术服务绩效等很少考核，专利和知识产权在科技人员的职称晋升中没有多大意义。因此，需要重视高校科技创新评价体系的改革问题，及时改进对大学科研人员的考核与评价标准，突出产学研合作的联动性，引导科研人员参与协同创新，防止出现参与产学研合作的科研人员受制于传统单一的评价体系而在学校被边缘化的可能性。

根据我国国情与国际规则制定中国特色技术转移法，设置相应的技术转移机构。当前中国还没有一部专门的法律来协调产学研协同创新，大学的自主权也相

对薄弱。开放式创新体系构建不仅需要适合中国国情的技术转移法，还需要大学在技术转移和商业化方面拥有独立的自主权。特定的技术转移法和相应的自主权是促进协同创新可持续发展的动力机制。因此，必须依据中国国情和国际规则，增修相关法律，规范技术转移互动，强化技术转移机制，促进知识、技术和人才流动，从而推动大学、科研机构、政府和产业界的有机结合。

技术转移中要重视高质量专利的保护与应用。科研成果中最有价值的知识是专利，学研机构承担国家科研项目，研制出某种器件、设备或软件原型等成果并不重要，重要的是研制过程中获得的新知识。技术转移的关键在于技术能力的获得，即把研究者头脑中关于如何研制类似器件、设备或软件的知识告诉生产企业。如果这种成果都是基于公共知识研制出来的，将很容易被别人模仿，对于企业而言就没有太大的经济价值。因此，技术转移中必须重视技术知识的转移与应用，尤其对于高质量专利来讲，强化此类专利的转移和应用，对于开放式创新体系的构建与发展非常重要。

加强分工协作，大力发展技术转移服务机构。发达国家发展科技中介的共同做法是通过政府立法、政策导向，推动、引导中介关注科研机构和企业的技术创新。我国应加紧制定促进和规范技术转移服务机构发展的政策法规体系，研究技术转移服务机构的组织制度与发展模式。大力培育和发展各类科技中介机构，引导科技中介服务机构向专业化、规模化和规范化方向发展，同时构建技术交流与技术交易信息平台，对国家大学科技园、科技企业孵化基地、生产力促进中心、技术转移中心等机构开展的技术开发与服务活动给予政策扶持。同时加强行业管理和规范，制定技术转移服务机构指标评价体系及机构资质认定、监督管理等制度，规范行业行为，提高行业准入门槛。

7.3.4 实行开放、兼容知识体系，构建应用研究对基础研究的反哺机制

针对开放式创新体系构建中的核心问题，政府应尽快制定和实施开放科学与开放知识体制。以技术为主的创新将被以科学为主的创新所取代，高校应发挥其知识引领的功能，而政府必须考虑与知识生产、扩散和使用相关的激励机制。由于科学知识的公共物品属性，此类知识主要由大学、科研机构来生产，而企业所生产的知识为技术知识，具有私人物品的特性，开放式创新体系的核心问题就是公共知识和私人知识的转化问题。开放科学制度是实现知识经济效益最大化的一种科学体制，知识公开披露可以减少仅被一些缺乏资源的人所持有的可能性，从而提高了知识的社会价值。因此，开放科学与开放知识体制成为开放式技术创新体系构建的制度保证。

建立学术优先权与荣誉权制度，加快知识的生产与应用过程。知识公开将降

低私人投资生产知识的激励,政府必须在科学制度体系内部建立学术优先权和荣誉权的产权形式,以及一套基于优先权的报酬系统,以促进公共投资的使用效率和激励科学家知识生产的积极性。开放科学制度的核心思想是建立学术优先权和基于优先权的报酬系统,谁率先公开披露一项新发现,谁就获得这项发现的优先权,从而可以获得独特的学术声誉或学术声望,带来更多的科研经费和科学奖励,更重要的是可以从社会上获得远远高于因知识披露而付出的成本。在巩固高校原始创新地位的同时,也进一步提升了高校与企业的互动效果。

执行双重知识产权制度,开放式创新体系要求区别公共部门和私人部门的知识产权管理。我国的知识产权管理制度存在明显的单一模式,大学和企业的知识产权混为一谈。对私人部门来讲,专利制度的目标是保护创新者利益,并有效地促进知识的社会传播与应用。创新者要想达到产权保护的目的,必须以公开自有知识为代价。对于学研机构而言,专利制度不是促进创新的关键要素,高校必须以知识快速传播为基本原则,开放科学体制下的学术优先权和相应的报酬系统才是促进高校创新的关键。因此,开放式创新体系中大学的知识产权保护应适当放低,企业的知识产权也不应过高,这种双重的知识产权机制是促进协同创新可持续发展的关键所在。

加强对私人知识物品尤其是核心技术知识产权的保护。加强知识产权保护对鼓励自主创新至关重要,自主知识产权在打造企业核心竞争力中占据着无可替代的地位。当前我国部分企业存在"有制造无创新、有创新无产权、有产权无应用、有应用无保护"的现象,而知识产权已经成为国际竞争中跨国企业打压竞争对手、谋求更大利润的主要工具。对企业核心知识产权不仅要强调保护,更重要的是实现知识产权的科学管理,努力实现知识产权制度效用的最大化。没有专利技术等知识产权保护,无论是市场准入还是价格机制等诸多竞争战略的实施都会受到牵制。因此,要建立健全知识产权保护体系,通过完善法律和加强执法,扩大宣传教育,形成激发创新热情、鼓励创新行为和提高创新回报的社会环境。

对于学研机构的知识产权保护不宜过严,最终目的是促进知识创造与传播,形成应用研究对基础研究的反哺机制。大学和科研机构作为知识生产的主体,生产知识具有公共属性,容易产生"搭便车"的问题。该问题的解决方法就是公共物品不由私人部门提供,而由公共部门直接提供,将知识产权私有化,即由公共物品转化为私有物品,使得每个消费者在使用该类物品时付出一定的代价,以补偿知识产权所有者。要实现上述目标,只能以立法的形式保护知识产权所有者,而作为公共研究机构的大学和科研院所如果将公共知识私有化,就会出现降低知识生产和传播的整体社会效益,从而很难提高整个国家的自主创新能力。因此,放宽对公共知识的产权保护,将有利于加快公共知识的生产与传播。

7.4 创造多元化、适宜性搜寻渠道，提高搜寻策略与目标知识耦合度

7.4.1 创造多元化、适宜性搜寻渠道，寻求跨界搜寻的最优策略组合

促进外部知识源整合，拓展多元化、适宜性搜寻渠道。通过正式流程与机制评价供应商信息，加强与供应商沟通协作，增加供应商对本企业知识环境的熟悉程度，双方在合作开发新产品过程中共享技术与市场信息，提高供应商参与产品设计与开发的积极性；精准定位与学研机构的合作目标，实现异质性外部知识的内化过程，提升隐性知识向显性知识的转化效率，摆脱项目委托制的单一合作方式，尝试通过共建团队、联合攻关等构建适应性的知识搜寻方式；正确处理与竞争对手的竞合关系，积极参与企业战略创新联盟，在技术信息、市场情报等方面进行共享，最大化整合竞争者的知识，形成战略合作、有序竞争的良好关系。

针对不同维度搜寻行为，寻求跨界搜寻的最优策略组合。坚持创新驱动发展战略，努力提升企业自主创新能力，并充分利用商业模式创新为顾客创造更多价值，实现技术创新与商业模式创新的平衡与互动，构建技术门槛与模仿壁垒的双重优势，也进一步促进了针对技术与市场信息的策略优化；实施"走出去"与"引进来"的相互结合，充分利用本土化与国际化资源，重视对国外新兴技术的探索，同时加强对国际市场的开拓，通过合资、并购或建立独立研发机构等方式获取外部知识，实现本地搜寻与跨界搜寻的有效组合；在保证短期利润的同时重视长远目标，科技驱动型企业要加强对行业未来技术的探索，而经验驱动型产业要注重挖掘潜在顾客需求，摆脱价格竞争的"红海"，发现价值创新的"蓝海"，实现搜寻战略与企业长、短期绩效的相互匹配。

根据企业面临的差异化情境因素，寻求权变性、动态化的组织搜寻策略。在全球化与市场分割的双重影响下，低成本战略企业倾向于缩减搜寻广度与深度，采取既窄又浅的搜寻策略，而差异化与集中化战略企业则会拓宽搜寻广度、加深搜寻深度，采取既宽又深的搜寻策略；企业吸收能力将大大影响异质性知识的转化效率，企业吸收能力越强，集成与转化外部知识的能力越强，搜寻目标知识的积极性越高，从而选择专一合作、深度探索的搜寻策略；市场不确定性会迫使企业拓宽外部搜寻的渠道，促使企业形成共同目标导向的战略联盟，加大搜寻深度可以保持对目标知识源的熟悉程度，增强创新搜寻的稳定性与持续性，从而最大限度地改善工艺创新绩效；搜寻策略需要与之匹配的组织结构，组织结构变革程度决定了搜寻广度和搜寻深度，变革程度越激烈，表明企业越崇尚创新文化、追

求自我革新，从而拓展搜寻广度与搜寻深度以寻求多样化、深层次的信息，实现工艺流程改善与既有产品创新。

7.4.2 寻求搜寻深度与搜寻广度"最优平衡点"，实现资源利用与能力水平协同提升

开放式创新背景下，外部知识的获取、吸收和利用，有效整合内外部创新资源的能力是提高技术创新绩效的关键。较强的研发能力是开发具有自主知识产权新产品的基础，也是提高外部知识搜寻、获取与吸收能力的根本保证。我国目前政府财政科技投入在全社会研发投入中占有相当大的比例，要引导全社会的研发投入，特别要激励企业增加研发投入。政府要采取各种财政金融手段和积极的政府采购制度等，鼓励企业的创新活动，激励企业加大技术研发投入。通过明确的政策导向，为企业的创新活动创造良好的宏观与微观经济环境。

企业也重视外部知识，并依据知识属性平衡搜寻广度与搜寻深度，采取差异化的搜寻行为。随着知识更迭加快、产品周期缩短，企业越来越难以通过自主研发维持竞争优势，而对外部知识的需求更加迫切。拓展外部知识搜寻广度与搜寻深度有利于提升产品绩效，搜寻外部新知识将有利于新产品、新服务的开发过程，而提升外部旧知识的搜寻宽度与搜寻广度将有效避免过度搜寻、路径依赖等情况出现。尤其在动态环境中，加深新知识搜寻深度容易陷入过度搜寻陷阱，而拓展旧知识搜寻深度则有利于分担风险、持续创新，即企业不适宜对外部新知识进行深度利用，却适合深度挖掘外部旧知识，从而实现搜寻广度与深度的动态平衡。

企业需要提升技术创新过程的开放度，重视各个参与主体的特点与职能，寻求外部搜寻战略的"最优平衡点"。面对开放度低的现状，企业需要充分认识领先用户的重要作用，积极吸收领先用户提供的产品开发概念和相关需求信息，通过领先用户引导技术发展趋势与主流客户需求；摆脱与供应商契约关系、与竞争对手竞争关系的传统观点，树立合作创新、利益共享的竞合意识，形成技术信息、顾客需求的共享机制，有效配合企业内部的自主研发活动；区别认识高校、科研机构与企业的职能差异，在协同创新中设定三方共赢的技术目标，有效利用学研机构科技资源的同时，形成更加长效的、可持续的合作关系；另外，企业需要保持对技术中介、知识产权机构、风险投资公司的信息敏感性，在提升企业技术创新活动开放度的同时，实现搜寻策略与搜寻目标的最优平衡状态。

总体而言，开放式创新为跨界搜寻与技术创新、商业模式创新提供了基础条件，实现了组织内外部资源优化配置、技术能力结构协同提升的目标。不同搜寻策略对企业能力的影响效果存在差异，以隐性知识为目标的科技驱动型跨界搜寻，强调以合作创新、联合攻关为主导模式，对企业探索能力的提升效果

更为明显，也能够有效促进外部知识内化、根本提升创新能力，而以显性知识为主的市场驱动型跨界搜寻，则注重对专利、标准、商标的知识转移，并且大多通过契约形式单向流动，对企业开发能力的改进效果明显，但是不能根本改变企业的能力结构，因此，企业在把握开放程度的同时，还需考虑搜寻目标与自身能力结构的平衡关系。

7.4.3 准确识别不同类别知识基础，提升搜寻策略与目标知识耦合度

产业知识基础影响企业创新的过程与本质，进而对区域创新体系的构建产生影响。为提升搜寻策略与目标知识的耦合度，需要明确不同类型知识基础的属性差异。综合型知识基础多以隐性知识形式存在，通过干中学、用中学、交流学习方式进行创造，从而以技术诀窍、工艺和实践技能方式进行传承，其作用是实现对工艺流程的渐进性改进，可以通过与客户、供应商合作搜寻该类知识基础（牛盼强和谢富纪，2011）；解析型知识基础多以显性知识形式存在，通过网络学习等形式进行创造，并以专利或者出版物方式进行传承，其作用是实现对产品设计、服务模式的破坏性创造，可以通过与大学、科研机构和企业合作的方式获取该类知识基础。

产业知识基础的创新特性影响其在区域创新体系中的交互配置创新，并在外部制度环境的作用下影响区域创新体系的构建类型。企业搜寻策略需要区分不同类型知识基础，构建综合型区域创新体系，需要搜寻区域内综合型知识基础，产业知识基础交互配置创新的范围主要在区域内的综合型知识基础企业之间的交互学习，涉及产业多为成熟型产业，需要比较稳定的市场制度；构建解析型区域创新体系，需要搜寻区域内解析知识基础，产业知识基础交互配置创新的范围是跨区域，甚至是全球范围的产学研合作，涉及产业多为新兴产业，需要灵活的市场制度（牛盼强等，2011）。

7.4.4 利用跨界搜寻外部补偿功能，促进资源禀赋与能力结构良性互动

在协同创新主体之间存在明显技术势差的前提下，跨界搜寻成为资源匮乏、能力短缺的有效补偿机制。作为企业外取互补性资产的重要途径，整合学研机构创新资源有利于弥补组织内部的知识势差，通过有效协调探索与开发活动中的科技资源配置，缓解由此引致的双元张力，从而保持内外部协调下的双元平衡状态。在技术势差长期存在的前提下，高校、科研院所等技术供给主体将为企业提供前沿的基础技术与共性技术，从结构上弥补了企业制造能力强、创新能力弱的非均衡现状，同时冲击了企业以产品技术为主的知识结构，从而达到新旧知识融合的

效果，即促成企业探索式创新与开发式创新互动的局面，从而实现资源禀赋与能力结构的良性互动。

与此同时，搜寻目标不同也决定了差异化的能力提升路径，以及绩效提升的层次与水平。共性技术导向跨界搜寻有利于双元能力之间的互动，而产品技术导向跨界搜寻对于双元能力平衡具有显著的正向影响。以搜寻共性技术为主的企业，自身具备较高水平的吸收能力，能够独立研发与转化共性技术，从而维持组织内部探索与开发活动的有序互动；而产品技术导向搜寻行为则定位于获取产品技术、平台技术等专有技术，寻求对现有产品系列与技术体系的渐进性改进，避免了组织过分注重探索式创新而导致的核心刚性，从而维持组织内部探索与开发式创新的平衡状态。尤其在动态环境中，市场需求变动和技术革新周期相对较快，跨界搜寻行为能够帮助企业识别技术发展趋势，提升组织对外部环境的适应性与敏感性，并促使企业针对性调整研发活动的重点，从而保证企业探索能力与开发能力、长期绩效与短期绩效的协调。

政府通过制定有关创新的法令、法规和相关配套政策，为协同创新企业提供有助于创新的政策支持环境。政府组织协调产业共性技术创新平台，完善共性技术合作开发的环境，加快共性技术的快速转化，发挥其在共性技术的开发与扩散中的独特作用，推进产业共性技术进步。政府部门通过制定政策、优化环境、完善社会支撑体系搭建有利于信息交流和信息转移的科技交流平台，在信息、人才、资金、技术、管理咨询等方面构建有效的企业技术创新服务体系，促进企业与科研机构或企业之间的技术交流与其他信息交流，充分发挥政府和企业之间的互动作用，使市场机制和政府支持形成合力，提高整个国家创新体系的运作效率。

7.5 优化组织内外部资源配置机制，以构建双元性促进能力结构优化

7.5.1 辨识自身能力水平与结构层次，最大化配置外部创新资源

后发企业应明确自身能力水平与结构层次，选择适合自己的搜寻策略，有步骤地优化能力水平与结构。根据搜寻主体属性与能力层次差异，专有技术能力型企业注重对市场驱动型主体的知识搜寻，及时掌握供应商、顾客等环节的产品需求信息，促进设计、制造、研发等环节的渐进性改进，产学研合作以短期的技术咨询、转让为主；而处于开发应用性共性技术阶段的企业，旨在开发功能性、系列化产品，需要攻克行业技术，因此需要利用科研机构的前沿知识弥补自身技术势差，该类知识多为技术供给链上游的基础技术或共性技术；基础性共性技术类

型企业,需要的是合作伙伴的基础知识和科学原理供给,多表现为长期导向的合作(黄曼等,2016)。

搜寻策略不仅要与自身能力结构相匹配,还要准确定位其在产业链中的位置,从而有效克服能力势差、避免能力结构相悖的情形。基于企业成长的不同阶段,其跨界搜寻目标与策略也不尽相同。初创期企业侧重于构建专有技术能力,参与协同创新的目的是解决产品设计和工艺制造等问题;而成长期企业主要是构建应用性共性技术能力,一方面解决行业共性技术的研发问题,另一方面通过跨界搜寻获取互补性、异质性资源,以解决产品转化或者推广问题;成熟期企业更倾向于基础性共性技术能力,围绕前瞻性产业技术开展基础研究,通过与学研机构进行基础研究的协同创新,从根本上提升自身科学探索能力(黄曼等,2016)。

跨界搜寻是提升组织技术能力、改善企业能力结构的逻辑起点,而搜寻动机与目标定位也决定了其参与协同创新的基本策略。专有技术型企业可以通过低互动型协同创新提升财务绩效,即侧重于本地搜寻或者拓展搜寻深度来改善短期经营绩效;而应用性共性技术导向和基础性共性技术导向企业则通过中、高互动型协同创新提升创新绩效,也从根本上改善了企业技术能力水平和结构,但是需要注意"最优平衡点"的临界问题,毕竟中高层次协同创新有可能带来潜在的财务风险。因此,企业参与开放式创新的目标是多元化的,与其对应的搜寻策略也将定位于不同层次问题的解决过程,从而实现搜寻策略与目标定位的相互匹配。

7.5.2 明确参与协同创新的定位与目标,促进创新能力结构的根本改善

以协同创新为主体的技术创新体系定位相对模糊,存在忽视参与主体本质职能的缺陷,需要重新考虑企业与学研机构的共识性目标。现阶段协同创新重心在于产品开发与解决问题,缺乏对产业共性技术的研发支撑,导致企业自主创新效率不高。共性技术,尤其是应用性共性技术,是企业自主创新能力形成与转化的关键。企业参与协同创新的定位应调整到共性技术层面,承担产业内/间共性技术的攻关任务,提升吸收基础技术、优化产品技术的整合能力,从根本上改善自身能力水平与结构。

协同创新主体在文化、社会职能以及组织特征方面存在明显不同,导致其合作目标与主体目标实现途径的差异化。在新科学经济学框架下,企业隶属于技术王国,为了获取最大化利润而致力于研发成果私有化,通过商业机密或专利竞赛形式将其变为排他性专有技术;高等院校隶属于科学共和国,其关注点是学术成果的公共性,通过优先权竞赛赢得学术声誉。如果始终无法实现合作双方的目标契合,产学研合作将仅仅成为学研机构补充科研经费的途径之一,而无法实现工程问题科学化的升华过程,企业也只是将学研机构看作产品技术的外部来源,无

法实现自主创新能力的本质提升,最终导致产学研合作创新的不可持续性。因此,要实现合作目标与主体目标之间的平衡,必须将合作重心定位于共性技术层面,解决企业基础性共性技术,支持和提升企业应用性共性技术能力是现阶段我国产学研合作创新发展的现实情境和基本目标。

特定的产业—企业技术能力结构水平定义了企业和产业在创新过程中必须解决的问题性质,进而决定了协同创新的技术供给导向。美国、加拿大等发达国家的合作创新定位于基础性共性技术,这是基于企业突出产业技术能力水平的现实情境。与之相比,我国企业缺乏应用性共性技术,未能实现对学研机构科研成果的有效转化与应用,更难以达成提升自主创新能力的根本目标。根据合作主体创新能力结构分析,必须进一步明确现阶段产学研合作定位问题。要实现提升自主创新能力的目标,企业必须切实加强应用性共性技术研发与转化能力,而产学研合作正是现阶段我国应用性共性技术发展的必由之路。因此,只有将产学研合作定位于产业共性技术层面,才能协调企业与学研机构之间的技术能力"势差",从而根本解决企业自主创新能力和吸收能力偏弱的难题。

7.5.3 构建双元型组织结构与创新文化,制定与主体职能相匹配的政策工具

开放式创新体系要求组织结构具备双元性,以适应技术环境变革、商业模式创新的冲击。后发企业应关注技术与市场的双元性,以柔性化组织结构应对新的技术、模式与竞争对手。采用领导双元、情境双元或者结构双元等模式提升组织适应性,并在双元组织构建中采取间断均衡、连续均衡方式运营组织事务,从而有利于组织内部不同部门之间的沟通、交流与冲突解决,提升组织的管理与创新效率。同时,双元型组织还可以有效避免陷入过度探索或过度开发的能力陷阱,提升解决问题、适应情境、持续创新的动态能力,并促进组织内部多元创新文化的形成。

与此对应,企业应该建设多元化创新文化,避免陷入过度搜寻或者过度探索的陷阱,保持创新活力与创新效率。活力型与层级型双元创新文化融合对于企业构建完善创新体系、推进创新战略执行、促进创新过程二重性具有重要意义。既要营造活跃、开放、冒险的组织氛围,保证技术革新速率、工艺制造质量、探索创新活力,又要构建层级型文化,通过相应的政策、制度与规范,来约束企业有序运营、技术成果转化和短期目标实现,并以此促进领导方式、组织结构、创新规划等工作向双元方向转变。这种"既严肃又活泼"的双元型创新文化,有利于适应组织结构柔性提升、商业模式日渐复杂、员工个性不断突显的商业环境,并进一步促成了协同创新系统中不同主体之间职能的重新定位。

协同创新参与主体的职能目标需要重新定位，以适应组织结构与创新文化的双元性变革。在创新驱动发展战略中，企业仍然是技术创新体系的供给与需求主体，承担着技术研发、项目攻关与成果转化的多重职能，但是其在技术创新链中的职能定位需要上移，即由产品技术过渡到应用性共性技术的研发层面，借此积累知识基础、提升自主创新能力；而高校、科研院所则肩负着基础研究与前瞻性应用研究的重任，负责高校科研成果转移、竞争前技术探索、科技人才培养等工作，但其职能不能仅仅停留在基础研究层面，需要将研究重心下移至共性技术研发环节，承担基础性与应用性共性技术的研发、转化与改进工作，从而实现与企业研发过程的动态衔接。

政府应根据企业技术能力结构状况，构建适宜的政策工具选择机制。政策工具的选择建立在内在能力的基础上，并且干预过程也具有一定的时滞性。强制型政策工具（如公共研究计划）在企业基础研究阶段促进了企业和高校的联合攻关，混合型政策工具（如专利保护政策、技术转移政策）建立了基础研究与应用研究之间的关系，而自愿型政策工具（如技术扩散政策）为企业创立市场的初期需求（黄曼等，2016）。综上，政策工具的选择需要适应宏观层面的政府内在能力和外显能力，从而完成政策工具的演化与效应评价，进而指导创新政策工具的重新选择。

7.6 本章小结

基于前面的理论与实证分析，本章从技术供给方与技术需求方视角，分析了开放式创新背景下协同创新主体的职能定位、重点任务以及改进措施。对于企业等技术需求方而言，在强化自主创新意识前提下，需要提升对外部创新资源的整合能力，迫切需要加强应用性共性技术的研发与转化能力；对于高校、科研院所等技术供给方而言，借助"双一流"、"双创"等国家战略的助推作用，丰富组织研究模式、完善科技评价体系，并将研究重心上移至基础性与应用性共性技术的研发环节，促进协同创新主体之间研发环节的有效对接，从而实现技术供求体系中供需双方职能的重新定位，并为企业搜寻策略制定、能力结构优化、政策工具选择提供基础支撑。

参 考 文 献

陈劲, 吴波. 2012. 开放式创新下企业开放度与外部关键资源获取[J]. 科研管理, 33 (9): 10-21
陈劲, 郑育艺, 邱嘉铭, 等. 2007. 企业科学能力概念的讨论与界定[J]. 科学学研究, (12): 210-214
陈劲. 2009. 新形势下产学研战略联盟创新与发展研究[M]. 北京: 中国人民大学出版社
陈君达, 邬爱其. 2011. 国外创新搜寻研究综述[J]. 外国经济与管理, (2): 58-65
陈晓萍, 徐淑英, 樊景立. 2012. 组织与管理的实证研究方法[M]. 北京: 北京大学出版社
陈钰芬, 陈劲. 2008. 开放度对企业技术创新绩效的影响[J]. 科学学研究, (2): 419-426
窦红宾, 王正斌. 2011. 网络结构对企业成长绩效的影响研究——利用性学习、探索性学习的中介作用[J]. 南开管理评论, (3): 15-25
奉小斌, 陈丽琼. 2010. 探索与开发之间的张力及其解决机制探析[J]. 外国经济与管理, (12): 19-26
付丙海, 谢富纪, 韩雨卿. 2015. 创新链资源整合、双元性创新与创新绩效: 基于长三角新创企业的实证研究[J]. 中国软科学, (12): 176-186
傅晓, 李忆, 司有和. 2012. 家长式领导对创新的影响: 一个整合模型[J]. 南开管理评论, (2): 121-127
郭国庆, 吴剑峰. 2007. 绩效管理企业知识库、技术探索与创新绩效关系研究: 基于美国电子医疗设备行业的实证分析[J]. 南开管理评论, (3): 87-93
郭利娜. 2011. 跨界搜寻对产品创新的影响: 外部环境的调节作用[D]. 南京: 南京大学硕士学位论文
侯杰泰, 温忠麟, 成子娟. 2004. 结构方程模型及其应用[M]. 北京: 教育科学出版社
黄曼, 朱桂龙, 胡军燕. 2016. 创新政策工具分类选择与效应评价[J]. 中国科技论坛, (1): 26-30
黄曼, 朱桂龙, 胡军燕. 2016. 基于活动理论视角的企业技术能力结构剖析[J]. 科学学与科学技术管理, (3): 136-145
焦豪. 2011. 双元型组织竞争优势的构建路径: 基于动态能力理论的实证研究[J]. 管理世界, (11): 76-92
孔继红, 茅宁. 2007. 吸收能力与组织探索性—开发性创新的形成及惯性[J]. 南京师大学报（社会科学版）, (5): 63-67
李纪珍, 邓衢文. 2011. 产业共性技术供给和扩散的多重失灵[J]. 科学学与科学技术管理, (7): 5-10
李纪珍. 2006. 产业共性技术: 概念、分类与制度供给[J]. 中国科技论坛, (3): 45-48
李剑力. 2009. 探索性创新、开发性创新及其平衡研究前沿探析[J]. 外国经济与管理, (3): 23-29
李忆, 司有和. 2008. 探索式创新、利用式创新与绩效: 战略和环境的影响[J]. 南开管理评论,

(5): 4-12

凌鸿, 赵付春, 邓少军. 2010. 双元性理论和概念的批判性回顾与未来研究展望[J]. 外国经济与管理, (1): 25-33

刘红云. 2007. 如何描述发展趋势的差异: 潜变量混合增长模型[J]. 心理科学进展, (3): 539-544

刘民义. 2009. 借鉴台湾工研院的能与不能[J]. 海峡科技与产业, (7): 35-38

柳卸林, 李艳华. 2009. 知识获取与后发企业技术能力提升——以汽车零部件产业为例[J]. 科学学与科学技术管理, (7): 94-100

路风. 2006. 走向自主创新[M]. 桂林: 广西师范大学出版社

吕源. 2010. 案例研究文献的基本风格与规范——从三篇经典文献看高质量的案例研究[J]. 战略管理, (2): 17-30

马如飞. 2009. 跨界搜寻对企业绩效的影响机制研究[D]. 杭州: 浙江大学博士学位论文

毛义华, 陈劲. 2000. 基于合作创新的企业技术能力培育[J]. 科研管理, (4): 44-50

毛蕴诗, 汪建成. 2006. 基于产品升级的自主创新路径研究[J]. 管理世界, (5): 114-120

牛盼强, 谢富纪, 李本乾. 2011. 产业知识基础对区域创新体系构建影响的理论研究[J]. 研究与发展管理, (5): 101-109

牛盼强, 谢富纪. 2011. 综合型知识基础与解析型知识基础的比较研究[J]. 科学学研究, (1): 25-30

彭新敏, 孙元. 2011. 联盟成员组织学习平衡模式实证研究综述与展望[J]. 外国经济与管理, (10): 26-32

邱伟年, 王斌, 曾楚宏. 2011. 社会资本与企业绩效: 探索式与利用式学习的中介作用[J]. 经济管理, (1): 146-154

苏敬勤, 洪勇. 2009. 发展中国家技术能力研究综述[J]. 研究与发展管理, (3): 91-98

隋立祖, 周敏, 寇宗来. 2011. "逐利"与"求名": 产学研合作中的目标差异和利润分成[J]. 世界经济文汇, (1): 38-55

孙福全, 彭春燕, 刘冬梅, 等. 2008. 产业共性技术研发组织与基地建设研究[M]. 北京: 中国农业科学技术出版社

王继飞. 2010. 开放式创新模式下我国制造业外部知识源搜索策略的研究[D]. 哈尔滨: 哈尔滨工业大学硕士学位论文

王毅, 张文彬, 柏东海, 等. 2011. 中国领先企业技术创新能力成长之道[M]. 北京: 企业管理出版社

王毅. 2013. 需求导向的企业技术创新能力成长理论[J]. 技术经济, (1): 9-14

王重鸣. 1990. 心理学研究方法[M]. 北京: 人民教育出版社

魏江, 冯军政. 2009. 企业知识搜索模式及其对企业技术创新的影响研究[J]. 科学管理研究, (6): 55-60

魏江, 许庆瑞. 1996. 企业技术能力与技术创新能力的协调性研究[J]. 科学管理研究, (4): 15-21

温忠麟, 侯杰泰, 张雷. 2005. 调节效应与中介效应的比较和应用[J]. 心理学报, (2): 268-274

邬爱其, 方仙成. 2012. 国外创新搜寻模式研究述评[J]. 科学学与科学技术管理, (4): 67-74

邬爱其, 李生校. 2011. 从"到哪里学习"转向"向谁学习"——专业知识搜寻战略对新创集群

企业创新绩效的影响[J]. 科学学研究，（12）：1906-1913

吴贵生. 2000. 技术创新管理[M]. 北京：清华大学出版社

吴明隆. 2010. 结构方程模型——AMOS 的操作与应用[M]. 重庆：重庆大学出版社

吴晓波，许庆瑞. 1995. 二次创新竞争模型与后发优势分析[J]. 管理工程学报，（1）：7-15

吴晓波. 1995. 二次创新的进化过程[J]. 科研管理，（2）：27-35

吴晓东. 2007. 基于共性技术的产业技术路径控制能力研究[D]. 武汉：华中科技大学硕士学位论文

肖丁丁，朱桂龙，戴勇. 2011. R&D 投入与产学研绩效关系的实证研究[J]. 管理学报，（5）：706-712

肖丁丁，朱桂龙. 2012. 产学合作中的知识生产效率——基于"模式Ⅱ"的实证研究[J]. 科学学研究，（6）：895-903

肖丁丁，朱桂龙. 2016. 跨界搜寻对组织双元能力影响的实证研究——基于创新能力结构视角[J]. 科学学研究，（7）：895-903

肖丁丁，朱桂龙. 2017. 跨界搜寻、双元能力结构与绩效的关系研究——基于创新能力结构视角[J]. 经济管理，（3）：48-62

谢伟. 2006. 中国企业技术创新的分布和竞争策略——中国激光视盘播放机产业的案例研究[J]. 管理世界，（2）：50-62

熊伟，奉小斌，陈丽琼. 2011. 国外跨界搜寻研究回顾与展望[J]. 外国经济与管理，（6）：18-26

杨学儒，李新春，梁强，等. 2011. 平衡开发式创新和探索式创新一定有利于提升企业绩效吗?[J]. 管理工程学报，（4）：17-25

银路，李天柱，程跃，等. 2010. "山寨"现象的一般规律及其政策建议[J]. 科学学研究，（3）：321-327

原毅军，汪之明. 2011. 中国装备制造业共性技术的研发体系构建[J]. 经济论坛，（1）：120-123

袁健红，龚天宇. 2011. 企业知识搜寻前因和结果研究现状探析与整合框架构建[J]. 外国经济与管理，（6）：27-33

臧金娟，李垣，魏泽龙. 2012. 双元模式选择对企业绩效的影响——基于跨层视角的分析[J]. 科学学与科学技术管理，（9）：105-112

张峰，刘侠. 2014. 外部知识搜寻对创新绩效的作用机理研究[J]. 管理科学，（1）：31-42

张峰，王睿. 2016. 政府管制与双元创新[J]. 科学学研究，（6）：938-950

张建宇. 2014. 企业探索性创新与开发性创新的资源基础及其匹配性研究[J]. 管理评论，（11）：88-98

张涛，张若雪. 2009. 人力资本与技术采用：对珠三角技术进步缓慢的一个解释[J]. 管理世界，（2）：75-82

张文红，赵亚普，施建军. 2011. 创新中的组织搜寻：概念的重新架构[J]. 管理学报，（9）：1387-1392

张玉利，李乾文. 2009. 公司创业导向、双元能力与组织绩效[J]. 管理科学学报，（1）：137-152

赵洁，魏泽龙，李垣. 2012. 高管激励机制、组合能力对创新双元性的影响研究[J]. 中国科技论坛，（2）：108-115

赵亚普. 2012. 跨界搜索模式下技术和市场的权衡：组织冗余的调节作用[D]. 南京：南京大学硕士学位论文

郑晓明，丁玲，欧阳桃花. 2012. 双元能力促进企业服务敏捷性——海底捞公司发展历程案例研究[J]. 管理世界，（2）：131-147

钟竞，陈松. 2007. 外部环境、创新平衡性与组织绩效的实证研究[J]. 科学学与科学技术管理，（5）：67-71

周国林. 2009. 论产业共性技术的供给机理与自主创新[J]. 湖北社会科学，（10）：90-92

朱朝晖，陈劲. 2007. 探索性学习与挖掘性学习及其平衡研究[J]. 外国经济与管理，（10）：54-58

朱桂龙，彭有福. 2003. 产学研合作创新网络组织模式及其运作机制研究[J]. 软科学，（4）：49-52

朱桂龙. 2012. 产学研与企业自主创新能力提升[J]. 科学学研究，（12）：1763-1764

Abebe M，Angriawan A. 2014. Organizational and competitive influences of exploration and exploitation activities in small firms[J]. Journal of Business Research，67（3）：339-345

Abernathy J，Clark K. 1985. Innovation: Mapping the winds of creative destruction [J]. Research Policy，14：3-22

Ahuja G，Katila R. 2004. Where do resources come from? The role of idiosyncratic situations[J]. Strategic Management Journal，25（8/9）：887-907

Ahuja G，Morris L C. 2001. Entrepreneurship in the large corporation: A longitudinal study of how established firms create breakthrough inventions[J]. Strategic Management Journal，22（6/7）：521-543

Aiken L，West S. 1991. Multiple Regressions: Testing and Interpreting Interactions [M]. Newbury Park: Sage

Alegre J，Chiva R. 2008. Assessing the impact of organizational learning capability on product innovation performance: An empirical test[J]. Technovation，28（6）：315-326

Almahendra R，Ambos B. 2015. Exploitation and exploration: A 20-year review of evolution and reconceptualisation[J]. International Journal of Innovation Management，19（1）：1550008

Andriopoulos C，Lewis M. 2009. Exploitation-exploration tensions and organizational ambidexterity: Managing paradoxes of innovation[J]. Organization Science，20（4）：696-717

Anil K G，Ken G S，Christina E S. 2006. The interplay between exploration and exploitation[J]. Academy of Management Journal，49（4）：693

Arora A，Gambardella A. 1994. The changing technology of technological change: General and abstract knowledge and the division of innovative labour [J]. Research Policy，23（5）：523-532

Atuahene-Gima K，Murray J Y. 2007. Exploratory and exploitative learning in new product development: A social capital perspective on new technology ventures in China[J]. Journal of International Marketing，15（2）：1-29

Audia P G，Locke E A，Smith K G. 2000. The paradox of success: An archival and a laboratory study of strategic persistence following radical environmental change[J]. Academy of Management Journal，43（5）：837-853

Auh S，Menguc B. 2005. Balancing exploration and exploitation: The moderating role of competitive intensity [J]. Journal of Business Research，58（12）：1652-1661

Baden-Fuller C，Volberda H W. 1997. Strategic renewal: How large complex organizations prepare for the future[J]. International Studies of Management & Organization，27（2）：95-120

Bagozzi R，Yi Y. 1988. On the evaluation of structural equation models[J]. Journal of Academy of Marketing Science，16（1）：74-94

Barney J. 1991. Firm resources and sustained competitive advantage [J]. Advances in Strategic Management, 17 (1): 3-10

Bauer M, Leker J. 2013. Exploration and exploitation in product and process innovation in the chemical industry[J]. R&D Management, 43 (3): 196-212

Baum J A C, Rowley T J, Shipilov A V, et al. 2005. Dancing with strangers: Aspiration performance and the search for underwriting syndicate partners[J]. Administrative Science Quarterly, 50 (4): 536-575

Beckman C M. 2006. The Influence of founding team company affiliations on firm behavior[J]. Academy of Management Journal, 49 (4): 741-758

Benner M J, Tushman M. 2002. Process management and technological innovation: A longitudinal study of the photography and paint industries[J]. Administrative Science Quarterly, 47 (4): 676-706

Benner M J, Tushman M L. 2003. Exploitation, exploration, and process management: The productivity dilemma revisited[J]. Academy of Management Review, 28 (2): 238-256

Benner M J, Tushman M L. 2015. Reflections on the 2013 decade award—"Exploitation, exploration, and process management: The productivity dilemma revisited" ten years later[J]. Academy of Management Review, 40 (4): 497-514

Bierly P E, Damanpour F, Santoro M D. 2009. The application of external knowledge: Organizational conditions for exploration and exploitation[J]. Journal of Management Studies, 46 (3): 481-509

Blindenbach-Driessen F, Ende J. 2014. The locus of innovation: The effect of a separate innovation unit on exploration, exploitation, and ambidexterity in manufacturing and service firms[J]. Journal of Product Innovation Management, 31 (5): 1089-1105

Brion S, Mothe C, Sabatier M. 2010. The impact of organizational context and competences on innovation ambidexterity[J]. International Journal of Innovation Management, 14 (2): 151-178

Brown S, Eisenhardt K. 1997. The art of continuous change: Linking complexity theory and time-paced evolution in relentlessly shifting organizations[J]. Administrative Science Quarterly, 42 (1): 1-34

Burgelman R A. 2002. Strategy as vector and the inertia of coevolutionary lock-in[J]. Administrative Science Quarterly, 47 (2): 325-357

Bush V. 1945. Science: The Endless Frontier: A Report to the President on a Program for Postwar Scientific Research [M]. Washington: National Science

Cao Q, Gedajlovic E, Zhang H. 2009. Unpacking organizational ambidexterity: Dimensions, contingencies, and synergistic effects[J]. Organization Science, 20 (4): 781-796

Cameron K, Quinn R. Diagnosing and changing organizational culture: Based on the competing values framework[J]. Personnel Psychology, 2010, 59 (3): 755-757

Cesaroni F, Minin A D, Piccaluga A. 2005. Exploration and exploitation strategies in industrial R&D[J]. Creativity and Innovation Management, 14 (3): 222-232

Chen J, Chen Y, Vanhaverbeke W. 2011. The influence of scope, depth, and orientation of external technology sources on the innovative performance of Chinese firms[J]. Technovation, 31 (8): 362-373

Chen R, Kannan-Narasimhan R. 2015. Formal integration archetypes in ambidextrous organizations[J]. R&D Management, 45 (3): 267-286

Chen W, Miller K D. 2007. Situational and institutional determinants of firms' R&D search intensity[J]. Strategic Management Journal, 28 (4): 369-381

Chesbrough H W. 2003. Open innovation: The new imperative for creating and profiting from technology[M]. Boston: Harvard Business School Press

Chesbrough H, Crowther A K. 2006. Beyond high tech: Early adopters of open innovation in other industries[J]. R&D Management, 36 (3): 229-236

Chiang Y, Hung K. 2010. Exploring open search strategies and perceived innovation performance from the perspective of inter-organizational knowledge flows[J]. R&D Management, 40 (3): 292-299

Christine M B, Pamela R H, Damon J P. 2004. Friends or strangers? Firm-specific uncertainty, market uncertainty, and network partner selection[J]. Organization Science, 15 (3): 259

Churchill G A. 1979. A paradigm for developing better measures of marketing constructs[J]. Journal of Marketing Research, 16 (1): 64-73

Cohen W, Levinthal D. 1990. Absorptive capacity: A new perspective on learning and innovation[J]. Administrative Science Quarterly, 35 (1): 128-152

Corradini C, Propris L. 2016. Beyond local search: Bridging platforms and inter-sectoral technological integration[J]. Research Policy, 46 (1): 196-206

Cyert M, March J. 1963. A Behavioral Theory of the Firm[M]. Englewood Cliffs: Prentice Hall

Danneels E. 2008. Organizational antecedents of second-order competences[J]. Strategic Management Journal, 29 (5): 519-543

Derbyshire J. 2014. The impact of ambidexterity on enterprise performance: Evidence from 15 countries and 14 sectors[J]. Technovation, 34 (10): 574-581

Desai V. 2010. Failing to learn? The effects of failure and success on organizational learning in the global orbital launch vehicle industry [J]. Academy of Management Journal, 53 (3): 451-476

Dore R. 1984. Technological self reliance[A]. Fransman M, King K. Technological Capacity in the Third World[C]. London: Macmilan, 65-68

Doz Y. 1996. The evolution of cooperation in strategic alliances: Initial conditions or learning processes [J]. Strategic Management Journal, 17 (S1): 55-83

Duncan B. 1976. The ambidextrous organization: Designing dual structures for innovation [M]. New York: North Holland

Dyer J, Nobeoka K. 2000. Creating and managing a high-performance knowledge-sharing network: The toyota case [J]. Strategic Management Journal, 21 (3): 345-367

Eisenhardt K M. 1989. Building theories from case study research[J]. Academy of Management Review, 14 (4): 532-550

Eisenhardt K M, Martin J A. 2000. Dynamic capabilities: What are they?[J]. Strategic Management Journal, 21: 1105-1121

Eisenhardt K M, Tabrizi B N. 1995. Accelerating adaptive processes: Product innovation in the global computer industry[J]. Administrative Science Quarterly, 40 (1): 84-111

Enkel E, Heil S, Hengstler M, et al. 2017. Exploratory and exploitative innovation: To what extent do the dimensions of individual level absorptive capacity contribute[J]. Technovation, (60/61): 29-38

Escribano A, Fosfuri A, Tribó J A. 2009. Managing external knowledge flows: The moderating role of absorptive capacity[J]. Research Policy, 38 (1): 96-105

Fabrizio K R. 2009. Absorptive capacity and the search for innovation[J]. Research Policy, 38 (2): 255-267

Faems D, van L B, Debackere K. 2005. Interorganizational collaboration and innovation: Toward a portfolio approach[J]. Journal of Product Innovation Management, 22 (3): 238-250

Fang C, Lee J, Schilling M. 2010. Balancing exploration and exploitation through structural design: The isolation of subgroups and organizational learning[J]. Organization Science, 21(3): 625-642

Farjoun M. 2010. Beyond dualism: Stability and change as a duality[J]. Academy of Management Review, 35 (2): 202-225

Fatehi K, Englis P. 2012. Exploitation, exploration, and how learning affects strategic intent in multinational enterprises' foreign direct investment decisions: A commentary essay[J]. Journal of Business Research, 65 (9): 1295-1297

Ferreras-Méndez J, Fernández-Mesa A, Alegre J. 2016. The relationship between knowledge search strategies and absorptive capacity: A deeper look[J]. Technovation, 54: 48-61

Fleming L, Sorenson O. 2004. Science as a map in technological search[J]. Strategic Management Journal, 25 (8/9): 909-928

Floyd S, Lane P. Strategizing throughout the organization: managing role conflict in strategic renewal[J]. Academy of Management Review, 2000, 25 (1): 154-177

Gautam A, Riitta K. 2004. Where do resources come from? The role of idiosyncratic situations[J]. Strategic Management Journal, 25 (8/9): 887-907

Geiger S W, Makri M. 2006. Exploration and exploitation innovation processes: The role of organizational slack in R&D intensive firms[J]. Journal of High Technology Management Research, 17 (1): 97-108

George G. 2005. Slack resources and the performance of privately held firms[J]. Academy of Management Journal, 48 (4): 661-676

Gesing J, Antons D, Piening E, et al. 2015. Joining forces or going it alone? On the interplay among external collaboration partner types, interfirm governance modes, and internal R&D[J]. Journal of Product Innovation Management, 32 (3): 424-440

Gibson C B, Birkinshaw J. 2004. The antecedents, consequences, and mediating role of organizational ambidexterity[J]. Academy of Management Journal, 47 (2): 209-226

Gobbo J A, Olsson A. 2010. The transformation between exploration and exploitation applied to inventors of packaging innovations[J]. Technovation, 30 (5/6): 322-331

Gorsuch R. 1983. Factor Analysis [M]. Hillsdale: Lawrence Erlbaum

Grant R M. 1996. Toward a knowledge-based theory of the firm[J]. Strategic Management Journal, 17 (S2): 109-122

Greve H. 2007. Exploration and exploitation in product innovation[J]. Industrial and Corporate

Change, 16 (5): 945-975

Grimpe C, Sofka W. 2009. Search patterns and absorptive capacity: Low-and high-technology sectors in European countries[J]. Research Policy, 38 (3): 495-506

Grimpe C, Sofka W. 2016. Complementarities in the search for innovation: Managing markets and relationships[J]. Research Policy, 45 (10): 2036-2053

Groysberg B, Lee L. 2009. Hiring stars and their colleagues: Exploration and exploitation in professional service firms[J]. Organization Science, 20 (4): 740-758

Guan J, Liu N. 2016. Exploitative and exploratory innovations in knowledge network and collaboration network: A patent analysis in the technological field of nano-energy[J]. Research Policy, 45 (1): 97-112

Gulati R, Lavie D, Singh H. 2009. The nature of partnering experience and the gains from alliances[J]. Strategic Management Journal, 30 (11): 1213-1233

Gupta A K, Smith K G, Shalley C E. 2006. The interplay between exploration and exploitation[J]. Academy of Management Journal, 49 (4): 693-706

Gustafsson R, Autio E. 2011. A failure trichotomy in knowledge exploration and exploitation[J]. Research Policy, 40 (6): 819-831

Hagedoorn J, Duysters G. 2002. External sources of innovative capabilities: The preferences for strategic alliances or mergers and acquisitions[J]. Journal of Management Studies, 39 (2): 167-188

Hair J, Anderson R, Tatham R, et al. 1998. Multivariate Data Analysis [M]. Upper Saddle Rive: Prentice-Hall

Hamel G. 1991. Competition for competence and interpreter learning within international strategic alliances [J]. Strategic Management Journal, 12: 83-103

Hansen U, Ockwell D. 2014. Learning and technological capability building in emerging economies: The case of the biomass power equipment industry in Malaysia[J]. Technovation, 34 (10): 617-630

He Z, Wong P. 2004. Exploration vs. exploitation: An empirical test of the ambidexterity hypothesis[J]. Organization Science, 15 (4): 481-494

Heeley M, Jacobson R. 2008. The recency of technological inputs and financial performance [J]. Strategic Management Journal, 29 (7): 723-744

Hernandez-Espallardo M, Nchez-Pepez M, Cristinasegovia-Lopez C. 2011. Exploitation-and exploration-based innovations: The role of knowledge in inter-firm relationships with distributors[J]. Technovation, 31 (5/6): 203-215

Ho H, Lu R. 2015. Performance implications of marketing exploitation and exploration: Moderating role of supplier collaboration[J]. Journal of Business Research, 68 (5): 1026-1034

Hoang H, Rothaermel F T. 2005. The effect of general and partner-specific alliance experience on joint R&D project performance[J]. Academy of Management Journal, 48 (2): 332-345

Hoang H, Rothaermel F T. 2010. Leveraging internal and external experience: Exploration, exploitation, and R&D project performance[J]. Strategic Management Journal, 31 (7): 734-758

Holmqvist M. 2004. Experiential learning processes of exploitation and exploration within and between organizations: An empirical study of product development[J]. Organization Science,

15（1）: 70-81

Huang J, Li Y. 2012. Slack resources in team learning and project performance[J]. Journal of Business Research, 65（3）: 381-388

Huber G. 1991. Organizational learning: The contributing processes and the literatures[J]. Organization Science, 2（1）: 88-115

Im G, Rai A. 2008. Knowledge sharing ambidexterity in long-term interorganizational relationships[J]. Management Science, 54（7）: 1281-1296

Isobe T, Makino S, Montgomery D B. 2004. Exploitation, exploration, and firm performance: The case of small manufacturing firms in Japan[R]. Working Paper

Jansen J P, Bosch F V, Volberda H W. 2006. Exploratory innovation, exploitative innovation, and performance: Effects of organizational antecedents and environmental moderators[J]. Management Science, 52（11）: 1661-1674

Jansen J P, George G, Bosch F, et al. 2008. Senior team attributes and organizational ambidexterity: The moderating role of transformational leadership[J]. Journal of Management studies, 45（5）: 982-1007

Jansen J P, Simsek Z, Cao Q. 2012. Ambidexterity and performance in multi-unit contexts: Cross-level moderating effects of structural and resource attributes[J]. Strategic Management Journal, 33（11）: 1286-1303

Jansen J P, Tempelar M, van den Bosch F, et al. 2009. Structural differentiation and ambidexterity: The mediating role of integration mechanisms[J]. Organization Science, 20（4）: 797-811

Jaworski B, Kohli A. 1993. Market orientation: Antecedents and consequences [J]. Journal of Marketing, 57（3）: 53-70

Jedidi K, Ramaswamy V, Desarbo S. 1993. A maximum likelihood method for latent class regression involving a censored dependent variable[J]. Psychometrika, 58（3）: 375-394

Jensen M B, Johnson B, Lorenz E, et al. 2007. Forms of knowledge and modes of innovation[J]. Research Policy, 36（5）: 680-693

Kane G C, Alavi M. 2007. Information technology and organizational learning: An investigation of exploration and exploitation processes[J]. Organization Science, 18（5）: 796-812

Katila R, Ahuja G. 2002. Something old, something new: A longitudinal study of search behavior and new product introduction[J]. Academy of Management Journal, 45（6）: 1183-1194

Katila R, Chen E L. 2008. Effects of search timing on innovation: The value of not being in sync with rivals[J]. Administrative Science Quarterly, 53（4）: 593-625

Katila R. 2002. New product search over time: Past ideas in their prime?[J]. Academy of Management Journal, 45（5）: 995-1010

Keller T, Weibler J. 2015. What it takes and costs to be an ambidextrous manager: Linking leadership and cognitive strain to balancing exploration and exploitation[J]. Journal of Leadership & Organizational Studies, 22（1）: 54-71

Kim C, Inkpen A C. 2005. Cross-border R&D alliances, absorptive capacity and technology learning[J]. Journal of International Management, 11: 313-329

Kim C, Song J, Nerkar A. 2012. Learning and innovation: Exploitation and exploration trade-offs[J].

Journal of Business Research, 65 (8): 1189-1194

Kim L. 1998. Crisis construction and organizational learning: Capability building in catching-up at Hyundai Motor[J]. Organization Science, 9 (4): 506-521

Kline J. 1986. An Overview of Innovation [M]. Washington: National Academic Press

Knott A M. 2002. Exploration and Exploitation as Complements[M]. The Strategic Management of Intellectual Capital and Organizational Knowledge. New York: Oxford University Press: 339-358

Kogut B, Zander U. 1992. Knowledge of the firm, combinative capabilities, and the replication of technology [J]. Organization Science, (3): 393-397

Köhler C, Sofka W, Grimpe C. 2009. Selectivity in search strategies for innovation-from incremental to radical, from manufacturing to services[R]. Working Paper

Koka B R, Prescott J E. 2008. Designing alliance networks: The influence of network position, environmental change, and strategy on firm performance[J]. Strategic Management Journal, 29(6): 639-661

Kortmann S, Gelhard C, Zimmermann C, et al. 2014. Linking strategic flexibility and operational efficiency: The mediating role of ambidextrous operational capabilities[J]. Journal of Operations Management, 32 (7/8): 475-490

Kortmann S. 2015. The mediating role of strategic orientations on the relationship between ambidexterity-oriented decisions and innovative ambidexterity[J]. Journal of Product Innovation Management, 32 (5): 666-684

Koza M P, Lewin A Y. 1998. The co-evolution of strategic alliances[J]. Organization Science, 9 (3): 255-264

Krammer S. 2016. The role of diversification profiles and dyadic characteristics in the formation of technological alliances: Differences between exploitation and exploration in a low-tech industry[J]. Research Policy, 45 (2): 517-532

Lane P, Koka B, Pathak S. 2006. The reification of absorptive capacity: A critical review and rejuvenation of the construct [J]. Academy of Management Review, 31 (4): 833-863

Laursen K, Salter A. 2004. Searching high and low: What types of firms use universities as a source of innovation[J]. Research Policy, 33 (8): 1201-1215

Laursen K, Salter A. 2006. Open for innovation: The role of openness in explaining innovation performance among U. K. manufacturing firms[J]. Strategic Management Journal, 27 (2): 131-150

Lavie D, Kang J, Rosenkopf L. 2011. Balance within and across domains: The performance implications of exploration and exploitation in alliances[J]. Organization Science, 22 (6): 1517-1538

Lavie D, Lechner C, Singh H. 2007. The Performance implications of timing of entry and involvement in multipartner alliances[J]. Academy of Management Journal, 50 (3): 578-604

Lavie D, Miller S R. 2008. Alliance portfolio internationalization and firm performance[J]. Organization Science, 19 (4): 623-646

Lavie D, Rosenkopf L. 2006. Balancing exploration and exploitation in alliance formation[J]. Academy of Management Journal, 49 (4): 797-818

Lavie D. 2006. The competitive advantage of interconnected firms: An extension of the resource-based view[J]. Academy of Management Review, 31 (3): 638-658

Lavie D. 2007. Alliance portfolios and firm performance: A study of value creation and appropriation in the U. S. software industry[J]. Strategic Management Journal, 28 (12): 1187-1212

Lee M, Widener S. 2016. The performance effects of using business intelligence systems for exploitation and exploration learning[J]. Journal of Information Systems, 30 (3): 1-31

Leiponen A, Helfat C E. 2010. Innovation objectives, knowledge sources, and the benefits of breadth[J]. Strategic Management Journal, 31 (2): 224-236

Leonard-Barton D. 1992. Core capabilities and core rigidities: A paradox in managing new product development[J]. Strategic Management Journal, 13 (S1): 111-125

Levinthal D A, March J G. 1993. The myopia of learning[J]. Strategic Management Journal, 14 (S2): 95-112

Li Y, Vanhaverbeke W, Schoenmakers W. 2008. Exploration and exploitation in innovation: Reframing the interpretation[J]. Creativity and Innovation Management, 17 (2): 107-126

Lin B, Wu C. 2010. How does knowledge depth moderate the performance of internal and external knowledge sourcing strategies[J]. Technovation, 30 (11/12): 582-589

Lin H, Mcdonough E, Lin S, et al. 2013. Managing the exploitation/exploration paradox: The role of a learning capability and innovation ambidexterity[J]. Journal of Product Innovation Management, 30 (2): 262-278

Lin H. 2014. Cognitive frames, learning mechanisms, and innovation ambidexterity[J]. Journal of Product Innovation Management, 31 (S1): 170-188

Lin Z, Yang H, Demirkan I. 2007. The performance consequences of ambidexterity in strategic alliance formations: Empirical investigation and computational theorizing[J]. Management Science, 53 (10): 1645-1658

Liu J, Chen L, Kittilaksanawong W. 2013. External knowledge search strategies in China's technology ventures: The role of managerial interpretations and ties[J]. Management and Organization Review, 9 (3): 437-463

Lopez-Vega H, Tell F, Vanhaverbeke W. 2016. Where and how to search? Search paths in open innovation[J]. Research Policy, 45 (1): 125-136

Lorenzoni G, Lipparini A. 1999. The leveraging of interfirm relationships as a distinctive organizational capability: A longitudinal study [J]. Strategic Management Journal, 20 (4): 317-338

Lubatkin M H, Simsek Z, Ling Y, et al. 2006. Ambidexterity and performance in small-to medium-sized firms: The pivotal role of top management team behavioral integration[J]. Journal of Management, 32 (5): 646-672

March J, Olsen J. 1975. The uncertainty of the past: Organizational learning under ambiguity [J]. European Journal of Political Research, 3 (2): 147-171

March J G. 1991. Exploration and exploitation in organizational learning[J]. Organization Science, 2 (2): 71-87

Matzler K, Abfalter D, Mooradian T, et al. 2013. Corporate culture as an antecedent of successful exploration and exploitation[J]. International Journal of Innovation Management, 17 (5): 1350025-1-22

Mcgrath R G. 2001. Exploratory learning, innovative capacity and managerial oversight[J]. Academy of Management Journal, 44 (1): 118-131

Mcmillan G. 2015. Exploration and exploitation in science: Their impact on scientific and technological outcomes[J]. International Journal of Innovation Management, 19 (2): 1550017-1-24

Menguc B, Auh S. 2008. The asymmetric moderating role of market orientation on the ambidexterity-firm performance relationship for prospectors and defenders[J]. Industrial Marketing Management, 37 (4): 455-470

Meyer-Krahmer F, Schmoch U. 1998. Science-based technologies: University-industry interactions in four fields [J]. Research Policy, 27: 835-851

Miles R, Snow C. 1978. Organizational Strategy, Structure, and Process[M]. New York: McGraw-Hill

Miller K D, Zhao M, Calantone R J. 2006. Adding interpersonal learning and tacit knowledge to march's exploration-exploitation model[J]. Academy of Management Journal, 49 (4): 709-722

Mom T J M, van Den Bosch F A J, Volberda H W. 2007. Investigating managers' exploration and exploitation activities: The influence of top-down, bottom-up, and horizontal knowledge inflows[J]. Journal of Management Studies, 44 (6): 910-931

Morten T H. 1999. The search-transfer problem: The role of weak ties in sharing knowledge across organization subunits[J]. Administrative Science Quarterly, 44 (1): 82-111

Mowery D, Oxley J. 1995. Inward technology transfer and competitiveness: The role of national innovation systems [J]. Cambridge Journal of Economics, 19 (1): 67-93

Mu Q, Lee K. 2005. Knowledge diffusion, market segmentation and technological catch-up: The case of the telecommunication industry in China [J]. Research Policy, 34 (6): 759-783

Murnighan J, Conlon D. The dynamics of intense workgroups: A study of British string quartets[J]. Administrative Science Quarterly, 1991, 36 (2): 165-186

Muthen B. 2004. The Sage Handbook of Quantitative Methodology for the Social Sciences[M]. Thousand Oaks: Sage

Nelson R, Winter T. 1982. An Evolutionary Theory of Economic Change[M]. Cambridge: Harvard University Press

Nemanich L A, Vera D. 2009. Transformational leadership and ambidexterity in the context of an acquisition[J]. The Leadership Quarterly, 20 (1): 19-33

Nerkar A. 2003. Old is gold? The value of temporal exploration in the creation of new knowledge[J]. Management Science, 49 (2): 211-229

Nishiguchi T, Ikeda M. 1996. Managing Product Development [M]. Oxford: Oxford University Press

Nonaka I. 1991. The knowledge-creating company [J]. Harvard Business Review, 69 (6): 96-104

Nootebooma B, van Haverbeke W, Duysters G, et al. 2007. Optimal cognitive distance and absorptive capacity[J]. Research Policy, 36 (7): 1016-1034

O'Cass A, Heirati N, Ngo L. 2014. Achieving new product success via the synchronization of exploration and exploitation across multiple levels and functional areas[J]. Industrial Marketing Management, 43（5）: 862-872

O'Reilly A, Tushman M. 2013. Organizational ambidexterity: Past, present, and future[J]. Academy of Management Perspectives, 27（4）: 324-338

Ozer M, Zhang W. 2015. The effects of geographic and network ties on exploitative and exploratory product innovation[J]. Strategic Management Journal, 36（7）: 1105-1114

Padula G, Novelli E, Conti R. 2015. SMEs inventive performance and profitability in the markets for technology[J]. Technovation, （41/42）: 38-50

Paliokaitė A, Pačėsa N. 2015. The relationship between organisational foresight and organisational ambidexterity[J]. Technological Forecasting & Social Change, 101（30）: 165-181

Patel P, Messersmith J, Lepak D. 2013. Walking the tightrope: An assessment of the relationship between high-performance work systems and organizational ambidexterity[J]. Academy of Management Journal, 56（5）: 1420-1442

Perretti F, Negro G. 2006. Filling empty seats: How status and organizational hierarchies affect exploration versus exploitation in team design[J]. Academy of Management Journal, 49（4）: 759-777

Phene A, Fladmoe-Lindquist K, Marsh L. 2006. Breakthrough innovations in the U. S. biotechnology industry: The effects of technological space and geographic origin[J]. Strategic Management Journal, 27（4）: 369-388

Prahalad K, Hamel G. 1990. The core competence of the corporation [J]. Harvard Business Review, 68（3）: 79-91

Puranam P, Singh H, Zollo M. 2006. Organizing for innovation: Managing the coordination-autonomy dilemma in technology acquisitions[J]. Academy of Management Journal, 49（2）: 263-280

Quintana-Garca C, Benavides-Velasco C. 2008. Innovative competence, exploration and exploitation: The influence of technological diversification[J]. Research Policy, 37（3）: 492-507

Raisch S, Birkinshaw J, Probst G, et al. 2009. Organizational ambidexterity: Balancing exploitation and exploration for sustained performance[J]. Organization Science, 20（4）: 685-695

Raisch S, Birkinshaw J. 2008. Organizational ambidexterity: Antecedents, outcomes, and moderator[J]. Journal of Management, 34（3）: 375-409

Roper S, Love J, Bonner K. 2017. Firms' knowledge search and local knowledge externalities in innovation performance[J]. Research Policy, 46（1）: 43-56

Rosenbloom R. 2000. Leadership, capabilities and technological change: The transformation of NCR in the electronic era [J]. Strategic Management Journal, 21（10/11）: 1083-1103

Rosenkopf L, Almeida P. 2003. Overcoming local search through alliances and mobility[J]. Management Science, 49（6）: 751-766

Rosenkopf L, Nerkar A. 2001. Beyond local search: Boundary-spanning, exploration, and impact in the optical disk industry[J]. Strategic Management Journal, 22（4）: 287-306

Rothaermel F T. 2001. Complementary assets, strategic alliances, and the incumbent's advantage an empirical study of industry and firm effects in the biopharmaceutical industry[J]. Research

Policy, 30 (8): 1235-1251

Rothaermel F, Alexandre M. 2009. Ambidexterity in technology sourcing: The moderating role of absorptive capacity[J]. Organization Science, 20 (4): 759-780

Rothaermel F, Deeds D L. 2004. Exploration and exploitation alliances in biotechnology: A system of new product development[J]. Strategic Management Journal, 25 (3): 201-221

Rothaermel F. 2001. Incumbent's advantage through exploiting complementary assets via interfirm cooperation[J]. Strategic Management Journal, 22 (6/7): 687-699

Rothwell R. 1992. Successful industrial innovation: Critical factors for the 1990s[J]. R&D Management, 22 (2): 221-240

Salvador F, Chandrasekaran A, Sohail T. 2014. Product configuration, ambidexterity and firm performance in the context of industrial equipment manufacturing[J]. Journal of Operations Management, 32 (4): 138-153

Schoenmakers W, Duysters G. 2010. The technological origins of radical inventions[J]. Research Policy, 39 (9): 1051-1059

Scott W G, Marianna M. 2006. Exploration and exploitation innovation processes: The role of organizational slack in R & D intensive firms[J]. Journal of High Technology Management Research, 17 (1): 97-108

Seigyoung A, Bulent M. 2005. Balancing exploration and exploitation: The moderating role of competitive intensity[J]. Journal of Business Research, 58 (12): 1652-1661

Sidhu J S, Commandeur H R, Volberda H W. 2007. The multifaceted nature of exploration and exploitation: Value of supply, demand, and spatial search for innovation[J]. Organization Science, 18 (1): 20-38

Sidhu J S, Volberda H W, Commandeur H R. 2004. Exploring exploration orientation and its determinants some empirical evidence[J]. Journal of Management Studies, 41 (6): 913-932

Simsek Z, Heavey C, Veiga J. 2009. A typology for aligning organizational ambidexterity's conceptualizations, antecedents, and outcomes [J]. Journal of Management Studies, 46 (5): 864-894

Smith K. 2000. What is "The knowledge economy"? Knowledge intensive industries and distributed knowledge bases[R]. Aalborg, Denmark: The DRUID Summer Conference on "The Learning Economy—Firms, Regions and Nation Specific Institutions"

Smith W K, Tushman M L. 2005. Managing strategic contradictions: A top management model for managing innovation streams[J]. Organization Science, 16 (5): 522-536

Soetanto D, Jack S. 2016. The impact of university-based incubation support on the innovation strategy of academic spin-offs[J]. Technovation, (50/51): 25-40

Sofka W, Grimpe C. 2010. Specialized search and innovation performance—evidence across Europe[J]. R&D Management, 40 (3): 310-323

Sorensen J B, Stuart T E. 2000. Aging, obsolescence, and organizational innovation[J]. Administrative Science Quarterly. 45 (1): 81-112

Stanko M, Henard D. 2017. Toward a better understanding of crowdfunding, openness and the consequences for innovation[J]. Research Policy, 46（4）: 784-798

Stettner U, Lavie D. 2014. Ambidexterity under scrutiny: Exploration and exploitation via internal organization, alliances, and acquisitions[J]. Strategic Management Journal, 35（13）: 1903-1929

Stokes D. 1997. Pasteur's Quadrant: Basic Science and Technological Innovation [M]. Washington: Brookings Institution Press

Tan J, Peng M W. 2003. Organizational slack and firm performance during economic transitions: Two studies from an emerging economy[J]. Strategic Management Journal, 24（13）: 1249-1263

Tanya M, Jeffrey P. 2003. Valuing internal vs. external knowledge: Explaining the preference for outsiders[J]. Management Science, 49（4）: 497-513

Tassey G. 1991. The functions of technology infrastructure in a competitive economy[J]. Research Policy, 20（4）: 345-361

Tassey G. 1997. The Economics of R&D Policy[M]. Westport, Conn: Quorum

Taylor A, Helfat C E. 2009. Organizational linkages for surviving technological change complementary assets, middle management, and ambidexterity[J]. Organization Science, 20（4）: 718-739

Teece D J. 2007. Explicating dynamic capabilities: The nature and microfoundations of (sustainable) enterprise performance[J]. Strategic Management Journal, 28（13）: 1319-1350

Teece D, Pisano G, Shuen A. 1997. Dynamic capabilities and strategic management [J]. Strategic Management Journal, 7: 509-533

Terjesen S, Patel P. 2015. In search of process innovations: The role of search depth, search breadth, and the industry environment[J]. Journal of Management, 43（5）: 1421-1446

Tiwana A. 2008. Do bridging ties complement strong ties? An empirical examination of alliance ambidexterity[J]. Strategic Management Journal, 29（3）: 251-272

Todorova G, Durisin B. 2007. Absorptive capacity: Valuing a reconceptualization[J]. Academy of Management Review, 32（3）: 774-786

Torre A. 2008. On the role played by temporary geographical proximity in knowledge transmission [J]. Regional Studies, 42（6）: 869-889

Tortoriello M, Krackhardt D. 2010. Activating cross-boundary knowledge: The role of simmelian ties in the generation of innovations[J]. Academy of Management Journal, 53（1）: 167-181

Tsai K. 2009. Collaborative networks and product innovation performance: Toward a contingency perspective[J]. Research Policy, 38（5）: 765-778

Tushman M, Anderson P. 1986. Technological discontinuties and organizational environments [J]. Administrative Science Quarterly, 31（3）: 439-465

Tushman M, O'Reilly C. 1996. Ambidextrous organizations: Managing evolutionary and revolutionary change[J]. California Management Review, 38（4）: 8-30

Tushman M, Romanelli E. 1985. Organizational evolution: A metamorphosis model of convergence and reorientation [J]. Research in Organizational Behavior, （7）: 171-222

Uotila J, Maula M, Keil T, et al. 2009. Exploration, exploitation, and financial performance: Analysis of S&P 500 corporations[J]. Strategic Management Journal, 30（2）: 221-231

Utterback J, Abernathy W. 1975. A dynamic model of process and product innovation [J]. Omega, 3:

639-656

Utterback J. 1994. Mastering the Dynamics of Innovation: How Companies Can Seize Opportunities in the Face of Technological Change[M]. Boston: Harvard Business School Press

Vagnani G. 2015. Exploration and long-run organizational performance: The moderating role of technological interdependence[J]. Journal of Management, 41 (6): 1651-1676

Vanhaverbeke W P M, Beerkens B E, Duysters G M. 2006. Explorative and exploitative learning strategies in technology-based alliance networks[R]. Working Papers

Vanhaverbeke W, Gilsing V, Beerkens B, et al. 2007. Exploration and exploitation in technology-based alliance networks[R]. UNU-MERIT Working Papers

Venkatraman N, Lee C, Iyer B. 2007. Strategic ambidexterity and sales growth: A longitudinal test in the software sector[R]. Working Paper

Victor G, Bart N. 2006. Exploration and exploitation in innovation systems: The case of pharmaceutical biotechnology[J]. Research Policy, 35 (1): 1-23

von Hippel. 1986. Lead users: A source of novel product concepts [J]. Management Science, 32 (7): 791-805

Voss G B, Sirdeshmukh D, Voss Z G. 2008. The effects of slack resources and environmental threat on product exploration and exploitation[J]. Academy of Management Journal, 51 (1): 147-164

Wadhwa A, Kotha S. 2006. Knowledge creation through external venturing: Evidence from the telecommunications equipment manufacturing industry[J]. Academy of Management Journal, 49 (4): 819-835

Wagner M. 2011. To explore or to exploit? An empirical investigation of acquisitions by large incumbents[J]. Research Policy, 40 (9): 1217-1225

Wagner S, Hoegl M. 2006. Involving suppliers in product development: Insights from R &D directors and project managers [J]. Industrial Marketing Management, 35: 936-943

Wang C L, Ahmed P K. 2007. Dynamic capabilities: A review and research agenda [J]. International Journal of Management Reviews, 9 (1): 31-51

Wang CH, Hsu LC. 2014. Building exploration and exploitation in the high-tech industry: The role of relationship learning[J]. Technological Forecasting & Social Change, 81 (1): 331-340

Wang M, Hanges P J. 2011. Latent class procedures: Applications to organizational research[J]. Organizational Research Methods, 14 (1): 24-31

Wang M. 2007. Profiling retirees in the retirement transition and adjustment process: Examining the longitudinal change patterns of retirees' psychological well-being[J]. Journal of Applied Psychology, 92 (2): 455-474

Wernerfelt B. 1984. A resource-based view of the firm [J]. Strategic Management Journal, 5 (2): 171-180

Wijk V R, Jansen J P, Lyles M A. 2008. Inter-and intra-organizational knowledge transfer: A meta-analytic review and assessment of its antecedents and consequences[J]. Journal of Management Studies, 45 (4): 830-853

Wu A Q, Wei J. 2013. Effects of geographic search on product innovation in industrial cluster firms in China[J]. Management and Organization Review, 9 (3): 465-484

Wu J, Shanley M T. 2009. Knowledge stock, exploration, and innovation: Research on the United States electromedical device industry[J]. Journal of Business Research, 62: 474-483

Wu J F, Wang Y G, Li S C. 2014. Search depth, knowledge characteristics, and innovation performance[J]. Journal of Chinese Management, 1（1）: 2

Wu X B, Ma R F, Xu G N. 2009. Accelerating secondary innovation through organizational learning: A case study and theoretical analysis[J]. Industry and Innovation, 16（4/5）: 389-409

Xie Z, Hall J, McCarthy I, et al. 2016. Standardization efforts: The relationship between knowledge dimensions, search processes and innovation outcomes[J]. Technovation, 48/49（2）: 69-78

Xu S C. 2015. Balancing the two knowledge dimensions in innovation efforts: An empirical examination among pharmaceutical firms[J]. Journal of Product Innovation Management, 32（4）: 610-621

Yamakawa Y, Yang H, Lin Z. 2011. Exploration versus exploitation in alliance portfolio: Performance implications of organizational, strategic, and environmental fit[J]. Research Policy, 40（2）: 287

Yang H, Lin Z, Peng W. 2011. Behind acquisitions of alliance partners: Exploratory learning and network embeddedness[J]. Academy of Management Journal, 54（5）: 1069-1080

Yang H, Zheng Y, Zhao X. 2014. Exploration or exploitation? Small firms' alliance strategies with large firms[J]. Strategic Management Journal, 35（1）: 146-157

Yin R. 1989. Case Study Research: Design and Methods [M]. Thousand Oaks: Sage

Yli-Renko H, Autio E, Sapienza H J. 2001. Social capital, knowledge acquisition, and knowledge exploitation in technology-based young firms[J]. Strategic Management Journal, 22（6/7）: 587-613

Zahra A, George G. 2002. Absorptive capacity: A review, reconceptualization and extension [J]. Academy of Management Review, 27（2）: 185-203

Zhao X, Huo B, Flynn B. 2008. The impact of power and relationship commitment on integration between manufacturers and customers in a supply chain[J]. Journal of Operations Management, 3（26）: 368-388

附　　录

跨界搜寻对企业技术能力结构与绩效影响的调查问卷

尊敬的公司领导/技术负责人：

您好！

　　本问卷为华南理工大学技术创新评估研究中心所承担国家自然科学基金项目研究的重要一环，旨在了解企业利用外部创新资源改善技术能力结构、提升组织绩效的作用路径与效果问题。为了获得更多企业的成功做法与实践经验，我们将在全国范围内调查数百家代表性企业，请您在百忙之中协助完成本问卷的填写，贵企业的创新实践将为本书提供非常重要的参考价值。

　　我们承诺：**本问卷纯属学术研究，不涉及公司内部机密，所获信息不会用于任何商业目的，请您放心并尽可能客观地回答。**您的问卷填写对此项研究的准确性至关重要，因为问卷讲求完整性，一题遗漏将会全部作废，所以还烦请仔细回答全部问项。

　　问卷填写人：贵公司的技术总监、经理或主管。

　　衷心感谢您的热情参与！

肖丁丁

华南理工大学技术创新评估研究中心

问卷填写完成，请您选择三种方式之一返还问卷：

➢ 返回给问卷发放者；

➢ 发送邮件至 xiaodingboy@163.com；

➢ 邮寄至：华南理工大学工商管理学院技术创新评估研究中心，肖丁丁（收），邮编：510640，电话：15813380168。

第一部分　企业基本信息

1. 贵公司名称_____，成立时间_____年，上市公司 是/<u>否</u>。
2. 问卷填写人职位_____，工作年限_____。

3. 贵公司员工总数约为_____，研发人员数量约为_____。
4. 贵公司所有制属性：
   □国有企业（含国有控股）　□集体企业　　　　　□私营企业
   □中外合资企业　　　　　　□外商独资企业
   □其他（请说明：_____）
5. 贵公司主营业务所在行业领域（可多选）：
   □电子/通信设备　　　　　□生物医药　　　　　　□化学化工
   □汽车/交通设备　　　　　□电气/机械制造　　　　□纺织服装
   □IT 服务业　　　　　　　 □仪器仪表
   □食品/饮料/卷烟　　　　　□其他行业（请说明：_____）
6. 贵公司去年的年销售收入为：
   □300 万元以下　　　　　　□300 万～2000 万元
   □2000 万～5000 万元　　　□5000 万～1 亿元
   □1 亿～4 亿元　　　　　　□4 亿～20 亿元　　　　□20 亿元以上
7. 贵公司去年研发投入占当年销售收入的比重：
   □0.5%以下　　　　　　　 □0.5%～1%　　　　　　□1%～2%
   □2%～3%　　　　　　　　 □3%～4%　　　　　　　□4%～5%
   □5%以上
8. 贵公司是否与大学、科研院所等机构开展合作研发？_____（如果有，最早的产学研合作始于_____年）。
9. 贵公司与大学、科研院所开展合作的主要内容：
   □技术研发　　　　　　　　□产品设计　　　　　　□产品制造
   □产品销售　　　　　　　　□咨询服务
   □其他（请说明：_____）
10. 贵公司参与产学研创新联盟/产业技术创新联盟始于_____年，联盟名称是_____。
11. 贵公司最近三年内有_____技术项目包含合作化合作（如合作研发、合作产品开发、研发联合体、战略合作协议、长期采购协议、联合制造、共享分销/服务、产业标准联盟等）。
    □15%以下　　　　　　　　□15%～30%　　　　　　□30%～45%
    □45%～60%　　　　　　　 □60%～75%　　　　　　□75%～90%
    □90%～100%
12. 贵公司最近三年内有_____技术项目包含市场化合作（如简单技术买卖契约、专利转让、技术特许、生产许可、交叉许可、设备交易等）。
    □15%以下　　　　　　　　□15%～30%　　　　　　□30%～45%

☐45%～60% ☐60%～75% ☐75%～90%
☐90%～100%

第二部分　问卷测量部分

该部分将对贵企业技术创新相关活动进行调查，**请根据企业实际情况对题项描述的认同程度进行评估**。题项中 1～7 分值分别表示从"非常不同意"到"非常同意"依次递增，请根据贵企业实际情况在相应的数字上打"√"。

1. 近三年来，贵企业在技术创新方面与外部组织机构合作情况：

	非常不同意	—	非常同意
1. 公司经常与高校、科研机构开展联合人才培训活动	1　2　3　4　5　6　7
2. 公司经常与政府科研机构交流技术发展信息	1　2　3　4　5　6　7
3. 公司经常向政府科技部门咨询产业发展政策与趋势	1　2　3　4　5　6　7
4. 公司与行业内国家重点实验室、工程中心等保持密切联系	1　2　3　4　5　6　7
5. 公司研发部门时刻关注技术标准、专利等信息更新状况	1　2　3　4　5　6　7
6. 公司及时跟踪设备、物料等供应商提供的市场信息	1　2　3　4　5　6　7
7. 公司一直关注行业内竞争对手的产品研发、营销策略	1　2　3　4　5　6　7
8. 公司研发、营销部门经常采用行业协会、商会提供的市场信息	1　2　3　4　5　6　7
9. 公司对贸易协会、咨询公司等机构提供的数据信息关注较少	1　2　3　4　5　6　7
10. 公司经常参加设计或产品交流会、博览会收集行业最新信息	1　2　3　4　5　6　7

2. 近三年来，贵企业利用外部资源促进自身技术发展情况：

	非常不同意	—	非常同意
1. 公司经常通过公共研发平台了解行业内/外共性技术的发展趋势	1　2　3　4　5　6　7
2. 公司经常与高校、科研院所共同开发产品研发的平台技术	1　2　3　4　5　6　7
3. 公司积极参与政府机构发起的共性技术攻关项目	1　2　3　4　5　6　7
4. 公司所在创新联盟内成员大多面临行业共性技术难题	1　2　3　4　5　6　7
5. 公司积极参加业内龙头企业发起的共性技术研发计划	1　2　3　4　5　6　7
6. 公司参与产学研多以改进工艺和产品开发流程为目标	1　2　3　4　5　6　7
7. 公司内部技术中心以产品层面的检测、改良与开发为主	1　2　3　4　5　6　7
8. 公司营销人员能及时将产品设计与功能变化趋势反馈给研发部门	1　2　3　4　5　6　7
9. 公司研发工程师利用外部信息改良产品设计、功能的能力突出	1　2　3　4　5　6　7
10. 公司设计与生产部门能够准确定位市场上新产品的系统功能	1　2　3　4　5　6　7

3. 与竞争对手相比，企业自身技术能力情况：

	非常不同意			一			非常同意
1. 公司承认顾客有超越现有产品与服务范围的需求	1	2	3	4	5	6	7
2. 公司具备不断开发新产品或服务的能力	1	2	3	4	5	6	7
3. 公司在本地（现有）市场上测试新的产品与服务	1	2	3	4	5	6	7
4. 公司经常发现并利用市场上的潜在机会	1	2	3	4	5	6	7
5. 公司经常尝试利用新的分销渠道或方式	1	2	3	4	5	6	7
6. 公司定期搜寻并接触新市场中的新客户	1	2	3	4	5	6	7
7. 公司经常为顾客筛选、改进现有的产品与服务	1	2	3	4	5	6	7
8. 公司定期对现有产品或服务进行渐进性改进	1	2	3	4	5	6	7
9. 公司经常将改进后的产品或服务引入在现有市场	1	2	3	4	5	6	7
10. 公司注重通过规模效应最大化开发利用现有市场	1	2	3	4	5	6	7
11. 公司注重为现有顾客提供附加值更高的服务或产品	1	2	3	4	5	6	7
12. 内部流程低成本化是公司一直追求的重要目标	1	2	3	4	5	6	7

4. 与竞争对手相比，贵企业转化、吸收与应用新技术的能力情况：

	非常不同意			一			非常同意
1. 公司各部门员工经常通过正式或非正式渠道沟通信息	1	2	3	4	5	6	7
2. 公司能够及时分析、应对产业与市场需求变化趋势	1	2	3	4	5	6	7
3. 公司定期与客户、供应商等交流产品或服务信息	1	2	3	4	5	6	7
4. 公司员工经常参与高校、行业协会等组织的培训交流活动	1	2	3	4	5	6	7
5. 公司应对市场规则、产业发展等环境因素变化相对缓慢	1	2	3	4	5	6	7
6. 公司能够根据新产品（或服务）判断市场需求变化趋势	1	2	3	4	5	6	7
7. 公司员工注重对新知识、新技术和新信息的存档与整理	1	2	3	4	5	6	7
8. 公司能够及时将外部获取新知识融入现有业务体系	1	2	3	4	5	6	7
9. 公司能够根据技术或市场变化信息重新定位目标市场	1	2	3	4	5	6	7
10. 公司员工了解内部产品（或服务）开发的标准化流程与准则	1	2	3	4	5	6	7

5. 与同行业企业平均水平相比，贵企业的财务与创新绩效情况：

	非常不同意			一			非常同意
1. 销售收益率较高（ROS = 利润/销售总额×100%）	1	2	3	4	5	6	7
2. 资产回报率较高（ROA = 利润/资产总额×100%）	1	2	3	4	5	6	7
3. 总资产周转率较高（TAT = 主营业务收入/资产总额×100%）	1	2	3	4	5	6	7
4. 利润增长率较高	1	2	3	4	5	6	7

续表

	非常不同意			—			非常同意
5. 销售额增长率较高	1	2	3	4	5	6	7
6. 每年申请（或维护）的有效专利数量较多	1	2	3	4	5	6	7
7. 每年开发新产品（或新服务）的速率较快	1	2	3	4	5	6	7
8. 每年新产品（或新服务）产值占销售总额的比例较大	1	2	3	4	5	6	7
9. 经常引进或开发一些改善产品质量或工艺流程的新技术	1	2	3	4	5	6	7
10. 所参与技术研发或改造项目的成功率较高	1	2	3	4	5	6	7

问卷到此结束，请再次确认没有漏填题项，再一次感谢您的大力支持！